「新しい資本主義」のアカウンティング

「利益」に囚われた成熟経済社会のアポリア

早稲田大学教授
スズキトモ 著

中央経済社

ダイジェスト

本書において「アポリア」とは、成熟経済社会が深化した日本で、誰にも容易に責任を帰することができず、構造的に克服しがたい難局を意味する。また「成熟経済社会」とは、戦後の競争や成長、バブルを経て、ほとんどの国民が質の高い財・サービスを安価で消費できるまでに至ったものの、その後は準・需要飽和や人口減少などの複合的要因で容易に成長を期待し得ず、従業員の士気も減退したマクロ的な環境を指す。本書の目的は、そうしたアポリアが短期には解決しがたいものであるからこそ、広く関係者間で問題意識を共有し、これまで注目されてこなかった「分配戦略」に焦点を当て、5～10年の単位で自律的で持続可能な経営・経済をデザインし、所得やウェルビーイング（Well-being）の大幅な改善を図る制度の再設計を提案することである。

タイトルの意味・議論の対象・目的

折しも2021年秋の総裁選および衆議院選挙では、そうした政策が論点となった。岸田政権は「新しい資本主義」を掲げ、「分配」政策の重要性を強調し、従来の政策との違いを打ち出した。注意すべきは、「新しい資本主義」の原点において「分配」とは、税収を財源とした付加価値の「再分配」ではなく、企業における「第1段階での分配」を意味することである。「第1段階での分配」に注目したのは、従来の成長戦略による効果が発現しても、その果実（経済学的には「付加価値」や「富」）を適正に分配する制度が整備されていなければ、富の偏在や海外流出が加速し、市民は生産した付加価値の恩恵を受けることができないからである。

こう述べるとすぐに「成長しなければ分配する果実がない」という成長戦略先行論が展開されるが、そこには多分の誤解が含まれている。確かに、現在の日本の「成長」は前年との比較においては小さい。しかし、分配されるのはこの変化分ではなく、毎年生産される付加価値総額である。日本は戦後、長期にわたり極めて高い水準の経済成長を達成し、現在まで一貫してその高い水準の生産レベルを維持している。岸田政権の「新しい資本主義」が従来の政策と異なるのは、その高い水準の付加価値をいかに適正分配して次世代の成長につなげるかという論点を政策の中心に据えた点である。企業における「第1段階での分配」の最適化は国際的にも未開発の論点である。これまで注目を集めることは少なかったが、ここにこそ安定的で潤沢な財源が存在し、自律的で持続可能な成長を起動する政策イノベーションの可能性が存在する。これまで我々は「利益」を最大化しようとしてきた。しかし、「利益」とは「株主に帰属する付加価値」に過ぎない。「新しい資本主義」の下では、事業を支えるすべての主要関係者に帰属する付加価値を適正分配することにより、働く者の士気を高め、イノベーションを促進し、自律的で持続可能な成長への好循環を起動することを政策目標に掲げている。

残念ながら、2022年5月現在、この「新しい資本主義」に関する理解は進んでいない。「新しい資本主義」とは「新自由主義からの転換」であると説明されるが、これが何を意味し、具体的な政策は何なのかということについて腑に落ちる説明はほとんどない。市民はもとより政治家や官僚、研究者すら十分に理解できていないことから、根本的な政策を実現するモメンタムにつながらない。本書の目的の1つは、こうした背景に鑑みて、「第1段階での分配」政策の意義を説明し、「新しい資本主義」実現のための基礎を築くことである。

タイトルの「アカウンティング」には、そうした「新しい資本主義」を「説明する（Accounting）」という意味が込められている（第1章～第3章）。それと同時に、この「新しい資本主義」の分配政策を推進するにあたっては、従来からの損益計算書（PL：Profit & Loss Statement）の論理に従って「利益」を最大化することでは改革は進まず、新しい「会計（Accounting）」の再デザインが必要である（第4章～第7章）。本書タイトルの「アカウンティング」にはこうした二重の意味が込められている。

本書が直接的に議論の対象としているのは、上場企業（約4、000社弱）の経営者と従業員の仕事とウェルビーイングについてである。連結ベースでおよそ1、700万人、その家族を含めればおそらくは3、000万人程度の市民生活についてである。アベノミクスでは観察されなかったトリクルダウンを発現させるためには、少なくともこのレベルでの受益者に安定的な所得向上を実感させる必要がある。これを受けてはじめて下請業者などを含めた3、500～4、000万人の生活に一定のメリットが波及しうる。残念ながら、その外延にあり社会の根底を支えてくれる中小・零細企業や自営業者の方々への波及効果を予測することは難しい。現在、筆者が考えうる比較的短期に実施可能で自律的に効果を生む「ナッジ」（第1章参照）では、こうした中小・零細企業層を十分にカバーすることができていない。これは今後必ず取り組むべき課題と認識している。本書においては、当面は日本経済をリードする上場企業制度の再設計に注力する。所得向上はもちろんのこと、働く人のやりがいやプライド、幸福感を伴った経済社会の再生に貢献したい。

実はこの課題は本邦だけの問題ではない。四半世紀後には日本以上に成熟経済化が進む中国やインドで懸念され、先見性のある政治家や官僚、研究者との間ですでに共同研究が始められている国際的な課題である。なぜ中国、インドであって、英米ではないのか。実は、英語や移民を原動力として今後50年も100年も比較的高い潜在的成長率を維持すると見込まれる英米では、「成熟経済社会のアポリア」は認識されていない。来るべき人口減少に伴う生産・消費の激減が危惧される中国やインドでこそ問題とされる新出の課題である。

この意味において本書は、第二義的にではあるが、日・中・印を含む約30億人の生活にもつながる議論として重要性を持つ。岸田政権が「日本発の新しい資本主義を世界に発信してゆく」というとき、世界に先駆けて成熟経済社会化が進む日本こそ、企業における「第1段階での分配」を適正化する政策によって、その先にあるサステナブルな成長を国際的にも発展させていかなければならないという政治的意思が含意されており、まさにそこに「新しさ」がある。そして本書はここに、日本の国際貢献と経済再生の可能性も見出す。他の先進国に先んじて成熟経済の試練に直面している日本こそ、「新しい資本主義」のモデルを開発し、現在の新興国（＝将来の成熟経済社会）と共通の土台で競争・共生する機会を見出すものである。

第1章1節（本書の目的）

読者は**図表0・1**に何を見るであろうか。多くの経営者や従業員、下請企業は、株主に対する分配の急増を懸念しよう。しかし、ROEや配当性向といった株主資本に対する「利益」に注目した指標を用いれば、赤い折れ線で示される経営・経済は「良好」の証である。実際我々は、バブルがはじけてから今日まで、投資家・株主を保護・優遇し、「利益」を拡大してきた。曖昧な表現ながら「新自由主義的な政策」と呼ばれるものがそれであり、過去20年以上にわたり推進されてきた。しかし、結果として「利益」は増加しても、幸福感を伴う経済成長は実現せず、所得格差が拡大した。多くの論者や経済メディアは、その原因について「投資家・株主のための経営を徹底していないからだ」との論調を展開する。本書の目的は、そうした投資家・株主を保護・優先する諸政

図表0・1　株主還元の急増

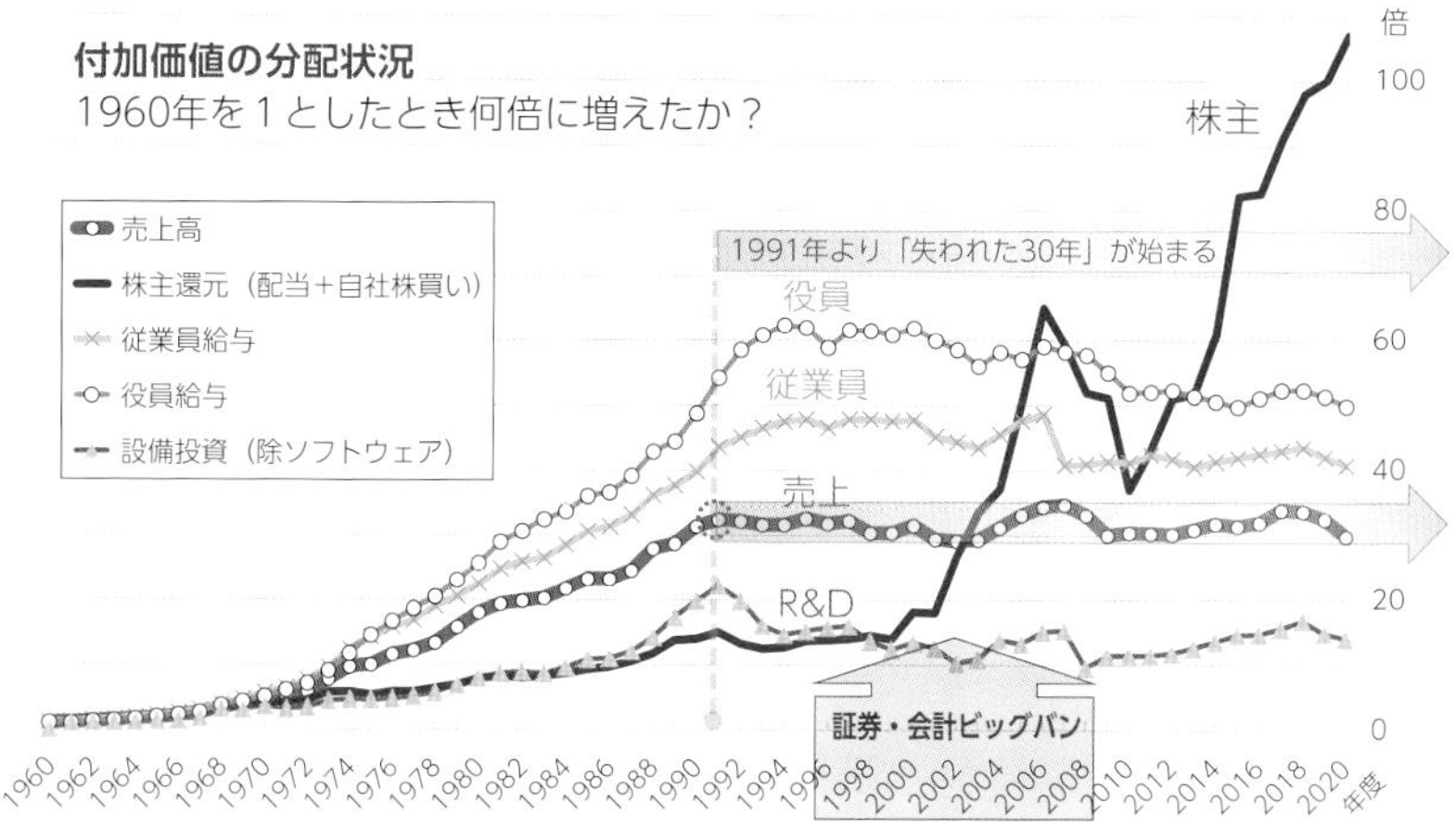

（出所）「法人企業統計」；「配当＋自社株買い」は「法人企業統計」とFinancial Questを利用してスズキ研究室（早稲田大学、以下本書において同じ）が作成

策の下で作られた制度の効果を分析し、必要な修正を施し、経営者、従業員、事業、株主、投資家、政府といった主要関係者間の分配の適正化を通じて次世代のための成長を促す制度設計を行うことである。

重要なポイントであるので繰り返す。ここでいう「分配」とは、税収を財源とした政府による「再分配」ではない。企業における「第1段階での分配」である。これが大切な理由は、まず「第1段階での分配」は、付加価値の「生産」と両輪をなす経営・経済を自律的に発展させるための基本機能であり、両者の内包が経営・経済のサステナビリティの必要条件だからである。それだけではない。「第1段階での分配」にこそ、従来の政策が注目してこなかった極めて潤沢な財源が存在するからである（**第5章**のマクロ・シミュレーション）。

確かにこれまでのところ、政府は「金融所得課税」や「賃上げ税制」など税に依拠した「再分配」政策を検討している。しかし、例えば「賃上げ税制」にしても、実は民間における分配の適正化を前提としており、政府の意図はそれを後押しするところにある。政権発足当初はこうした手近な政策から着手せざるを得ないが、「新しい資本主義」の根本は、行き過ぎた金融経済政策を見直し、中長期に法や会計、証券制度の改正を通して、実体経済が生み出す潤沢な付加価値の適正分配を実現し、これを次世代のための成長投資の財源として循環させることにある。これは反投資家政策でも反成長戦略でもなく、付加価値の偏在を正し金融経済と実体経済の協働を再設計し、自律的で持続可能な成長を目指す資本主義の進化である。

第1章2節（本書が採用する方法）

本書が採用する方法に関する要点は次の3点である。まず最も根本的な方法として、「6W2H」の明確化を挙げる。「6W2H」とは、何に関して（What）、いつ（When）、誰が（Who）、どこで（Where）、何のために（Why）、誰と（Whom）、どのように（How）、どれくらい（How much）実行するかという「具体化」のための基準である。あまりにも当然で、「方法」と呼ぶに値しないようにも思えるが、本書はこれを重視する。学術や政治は往々にして「主義」とか「理論」という一般化を美徳とし、時空を超えた真理や価値があるかのように政策を正当化する。翻って、本書は主義や理論をもって大上段に構えるのではなく、特定の条件の下、特定の政策目標のために、特定の方法を考え、丁寧に当てはめや調整を行った上で、制度の再設計を志す。さらに、そうした新しい経営や経済をわかりやすい言葉・ナラティブで語ることは、それ自体が政策の立案と実現に向けた重要なプロセスそのものである。

第2に日本が30年もの長期停滞に喘いでいることに鑑み、従来の政策議論の延長線上ではなく、大きな発想の転換を図り、国際的にも類を見ない政策イノベーションを試みる。一般には些末な事務作業と捉えられがちな「会計」を「アカウンティング（Account＋*ing*）」、すなわち「主体的な説明＋行為」と捉え直し、

図表0・2　One Additional Line 革命

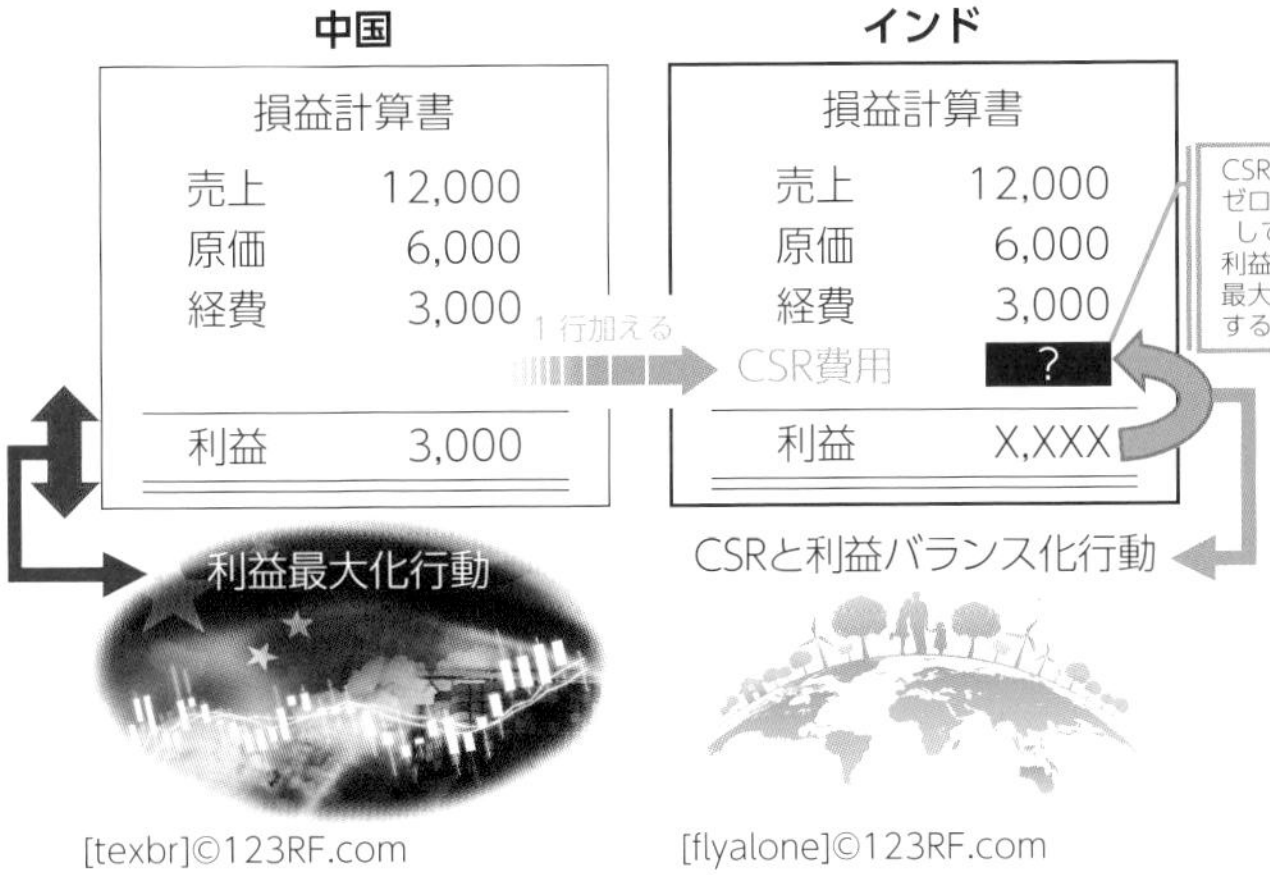

（出所）スズキ研究室

新しい政策に必要な、経営・経済に関する認識、測定、開示を戦略的に構築する。これを行動経済学的な「ナッジ」として活用し、経済行動の変容を促す。ここにナッジとは、特定の社会目的を見据えて、主要関係者の動機や行動様式を事前に整理した上で、小さな「ひと突き」を与えることで、全体が目的に向けて自律的に動き始めるような制度上の工夫である。アカウンティングには通常、現実を客観的、中立的、正確に描写する役割が期待されているが、実は一定のバイアスや希望、意図が内包されており、人々の認識や行動を規定している。しかもアカウンティングは、多くの業種・業態や規模を超えてビジネスの共通言語（リンガフランカ）として受容されているがゆえに、ここに小さな工夫を組み込むだけで大きな変化を引き起こしうる。

このような「静かな革命（Quiet Revolution）」を、直感的に理解しやすいインドの「One Additional Line」革命の例で説明する。インドにはおよそ8、000社の上場企業が存在する。中国と同様に、損益計算書のボトムラインである利益の最大化を動機として急成長を遂げているが、児童労働や環境破壊、所得格差といった問題が山積している。今、そうした問題解決のために、損益計算書上に「CSR費用（企業の社会的責任費用）」を1行で開示するディスクロージャー制度を導入する。CSR活動の内容や金銭の支出は強制されない。しかし、「CSR費用」の1行開示は、金額がゼロであっても強制される。これによって企業行動は変化するか。

2015年に同制度が施行されると、企業は短期利益最大化行動を改め、利益とCSR費用のバランスを取る新しい経営に転向した。また投資家もそうしたバランス経営が持続的成長をもたらすであろうとの期待で投資を増加させた。現実を中立的に反映するだけのものと考えられている会計上の「1行」が、よりサステナブルな経済社会の実現に貢献したといえる例である。本書が以下に提案する政策も、このように比較的単純な仕掛けで、関係者の企業やビジネスに関する認識を改めることにより、大きな変化を生む「静かな革命」である。

第3に、そうした政策イノベーションが持ち合わせるもう1つの有用な属性、「キャンセラビリティ」を紹介する。簡単に言えば「政策が失敗した際には容易に取り消せる能力」である。近年は「エビデンス・ベースド・ポリシー」が重視され、政策に強固な証拠の存在を求めがちである。しかし、政策の多くは将来予測を必要とし、事前の証拠を得ることが難しい。証拠を求めすぎれば本来有効な政策オプションの幅を狭めかねない。そこで、ある政策案が社会目標を達成する可能性が高い場合には、「仮に失敗したら最小限の社会コストで原状回復できること」を条件に、とりあえず政策を進めてみる。インドのOne Additional Lineの場合、「仮に失敗に終われば損益計算書上の1行を取り除けばよい」という高いキャンセラビリティが機能したために、迅速な改革が実現したという経緯がある。**第4章**以下に紹介する「付加価値分配計算書（DS：Distribution Statement）」も同様に、比較的高いキャンセラビリティに支えられた制度

図表0・3　株式市場の逆機能の20年

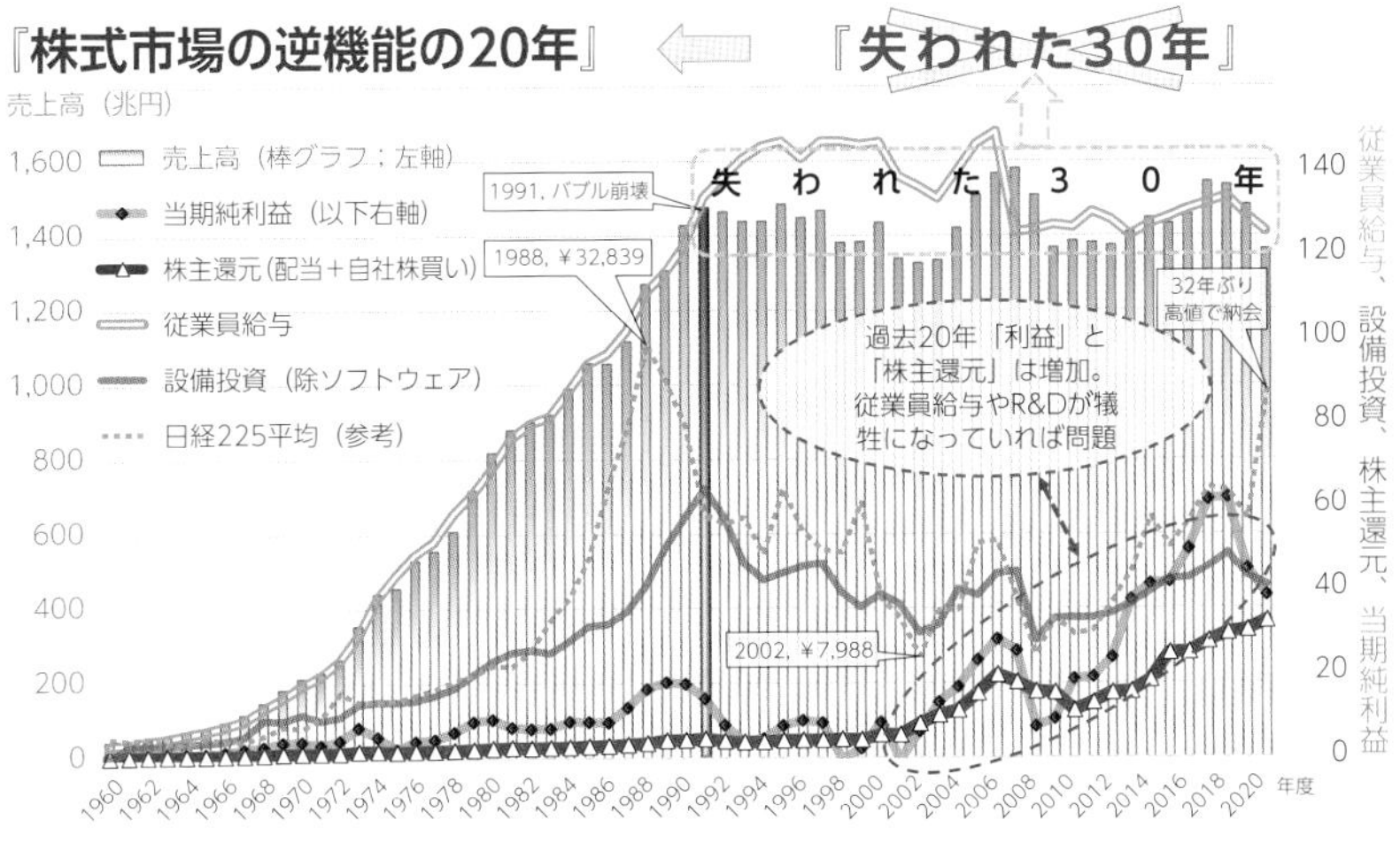

（出所）「法人企業統計」を利用しスズキ研究室が作成

として提案する。

第2章（問題の把握）

本書は一般に広く受容されている「失われた30年」に代わり「株式市場の逆機能の20年」という見方を提示する。株主や投資家や市場に責任を押し付ける意図はない。逆である。**図表0・3**を観察されたい。要点は4点である。①まず、青い縦の棒グラフ（左軸）は全国の売上高の推移である。よく指摘されるとおり、1991年を境に横ばいになり、一般には「失われた30年」の始まりと言われる。

②興味深いのは、従業員給与の推移（緑の折れ線）である。1991年まで従業員給与は売上の増加に正比例する。1991年に売上増加は止まったものの、その後4年間、給与が続伸したのは、日本的経営の下、終身雇用と安定的な給与規程が運用されたからである。収益が頭打ちになる中、最大の費用ともいえる給与が増えたことで、利益は低迷した。その後調整が進み、徐々に給与は減少して、2000

年代の中ごろには売上との連関性の高さが回復されている。

③「失われた…」と悲観され続けた30年であるが、実は2000年ごろからは当期純利益と株主還元の急伸が続いている。給与と設備投資や研究開発費用の抑制との関係が疑われる。研究開発投資の減少は将来の成長性を毀損するから、政府は四半期開示制度導入や配当原資規制の緩和などを推し進め、投資家・株主の自由や権利を保護・強化し、企業に対する積極的な投資を促した。制度設計上は、1、400兆円もの家計金融資産を企業に直接投資し、株主となる市民が企業のモニタリング・ガバナンス機能を発揮し、成功の折には配当という形で利益が市民に還元されるという好循環を予定した制度設計であった。

④しかし本邦株式市場における「ワニの口」グラフ（図表0・4）が明示するように、結果的には過去20年間、投資家は資金提供機能を果たさず、逆に資金の回収を急いでいる。成長の期待されない成熟経済市場において、投資家を保護・優遇する制度を強化すれば、短期利益最大化と投資回収行動が加速するのは経済合理性に適っており、当然の帰結である。

さらに懸念されるのは、利益を原資とする回収だけでなく、資本剰余金（資本金の取崩し）を原資とした配当や自社株買いも増加している点である。こうした配当、自社株買いは、金融経済においては短期的には資本効率性の改善をもたらし株価も上昇するが、実体経済においては中長期的に必要となる安定的な資金が社外・国外へ流出しており、これが長期停滞を回復不可能なものにしている可能性が高い。

ここで政策導入目的を思い出されたい。家計金融資産を企業に提供し、その利益を家計に還元する公約であったが、結果は真逆である。個人投資家の株式保有割合は減少し、外国法人等が日本株の3割を保有するに至った（図表0・5）。上場企業が生産する付加価値の海外流出を推計すれば、単純には3割であろうが、外国法人等は高配当企業への投資割合が高いから、実際には4～5割程度の付加価値が海外に流出

図表0・4 「ワニの口」グラフ

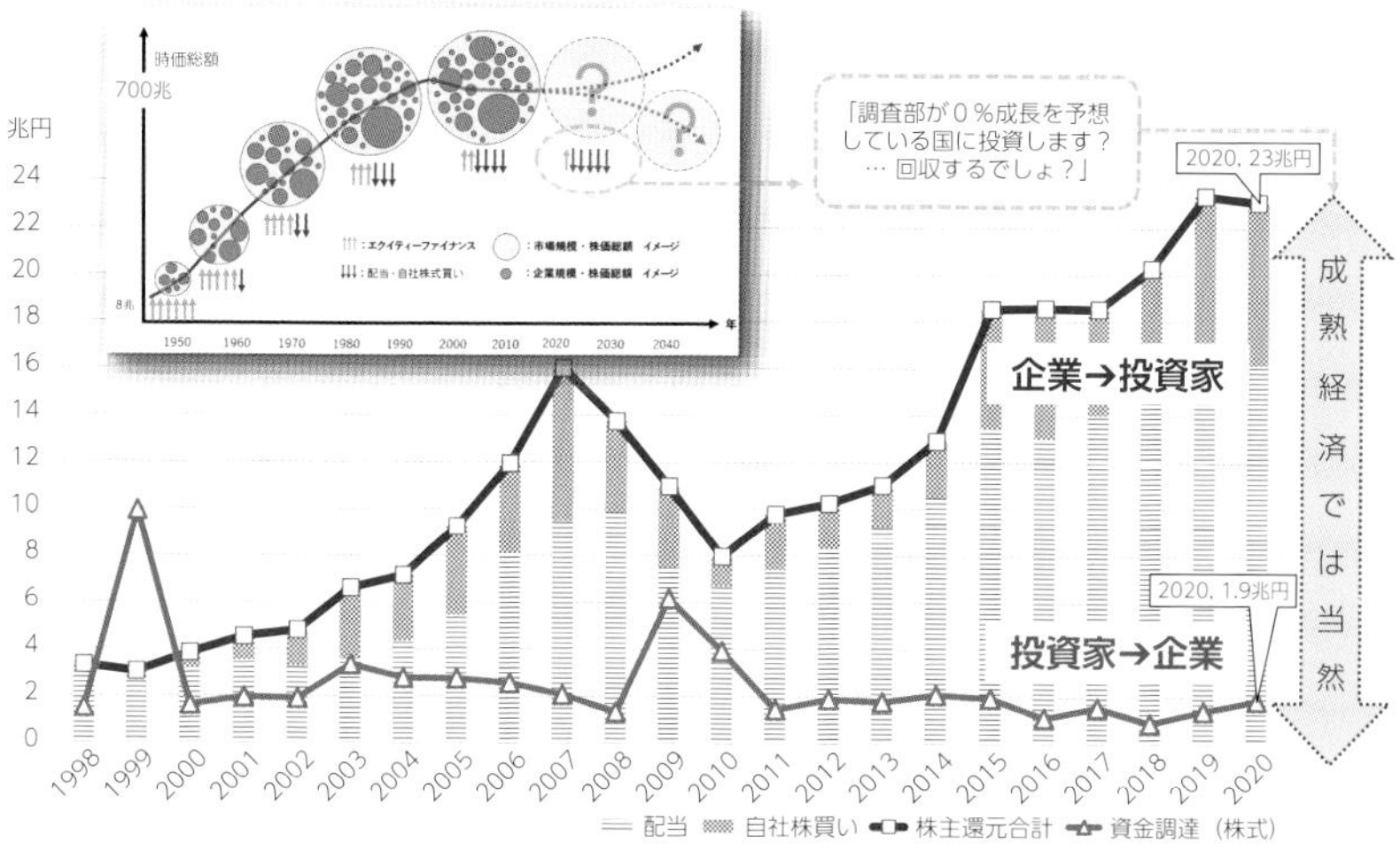

（出所）「資金調達」は東証「上場会社資金調達額」、「配当＋自社株買い」は Financial Quest を利用してスズキ研究室が作成

している可能性がある。アベノミクスが予定していたトリクルダウンが生じなかった原因の1つはここにもあろう。当初欧州発のツイッターで、今やMBA等の講義でも話題となる投資家サイドの言説を紹介するに「…suck Japan to the very marrow, before selling out」がある。日本の付加価値が底をつき、配当できなくなる状態まで利用しつくす。すなわち「骨の髄までしゃぶりつくし、株価が下がる直前に売り抜ける」という意味である。

しかし、投資家・株主にしてみれば、現行制度や市場ルールの下で、こうした行動は経済合理的であり、責められる理由はない。今後の課題として、金融経済における「利益」、「配当」、「株価」に注意を払いながらも、「効率的な資本市場」や「グローバライゼーション」といった抽象度の高い論理だけに支配されることなく、「6W2H」を吟味し実体経済の成長を支える施策を強化することが重要である。行政単位と

図表0・5　誰が上場企業の株主か？

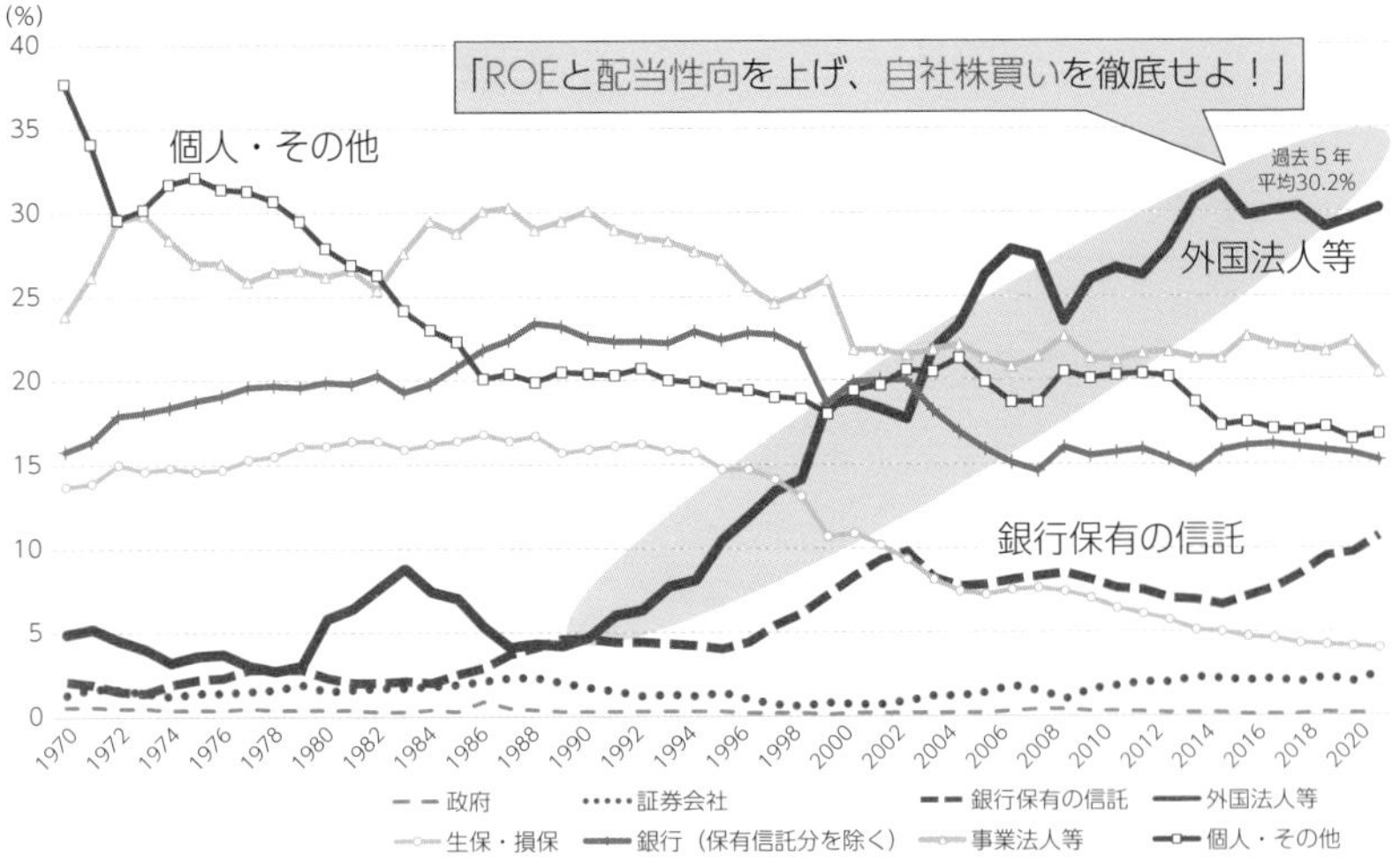

（出所）日本取引所グループ「投資部門別株式保有比率の推移」を使用してスズキ研究室が作成

して足元の日本の実体経済と、将来世代・若者の生活を見据え、働く者の士気やウェルビーイングを高める政策で持続可能な経済社会の実現を図りたい。

こうした議論や政策が引き起こす「株価の下落」は誰もが想定するリスクであり、そうした懸念の表明や短期的な株価対策は難しくない。難しいのは、そして知性高くプライドある投資家や経営者、行政官、政治家に求められるのは、そうしたネガティブ・スパイラルに陥ることなく、付加価値の適正分配を通じて経営者と従業員を動機づけ、成長へのシナリオを確立することである。良質のナラティブ・エコノミクスとともに、具体的な制度を再設計していくことである。

残念ながら現在は未だに投資家・株主の利益を保護する種々のコードやガイドラインが推進されている。コロナ禍の赤字経営にもかかわらず、年金基金やヘッジファンド、アクティビスト、そして時には国際コーポレート・ガバナンス・ネットワーク（ICGN：International Corporate Governance Network）なども、連携して高配当や自社株買いを要求することがあるという。そうした要求に順応すれば、高い資本効率性を達成する国際標準に沿ったベストプラクティスとして賞賛され、応えなければ株価下落の罰を受ける。

そうした経営の下では、従業員の士気やウェルビーイングは向上しない。次世代を築く研究開発を育む長期安定的な資金も抑制されたままである。権利や自由の保護・強化の見返りに、モニタリングやガバナンス機能を投資家に期待した結果が「失われた30年」であったとすれば、その責任や「ツケ」を経営者や従業員ばかりに求めるのではなく、投資家・株主も含めた制度設計自体に求めるべきである。今後５～10年先を見据えた持続的成長のために取り組むべきは、まず新自由主義政策の帰結について、当初の政策導入目的に照らして評価し修正することである。

しかし、そのような反省は自然には起こらない。なぜなら、この不都合は中長期的なマクロ経済社会上の不都合であって、短期的には、同制度を主導した金融経済の監督者や投資家にとっては好都合だからである。新自由主義の下、投資家は短期的には利益を最大化することが合理的である。またその合理性が低下する中長期には他の利益機会に乗り換えることができる。経営者も10年ほど前までは中長期的な事業価値を毀損するような株主提案には抵抗していたが、今では株価連動型の報酬制度や、株主総会における国際的なベンチマークの機械的適用に依拠した電子投票が一般化したことなどを受けて、短期的な利益最大化と高配当政策以外に選択肢がない。さらに、従業員も国民も「利益は高いほうが良いに決まっている」と思い込み、「利益」の陰影を疑う知性や教育に欠けている。小括すると、「失われた30年」は投資家や市場、民間の失敗ではない。大規模な「制度疲労」であり、その進化が求められているのである。

こうした市場の行く末を懸念して、２０２１年の総裁選および衆議院選挙では、新自由主義政策に対する軌道修正がマニフェストの中に組み込まれた。岸田政権が掲げる「新しい資本主義」は、こうした反省を反映して中長期的に制度の根本的な転換を図る政策として登場した。例えば、四半期開示制度や自社株買いは、実体経済の中長期的な成長に資するものではなかろうと、政権成立後すぐに本格的な見直しに着手した。これらは、従来の政策によりこれ以上持続的成長が阻害されることを防止する「消極政策」であるが、実体経済の持続的成長を実現するためには、付加価値の適正分配を促進する「積極政策」が必要となる。

第3章（問題の深層構造）

いくつかのメディアは、こうした新自由主義的政策の見直しについて、世界標準に背を向けるものとして批判的論調を展開している。他方、岸田総理は疑いなく世界的潮流に沿うものであると説明する。

両者の違いは、前者が金融経済を重視し、後者が実体経済を重視していることに起因する。岸田経済学においては、例えばEUで2014年に四半期開示の強制が廃止されたり、2019年に米国主要企業のCEOグループ「ビジネス・ラウンド・テーブル」が株主第一主義を排する宣言を公表したことを指し、行き過ぎた金融優先政策の見直しを進めている。2021年12月21日の国会閉会に際しての記者会見で総理は「新しい資本主義の大きな特徴は、分配を成長への道筋としてど真ん中に位置づけるということ」であるとした。さらに翌日の読売国際経済懇話会における講演では「日本発の資本主義のモデル、これをしっかりと訴えることによって、新しい時代の世界経済をリードする、こうした気迫で取り組んでいきたいと思っています」としている。

それでは日本はどうして金融経済よりも実体経済を優先し、さらに国際的にも異色の分配政策を強化しなければならないのか。それは、日本が、①準・完全競争と、②準・需要飽和と、③人口減少を特徴とする「成熟経済社会」を深化させた唯一の経済大国であり、また、④首都圏直下型地震や富士山噴火など甚大な被害が予想される自然災害の多い国だからである。

①本書において「準・完全競争」とは、地政学的に狭小で独立性の高い国土の中で厳しい競争が継続したがために、マクロ的には質の高い財・サービスが低価格で供給される、消費者には有利であるが、生産者には超過利潤の獲得しにくい経営・経済環境である。もちろんミクロ的には、個々の企業や産業ベースで短期的な超過利潤の機会は常に存在するから、完全競争ではなく準・完全競争という用語を用いている。

②「準・需要飽和」とは、以下の現代経営・経済史上の局面を指す。戦前・戦後の必要需要は、1950年代に入って急激にその多くが満たされるようになった。1960年代以降は一定の奢侈財に対する需要も十分に満たされるようになり、1980年代には多くの無駄や過剰消費が蔓延するバブル経済を経験した。1991年以降はかつての貪欲なまでの消費は薄れ、相対的に需要の抑制や逓減が続いている。

これもミクロ的には、個々の製品、企業、産業ベースで短期的な需要が急伸することもあろうし、経営上はそうした努力が求められる。しかし、マクロ的には今後10～20年という単位で、かつてのような力強い需要が自然に回復することは期待しがたい。先の準・完全競争の帰結として安価に質の高い財・サービスが提供され、かつ準・需要飽和が継続している本邦では、単位当たり売上や利益から得られる主観的幸福感（Well-being）は逓減する（**図表0・6**参照）。「利益」の増幅が幸福感の向上につながらないのであれば、かつて「利益」をインセンティブとして循環・成長していた経済は、その制度上の「核」を歴史の中に失いつつある。経済制度上のナッジとしての「利益」を疑う必要がある。

③人口減少はこうしたアポリアをさらに深化させる。ここで指摘しておくべきは、英米においては人口減少による経済停滞は想定されていないことである。英米では今後50年も100年も人口増加が期待され

図表０・６　主観的幸福感逓減の法則

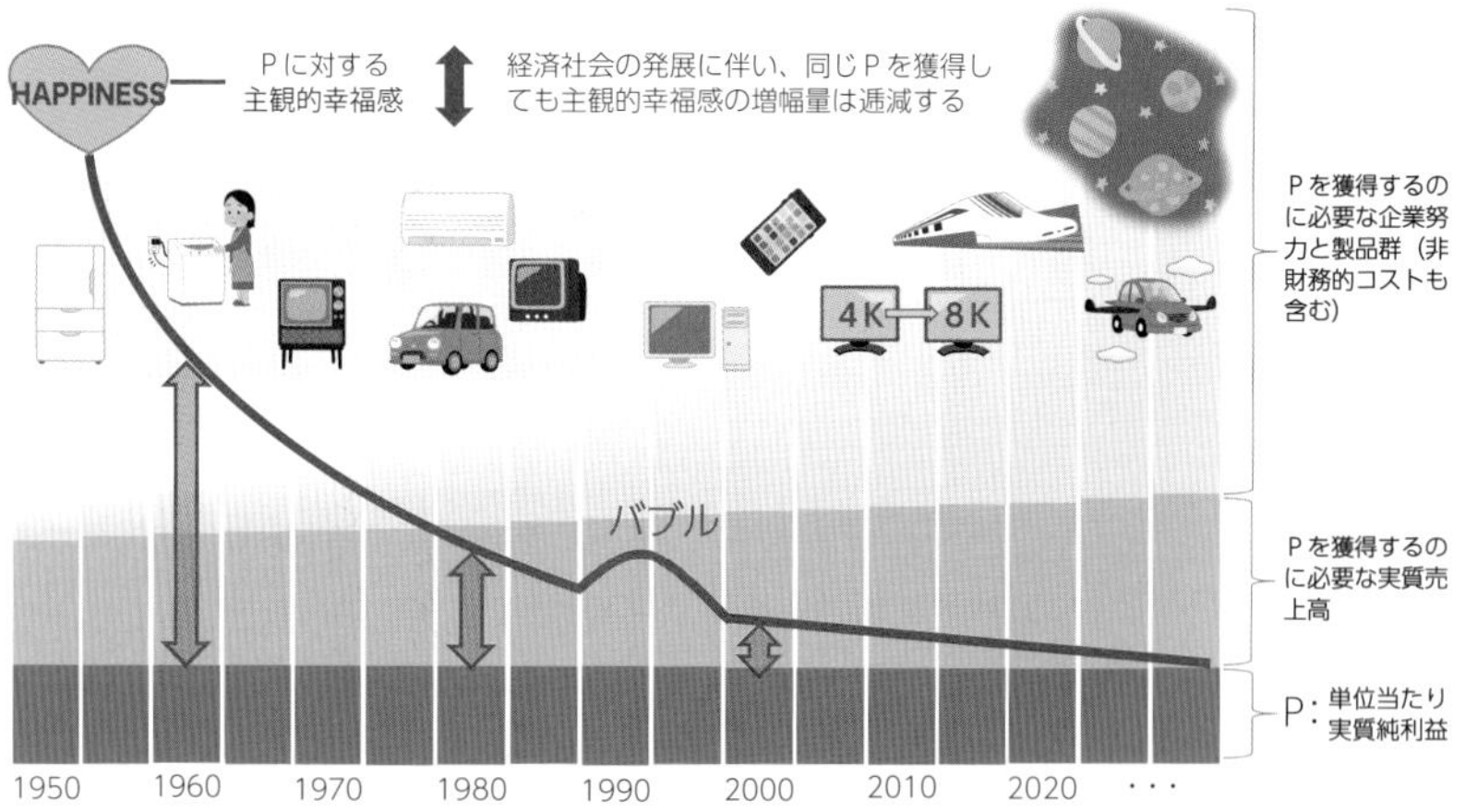

（出所）スズキ研究室

ている。人口がマクロ成長会計の最も重要な構成要素として受容されているために、英語圏では成熟経済社会は問題視されず、本書が取り上げる政策も議論されていない。欧米で議論される学術的あるいは政治的議論の輸入に終始する日本では、分配を基軸とする中長期成長戦略という非欧米的な政策が奇異に映るのは理解できる。しかし、成熟経済社会化の先端を走る日本で、従来どおりの投資拡大型成長だけを企画しても、国富の流出や所得格差の拡大に帰結する危険性が高い。

④準・完全競争、準・需要飽和、人口減少のほかに、大規模な自然災害が合理的に予想される日本では危機対応型経営・経済運営の必要性も認識されるべきである。短期・効率的に利益を追求して、それがかなわなくなれば他国に利益機会を求めることのできるグローバルな「金融経済」と異なり、大多数の国民や事業がその生活の基礎を置く「実体経済」では、この国で生産・消費を続ける以外に選択肢がない。すなわち、グローバルな投資家と、自然災害等に対する備えまで必要とする経営者や従業員では、利益計算の地理や期間

が異なる。「利益」の効率性が優れているからといって金融経済に資源を集中投入するだけでは、日本という地勢における市民の幸福に貢献する政策にはなり得ない。

①から④を勘案すれば、短期の利益や配当に適切な規律を持たせ、持続可能な発展が可能となる計算制度の設計を進める必要がある。短期の利益や株価の急落に対し必要な措置を講ずることは重要であるが、自律的で持続可能な経済運営と国民生活の向上が優先されるべきことは論をまたない。ただし、翻って、このことはすべてのSDGゴールを反映した「統合報告書」を強制するような政策の採用も意味しない。今後5~10年を見据えて日本に必要な制度を構築するには、全球的なSDGsフレームワークに敬意を払いながらも、日本の「6W2H」を勘案して優先順位をつけ、働く「ヒト」と研究開発に適正分配される戦略的なアカウンティングを採用することが必要である。

第4章（ナッジとしてのアカウンティング）

第3章までは主として長期マクロ統計を使って成熟経済社会のアポリアを説明した。**第4章**ではこれを、ミクロ・企業レベルで利益最大化行動の基礎をなす損益計算書（PL：Profit & Loss Statement）との関連で説明する。まず成熟経済社会においては、これまで当然のものとして受け入れられてきたPLを中心とした経営を推進すれば、R&Dの低迷や所得格差の拡大、付加価値の海外流出を誘発することを説明する。すなわち、マクロ的な売上の停滞を前提とすれば、利益最大化要求は、費用の最小化を意味する（**図表0・7**の左側）。そしてこの費用の中で大きなシェアを占めるのが人件費でありR&Dであれば、従業員の給与や将来を築く長期投資が抑制されるのは当然である。かつては利益の一部が利益剰余金として留保され、事業再投資として機能することが想定されていたが、今や利益剰余金は赤字配当や自社株買いの原資とし

図表 0・7　DS 経営モデル

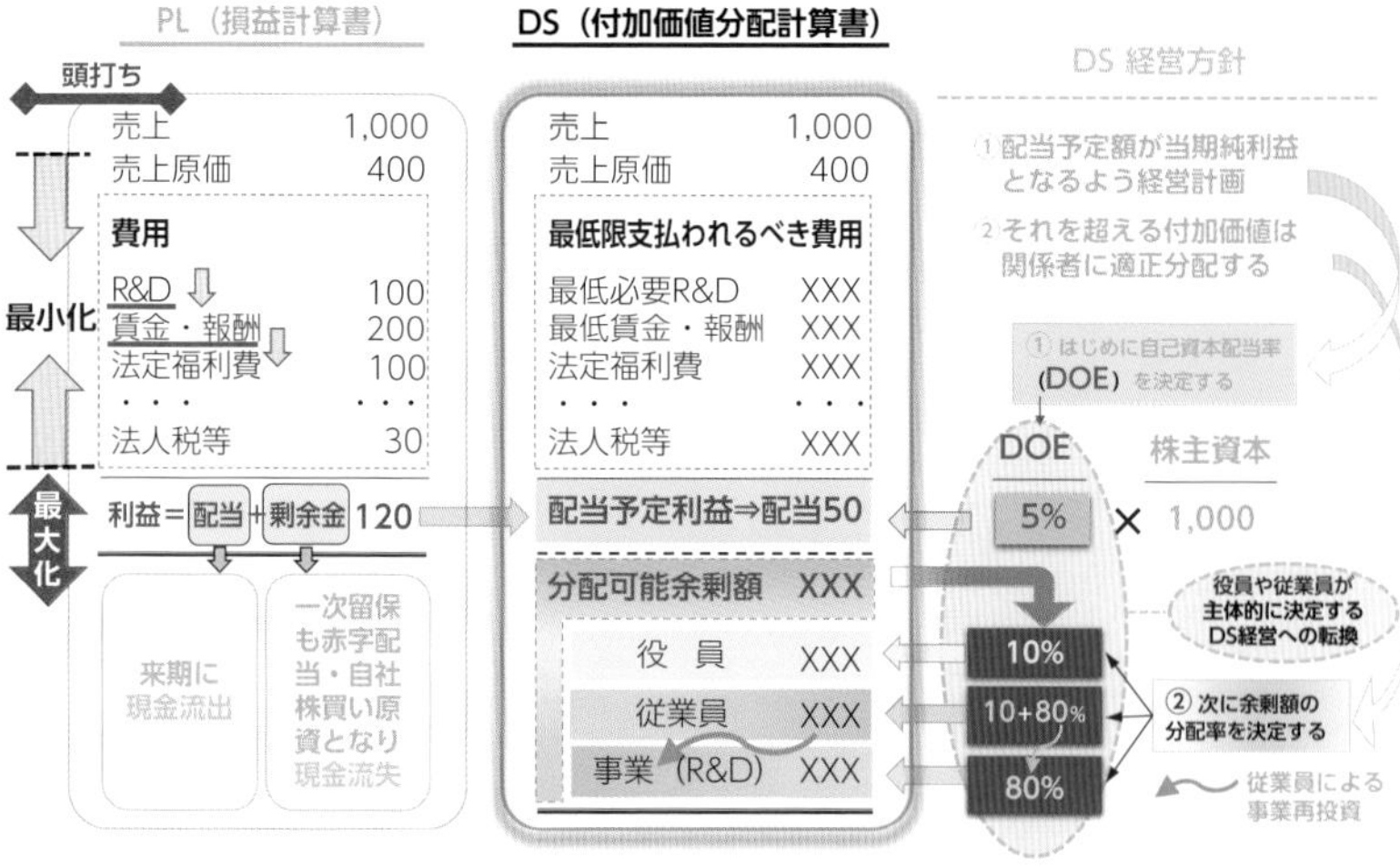

（出所）スズキ研究室

て濫用されている。すなわち経営上、人員整理やR&Dの抑制を伴う最も困難な局面で現金の社外・国外流出を許す非持続的経営が横行している。しかも現行のガバナンス・コードや主要メディアの論調に従えば、こうした株主還元の高い経営は、グローバル標準に従った効率性の高い経営として正当化され、賞賛されてしまう。

そうした経営の在り方に一石を投じるために、本書は損益計算書に工夫をこらし、株主のみならず事業の主たる関係者に対する付加価値の適正分配を促進する「付加価値分配計算書（DS：Distribution Statement）」を提案する。PLは法定書類として種々の規則や実務に深く根付いているから、これを廃止するようなことは想定していない。またDSの不用意な強制適用にも慎重である。むしろPLと併用して、新たな金融資本の注入を糧に成長を目指す企業はPLを、新たな人的資本の注入を糧に成長を目指す企業はDSを重視して経営するという、選択肢の拡張を念頭に置いている。

このＤＳを活用した新しい経営を開発するにあたっては、政策科学や制度設計学の示唆する原理・原則を活用している。ここでいう原理・原則で重要なのは、①実施が容易であり、②わかりやすいディスクロージャーが関係者の動機と直結して行動変容を誘発し、③誘発される行動のベクトルの束が全体として社会目標を達成する方向に向いていることである。**図表０・７**はそうした原理・原則に基づいて、事業の生み出す付加価値の一方的な流出に規律を持たせ、事業価値の向上をもたらすような関係者への分配を優先するアカウンティングである。役員や従業員と事業そのものに対する分配を増やすとともに、高い士気・モニタリング・ガバナンス機能を誘発し、企業の自律的で持続可能な成長を実現するよう設計されている。

ＤＳ経営モデルは、ＰＬ経営に慣れ親しんだ我々がはじめて接する際には、柔軟な発想の転換と知性を要求する。その発想の中核となるのは、ＤＳ経営では当期純利益の最大化を目的としないということである。なぜなら当期純利益とは「株主に帰属する付加価値」に過ぎず、「すべての関係者に帰属する付加価値」（その国内の総和がＧＤＰ）ではないからである。マクロ的に日本が必要とするのは「すべての関係者に帰属する付加価値」の持続的な成長である。これを実現するためには、利益と配当を最大化するのではなく、事業の生む付加価値の適正分配を通じて、特に役員と従業員の士気やイノベーションへの意欲を高め、自律的で持続可能な経営・経済システムを確立することが必要である。

このＤＳ経営を直感的に理解するためには、年次の予算手続をイメージするとよい。まず株主資本に対する還元率ＤＯＥ（Dividends on Equity）を、関係者間で合意された予定配当率として設定し、その株主還元額（＝配当）が当期純利益となるような経営を考える。当期純利益についてはすべて配当する。本来はそれ以上の当期純利益を計上できる場合でも、あえてそれを予定配当額レベルに抑えることで、従業員給与や役員報酬、Ｒ＆Ｄといった費用の増加を許容する。換言すれば、当期純利益を超える付加価値を生み出せば、それが分配可能余剰額として役員や従業員、事業そのものに分配される設計であり、これを動機づけの原資として自律的な成長を期待する。

このようなDSモデルをすぐに個々の経営に適用することは想定していない。DSモデルの意義は次の2つのレベルで理解されたい。第1に、DSモデルを基礎に置いた経済社会（マクロ）レベルのシミュレーションを行えば、付加価値の適正分配により、極めて潤沢な資金が役員、従業員、事業、および政府にまで行きわたることがわかる。成長先行論の主張と異なり、現在の付加価値生産の水準でも十分な財源があり、経済社会の厚生の改善が十分に見込まれることが理解される（第5章）。

第2に、個別企業（ミクロ）レベルのシミュレーションを実施すれば、それぞれの企業で役員や従業員1人ひとりがどれだけ多くの分配・報酬を得ることができるかを実感できる。本書に示されたDSモデルをそのまま適用しなくとも、「利益最大化」から「付加価値の適正分配」を念頭に置いた経営にシフトする動機が高まる。また、そこで得られる財源を経営上の動機づけシステムに組み込むことで、役員・従業員のやりがいや士気・動機・ウェルビーイングが向上する経営が推進される。パッシブ化し短期化し機能不全の著しい投資家・株主による外からのモニタリングやガバナンスに代わり、生活の基礎を企業に置く役員や従業員による内からのモニタリングやガバナンスが強化され、中長期に自律的で持続可能な経営が推進される（第6章）。これが日本発の新しい資本主義の可能性である。

第5章（マクロ・シミュレーション）

では、そうしたDSモデルによって、どれくらいの所得増加が見込まれるのか。岸田政権は「令和版所得倍増計画」を掲げて国民の信任を受けた。これが中長期の方向性を示した政治的スローガンであるとしても、どれくらい

図表0・8　現行の株主資本還元率の高さ

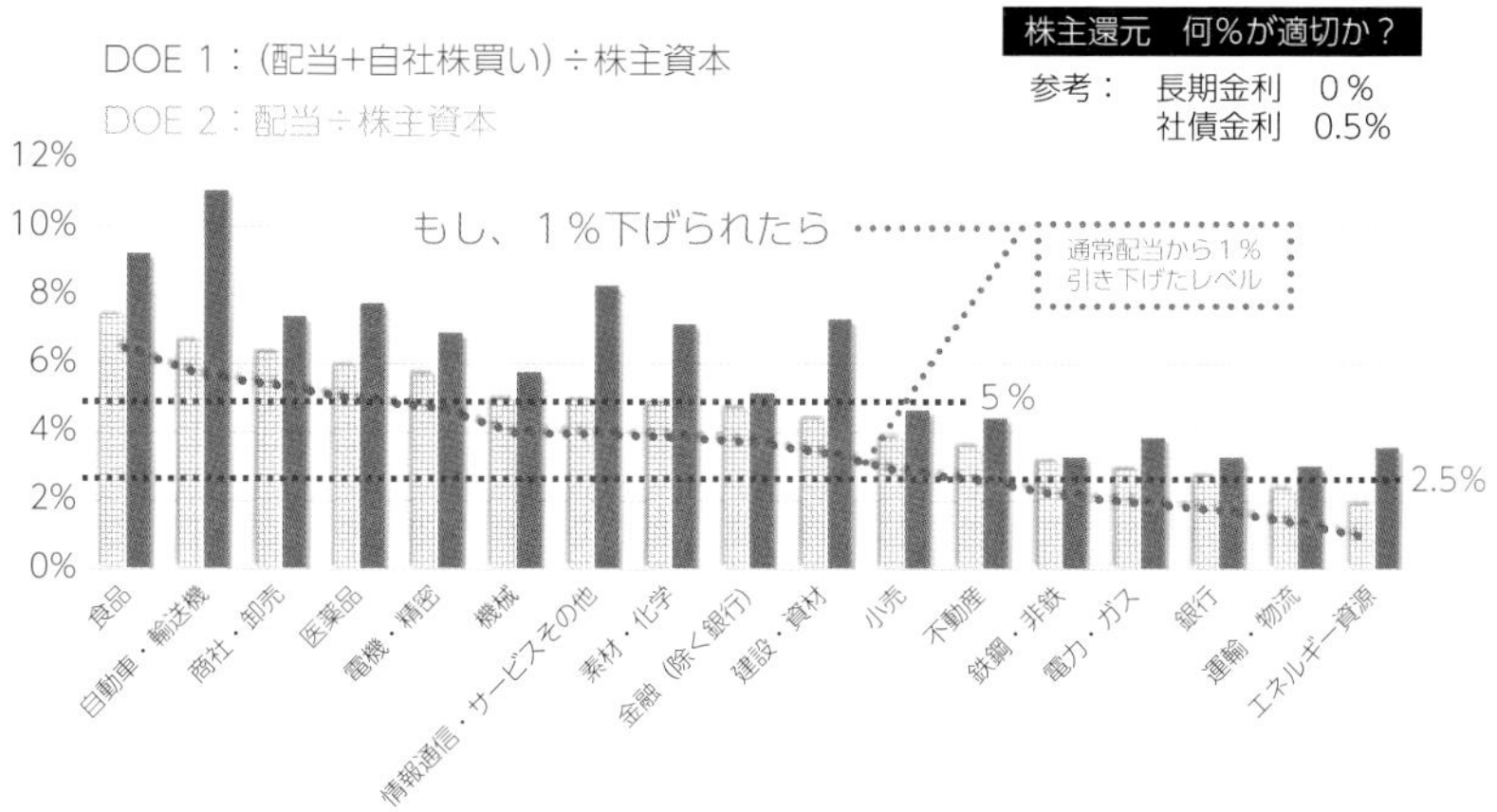

(出所) スズキ研究室

の効果が想定されていたのか。政府の財源に頼ることなく、DSモデルを使って上場企業の付加価値を適正分配したときに、役員や従業員の所得の増加はどれくらいか。また、事業そのものや政府に対しても、どれくらいの財源が分配されうるのかについて、シミュレーションを試みる。**図表0・8**は、長期金利がおよそゼロである日本の経済環境で、各業種において高い株主還元が実行されている現状を示している。ここで短期利益最大化と配当に一定の規律を課し、仮に「通常配当より1%低い値で配当すれば」というシナリオでシミュレーションを試みる。

図表0・9は、2019年時点における東証1部上場の医薬業界の平均値を使った産業レベルのシミュレーションである。その前提は、まず現行の通常の配当レベルから1ポイント下げた値を予定配当率（DOE：株主資本還元率）に設定する。役員に対する分配を5、000万円台の大台に乗せ、従業員に対する給与（年間フロー）は現行に100万円上乗せする。

それでも分配可能付加価値はあり余るので、これを

図表0・9　産業レベルシミュレーション

医薬品業界　シミュレーション（1社当たり平均）	PL	DS	
株主資本還元率（DOE）　%	**5.9%**	**4.9%**	↓
（自社株買いを含むDOE　%	7.8%	4.9%）	
株主に対する分配（1株当たり配当額）	**81円**	**67円**	↓
役員に対する分配（役員1人当たり報酬）	**3,062万**	**5,013万**	↑ **5,000万円へ**
年間フロー従業員1人当たり給与	782万	882万	↑ **100万円増**
資産形成分（10%長期貸付；90%従業員持株）	0	397万	↑ **退職資金増**
従業員に対する分配（年間フロー＋資産形成分）	**782万**	**1,279万**	↑ **64%増加**
事業再投資（株主による剰余金積立額）	64億	16億	
事業再投資（従業員の資産形成分）《安定資金》	0	74億	
事業に対する分配（株主と従業員から）	**64億**	**90億**	↑ **質の向上と40%増加**
法人税等	36億	36億	
役員・従業員の支払う所得税・住民税	22億	39億	**従業員の所得の増加に伴う増加**
法定福利費	30億	63億	
配当に係る源泉徴収	39億	32億	
政府に対する分配	**127億**	**170億**	↑ **財政健全化**

分配可能付加価値を次の割合で分配したときのシミュレーション：役員：従業員：事業再投資=3.1%：58.3%：38.6%

図表0・10　全業種シミュレーション

（通常配当1%⇩、役員50%⇧、給与10%⇧の場合）

業種	配当/株主資本	A役員	B1給与	B2資産形成	従業員(B1+B2)	C事業(再投資)	D政府
食品	7.4→6.4%			8%	**118%**	381%	115%
自動車・輸送機	6.7→5.7%			43%	**153%**	305%	128%
商社・卸売	6.3→5.3%			68%	**178%**	81%	163%
医薬品	5.9→4.9%	150%	110%	50%	160%	138%	148%
電機・精密	5.7→4.7%			12%	**122%**	88%	121%
機械	5.0→4.0%			34%	**144%**	92%	124%
情報通信・サービス	4.9→3.9%			100%	**210%**	128%	149%
化学・素材	4.9→3.9%			41%	**151%**	152%	126%
金融（除く銀行）	4.7→3.7%			96%	**206%**	104%	133%
建設・資材	4.4→3.4%			46%	**156%**	151%	117%
小売	3.8→2.8%			29%	**139%**	103%	119%
不動産	3.6→2.6%			193%	**303%**	128%	119%
鉄鋼・非鉄	3.2→2.2%			19%	**129%**	52%	137%
電力・ガス	2.9→1.9%			22%	**132%**	129%	116%
銀行	2.7→1.7%			80%	**190%**	207%	131%
運輸・物流	2.4→1.4%			56%	**166%**	104%	121%
エネルギー資源	1.9→0.9%			79%	**189%**	Err.（-7⇒56）	143%
業種平均	**4.7→3.7%**	**150%**	**110%**	57%	**167%**	**146%⇧**	**130%**

（出所）図表0・9、図表0・10ともにスズキ研究室

「従業員の資産形成分」として配分する。資産形成分のうち、その1割は会社に対する長期貸付金、9割は従業員持株制度を利用した株式とする。この結果、事業再投資額はこれまでのＰＬ経営時より増加し90億円になる。しかも、従業員による事業再投資は、株主による利益剰余金とは異なり、ほとんど社外に流出することがない。マクロ的に問題とされている「家計金融資産の預金化（非投資化）」問題も解決する。

さらに従業員が会社に対する債権者や株主になることから、本質的なモニタリングやガバナンスに対するインセンティブにもつながる。自己に還元される配当や株価上昇を動機として、高い士気やイノベーションが期待される。また、政府に対する分配も１２７億円から１７０億円に増加し、財政の健全化に貢献する。これは主として従業員への給与が大幅に増加することに伴う所得税や住民税、法定福利費の増加に起因し、新税の導入や増税に伴う政治的な困難はない。

図表0・10も同様であるが、全業種に適用できるよう多少シナリオを変えている。役員報酬を現行の50％増し、従業員の現金給与を10％増しにした場合のシミュレーションである。例えば、列Ｂ（従業員B1＋B2）が示すように、従業員に対する総分配は67％増と、「所得倍増」とまではいかなくとも十分高い水準に到達する。その他の効果も医薬品業界の例で検討したのと同じく、関係者に多大なメリットを期待させる結果である。

第6章（ミクロ・シミュレーション）

第5章のマクロ・業種レベルの分析に続き、**第6章**と**第7章**ではＤＳモデルをミクロ・個別企業レベルでシミュレーションし、実装に向けての検討を進める。**第5章**が産業全体で誰に対しどれだけの財源が分配可能であるのかを示すのに対し、**第6章**は企業がＰＬ経営からＤＳ経営にシフトしたとすれば、役員や従業員、投資家・株主、政府にどのような行動変容が誘発されるかを分析する。そのベクトルの束が全体として日本の経済社会をより自律的で持続可能なものにすることを論証する。

そうした分析の中で最も有益であったのが早稲田大学の学生を対象にしたシミュレーション実験である。**図表0・11**は実験で実際に使用されたコンピューター・スクリーンである。320名の被験者に就職希望業種を聞いた上で、1人ひとりに東証1部上場企業から2社をあてがう（A社とB社とする）。多くのケースで、A社は業界で大手でありB社は準大手である。当初、64％の学生がA社へ、36％の学生がB社への就職を希望した。しかし、B社が「今後5年間をかけてDS経営にシフトする」と宣言すると、同割合はそれぞれ11％と89％に変化した。

ここに「DS経営にシフトする」とは、従来の株主資本還元率から1ポイント下げたレベルでの配当額が当期純利益と一致するような経営を進め、役員と従業員の給与・報酬はA社にマッチさせることである。残りの余剰については従業員の資産形成分として分配し、これを事業の再投資へと充てる。しかし、もしターゲット化された当期純利益が達成されない場合には、役員と従業員は最低生活保障レベルの給与・報酬に甘んじることとなる。このようなセッティングの下、被験者は**図表0・11**を用いてそれぞれの企業について様々なシミュレーションを繰り返し、A社とB社のどちらの企業に就職したいか決めるのである。

実験前後で就職希望理由の変化も分析できるよう工夫してある。それらをまとめると、株主として一定の経営参加の権利があり、やりがいやミッションを感じることができる仕事ができ、そうした仕事に対する努力や成果に応じて昇進や昇給の可能性が高い企業に就職したいという結果が明白に示された。DS経営にはそうした可能性が感じられるために、大手であるA社よりもB社が極めて高い評価を得る結果となった。現代の就活生は所得もさることながら。やりがいを感じる経営参加の機会を求めている。

図表0・11　個別企業シミュレーター（Excel版）

「データ」シートのB列から4桁の証券コードを入力→	2
社名	医薬品　⇦本来は会社名が入る
決算期	2019年3月

現行 損益計算書（PL）	（百万円）
売上高	164,318
売上原価	64,388
売上総利益	99,930
…	…
…	…
役員報酬	444
従業員給与	14,524
法定福利費	2,994
税引前当期純利益	35,537
法人税等	3,584
当期純利益	**31,953**

年間の配当金の総額	19,532
自社株式買取り額	5,984
合計（株主還元総額）	25,516

付加価値分配計算書（DS）		（百万円）		
売上高		164,318		
売上原価		64,388		
売上総利益		99,930		
…		…		
役員生活保障給与（時給1,000円を仮定）		26		
従業員生活保障賃金給与（時給1,000円を仮定）		3,264		
上記に付随する法定福利費		658		
(A) に付随する法定福利費		4,757		①DOEを決める
（当期純利益=DOEに対する）法人税等		4,295		⇩
当期純利益に見合う法定利益剰余金積立額		1,952		DOE
当期純利益＝予定配当額（e.g., DOE=□ %）		**19,522**	⇔	5.93%
役員および従業員に分配可能な付加価値	**(A)**	**19,027**		**分配率**
役員変動賞与として分配（所得税 税引き前）	**(B)**	704	⇔	**3.70%**
従業員変動賞与として分配（所得税 税引き前）	**(C)**	**13,128**	⇔	**69.00%**
従業員による事業再投資（所得税 税引き前）	**(D)★**	**5,194**	⇔	**27.30%**
Check (A)−(B)−(C)−(D)=Zero		0		100.00%

②分配率を決める

（自社株買い含まない 配当金総額）/（株主資本）比率　5.93%

（配当金総額+取得自己株式）/（株主資本）比率=DOE	**7.75%**
⇩1人/1株当たりデータ⇩	
株主・1株当たり配当額　（円）	81.12
役員1人当たり報酬　（円）	30,620,079
従業員1人当たり給与　（円）	7,819,214
	−
株主による事業再投資（=利益剰余金積立額という形式で）	6,437
−	−
事業への再投資合計　（百万円）	**6,437**
法人税等　（有報上実際値）	3,584
役員および従業員の納める所得税・住民税（15%を想定）	2,245
法定福利費合計（20%を想定）	2,994
配当に係る源泉徴収（所得税15%+住民税5%を想定）	3,906
政府への分配合計　（百万円）	**12,729**

（合意配当）/（自己資本）比率=DOE	**5.93%**
⇩1人/1株当たりデータ⇩	
株主・1株当たり配当額　（円）	81.08
役員1人当たり（保障給与+変動賞与）	50,259,626
従業員1人当たり（保障賃金給与+変動賞与）	8,824,885
従業員1人当たり再投資（長期貸付10%+従業員持株90%）★	2,376,960
株主による事業再投資（=法定利益剰余金積立額）	1,952
従業員による事業再投資（長期貸付+従業員持株）税引き後★	4,415
事業への再投資合計　（百万円）	**6,367**
法人税等（新当期純利益＊20%を想定）	4,295
役員および従業員の納める所得税・住民税（15%を想定）	3,347
法定福利費合計（20%を想定）	5,414
配当に係る源泉徴収（所得税15%＋住民税５%を想定）	3,904
政府への分配合計　（百万円）	**16,961**

従業員1人合計
11,201,846

★ 重要ノート

（出所）スズキ研究室

次に政府はどのような反応を示すであろうか。マクロ的に見て、シミュレーションは政府への分配が増えることを示している。しかも、政府は、税や法定福利費に関する法令上の規定を変更する必要がない。従業員の給料が増えることに伴い、所得税・住民税および法定福利費が大幅に増えるのみである。このことは、現在、世界的に税率・税収の逓減している法人税に代わり、税収の安定している所得税を中心とした租税への転換も意味している。こうした事由からＤＳ経営に対してこれまで政府関係者や研究者から特に批判や懸念が示されたことはない。

最後に、短期的には配当収入が減る投資家・株主はどのような反応をするであろうか。このシミュレーション実験には追加的な調査が存在する。Ａ群企業50社とＢ群企業50社ずつの合計１００社を擁する投資信託を想像されたい。企業数のみならず、保有時価総額も50：50であると仮定する。被験者はこの投資信託のファンド・マネージャーとして行動する。今、早稲田大学の就活生はＢ群企業を就職先として選好するというニュースが社会に広く認知されたとしたら、ファンド・マネージャーはＡとＢ、どちらの企業群への投資を増やすであろうか。結果は37：63の持分へと変化した。その理由は、短期的な配当の減少によるデメリットを、長期的な成長可能性というメリットが補い上回ったものと解釈される。また、形式的で回数ばかり多い煩雑なモニタリングの労から解放され、従業員が実質的なモニタリングやガバナンスの任に当たり、安定配当が期待される点も評価されている。

日本ではこうした例はあまり知られていないが、欧州ではユニリーバがそうした経営を進め、従業員士気の向上に伴って業績の改善が見られ、これを好感した投資家が同社の株を買い増し、株価も順調に上昇した例が知られている。「ユニリーバ」のケース・スタディは、欧米のビジネススクールではステークホルダー主義的な経営モデルとして周知されている（**図表０・12**）。

図表0・12　ユニリーバのケース

Unilever

配当性向の⇩は
株価の⇩か？

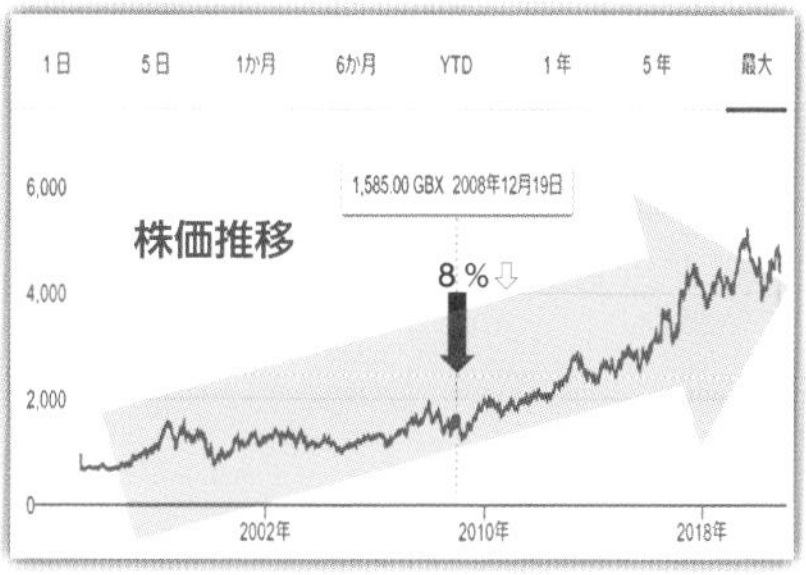

・CEO 就任を直前に控えたPaul Polemanの2008年12月の記者会見やアナリストとの対話は有名

・今日でいう株主資本主義に基づく短期利益主義との決別の宣言。その直後ユニリーバの株価は急激に８％も下落し、主要株主たるヘッジファンドの割合は15％から５％へと減少した

・しかしその後、従業員士気⇧、売上⇧よって市場も高評価⇧

・2019年、Polemanはオックスフォードビジネススクールのチェアマンに就任
→　New Modelとして一般化

（出所）スズキ研究室

小括すると、ＲＯＥ・高配当モデルのオルタナティブとして、適正分配モデルであるＤＳ経営が、主要関係者それぞれの動機に見合い、全体として自律的に機能しうる可能性を紹介した。こうした実験結果を生み出した学生自身が驚き、喜び、自らＳＮＳや著書の出版等を通してＤＳ経営の推進運動を企画している。経営者や政治家にも呼びかけ、社会一般の認知を高め、企業行動を変え、それを好感する投資家の行動も変えることで好循環を生み、サステナブルな経済社会、「新しい資本主義」を創造することを期待している。

第７章（実装に向けて）

「…こうした制度設計に誰か反対する人がいるのですか?」とは、衆議院議員会館での勉強会（２０２１年７月）における有力議員の発言であり、多くの参加者がうなずいた共通の疑問であった。あるいは、この発言は、すべてのステークホルダーが恩恵を受けるにもかかわらず、実際に実施されていないのは何かしらの不備があるからであろう、というある種の懐疑の表れでもある。

誰が反対するのか。

投資家ではない。投資家や株主は一応反対の意思を示すことはあっても、別の投資機会のほうが有利とみれば乗り換えることができ、投資リスクは高くない。近時流行りのSDG投資が17ゴールを標榜して目標が広く分散されているのに対し、DS経営は従業員の厚生と士気を高め、企業の持続的成長に直結するように資源を集中投下できる分、SDG投資よりも高いパフォーマンスに期待する向きもある。DS経営企業群を中核に据えるファンドやオルタナティブ・マーケットの創生を通じて、長期安定配当を好感する年金基金や政府系投資家も存在する。

答えは経営者である。経営者は減配に伴う短期的な株価下落や買収リスク等の影におびえる。中長期的には事業の持続的成長に貢献する可能性を期待し得ても、あと数年自らの任期中に大きなリスクを取るインセンティブがない。それよりは短期的に利益を最大化し、株価を高め、業績連動型の報酬を最大化するほうが合理的である。経営者の言い分はもっともである。複数の機関投資家が連携したり、株主総会の電子投票が一般化しつつあることも手伝って、「ここ2~3年で、株主総会で役員再任が否決されたり買収されるリスクはリアル」になったという。であるとすれば、少なくともこの意味で、本書の提案する制度設計は完成していない。経営者の懸念を払拭する工夫や施策が必要である。

そうした検討を進めるために、この**第7章**では東証1部上場企業10社（6業種）の社長室や経営戦略室、IR部門や経理部門と協働して、DS経営の実装までの道標を検討した。まずは**図表0・13**のDSシミュレーターをWebで公開し、多くの経営者や従業員らに体験してもらい、DS経営の知見を高め、問題点を共有することを提案している。**図表0・13**のQRコードからWeb上で公開されたシミュレーション（無料）を試すことができる。

図表0・13　Web版シミュレーター（無料）

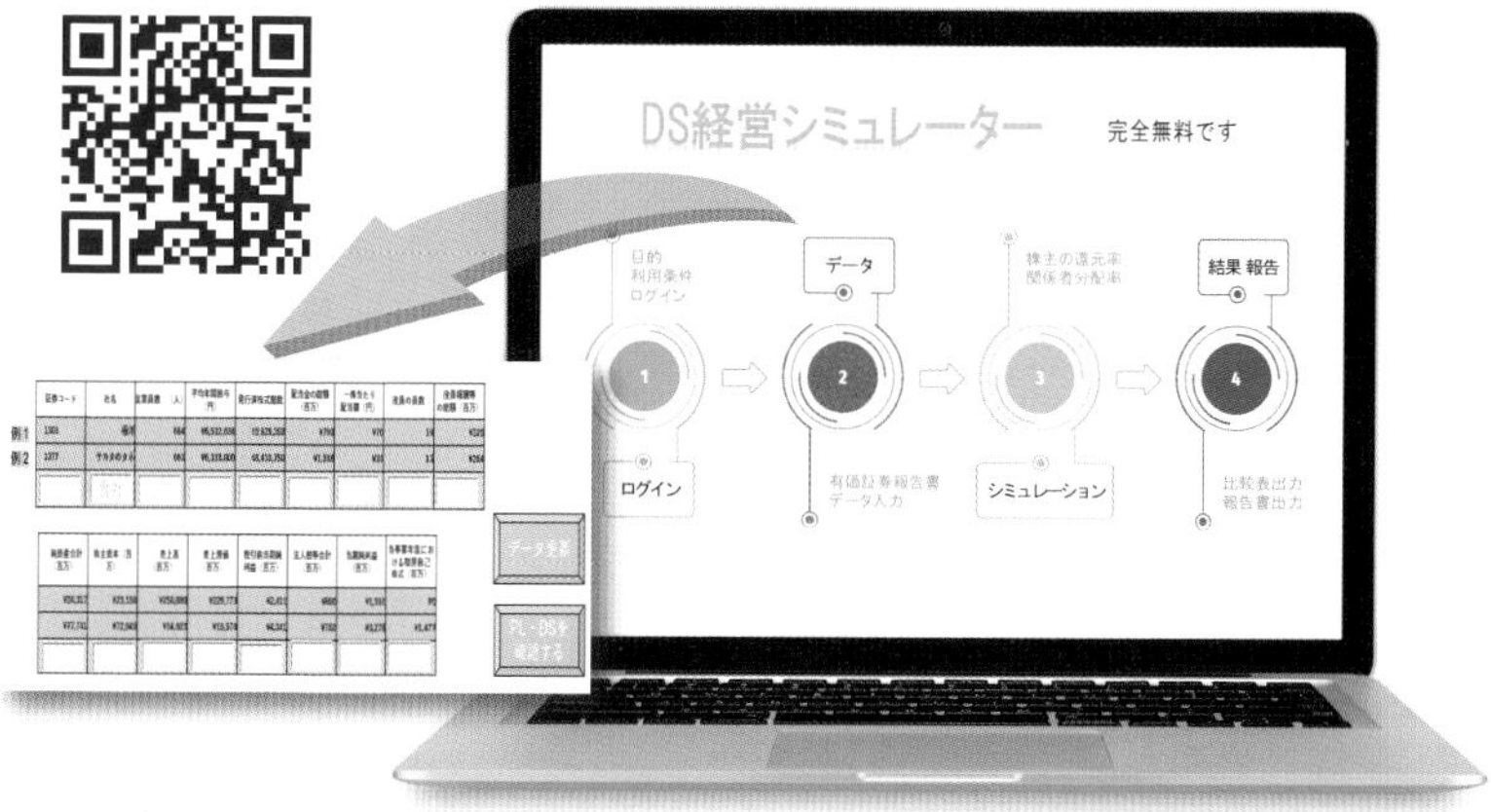

（出所）スズキ研究室

実際にDS経営の実践を検討したい企業には、筆者の研究室等が一定の支援ができるよう体制を整えつつある。そのほか、明らかに国益に反する買収に対抗する公共制度的な対策や、適正分配を推進する企業を支援する投資信託の創生、オルタナティブ・マーケットの創生が話し合われた。そうした新制度の創生と運営までには時間がかかることを見越して、当座は、DS経営実施企業の株式について、不測の株価下落が生じた際には政府による買入れという形で支援が得られないかなどの検討が行われた。また、現在、「新しい資本主義実現会議」等で検討されている、「ヒト」への投資を推進する企業情報の開示方法についても批判的な検討を行った。

第7章ではこれら官民共同で進められるべき資本市場の改革案を現在進行形の案として紹介している。

終章（次世代のウェルビーイングのために）

これまでの章全体の総括は「ダイジェスト」をもって代える。**終章**では、筆者が日本という成熟経済社会においてアカウンティングをナッジとするDS経営モデルを発案するに至った経緯を、新興国（中国とインド）での経験を基に説明する。要点は、各国でアカウンティングが人々の「認識」、「測定」、「ディスクロージャー」を変え、これらがそれぞれの国における経営・経済運営に大きな影響を与えているという点である。普段はつまらない存在と考えられがちなアカウンティングが「静かな革命」を起こしていること、さらにそれを応用して日本の子供や若者のためにもう一度やりがいのある経営・経済を再生したいという想いを伝え、また、その可能性の大きさを書き記した。

本書は、そもそもは多くの詳細や参考文献とともに出版する予定であった研究書を前倒しで、一般読者にも読める形で上梓することになったものである。政治的に「分配政策」が政策の中心的位置を占めるに至り、国民の理解と協力があれば大きな改革の機会となることを感じたために、議論の詳細や正確性を犠牲にしてでもこのタイミングで上梓することを優先した。様々な瑕疵は今後の批判により修正されることを期待する。**終章**ではそうした批判や修正の過程で各関係者にお願いしたいことをまとめている。

このダイジェストにおいても強調してお願いしたいのは、この国の将来、若い人たちの未来を憂慮するのであれば、建設的な提案と行動にエネルギーを注ぐことである。次世代を担う若者には教科書やメディアを妄信するのではなく、成熟経済社会のアポリアと改革案について学び、ぜひとも声を上げていただきたい。SNS上で発信される就活生や有権者の意見は、経営や政治を突き動かす原動力となる。就活や投票行動を通じて、日本の経営や政治・経済政策を変えてほしい。最後に、すでに財や地位や名誉を確立された諸先輩方には、若者や弱者が困窮することのないよう、もう一度、日本の未来創造のために力をお借りしたい。

はじめに

ややナイーブな書き始めですが、本書の願いは、実直に働き日々国民の生活を支える経営者と従業員のための政策を実現することです。利益や株価など、主として「金融経済」の観点に基づく経営指標や企業価値が強調される風潮の中で、あえて大多数の経営者や従業員、市民が直接携わる「実体経済」の観点に基づく企業経営の在り方や企業価値を検討し、両者の適正バランスの上に民主的な経営・経済を創造することを本書は企図しています。働く人のやりがいやプライドを回復し、相応の所得機会とウェルビーイング（Well-being）を両立させるような自律的な制度を設計することが目的です。そうすることで、成熟経済社会化が進む日本で、若者にもう一度働く意欲と希望を取り戻したい、そういう想いで執筆しています。そして、この想いは高い知性とプライドを有する真の投資家・株主にも共有されているものであり、政治家においても、官僚においても同じであると信じています。

ただ、私たちはそれを実行に移すことのできない構造、「アポリア」に苛《さいな》まれています。この構造を変えるためには幅広い関係者の理解と協力が必要です。ですから、まずは広く問題意識を共有することから始めたいと思います。本書での発見や建設的批判をぜひ発信してください。ツイートしてください。従業員の間で会話し、シミュレーションで体験し、労働組合で討議し、経営者に進言してください。投資家や証券会社、証券取引所と協力し、政府にも後押ししていただいて、成熟経済社会のアポリアを克服し、サステナブルな未来を創生できるよう、行動を始めましょう。

本書は2021年3月に上梓した関西経済連合会委託研究『成熟経済・社会の持続可能な発展のためのディスクロージャー・企業統治・市場に関する研究調査報告書《四半期毎の開示制度の批判的検討を契機

とする』》（2021：以下『成熟経済社会レポート』という）に示したアイディアを発展させ、取りまとめたものです。そもそもは、あと数年調査・研究に時間をかけて学術的に一定の成果を出してからの出版を考えていましたが、「新しい資本主義」に関する市民の関心や政治的な機会を逃してしまうことを危惧しました。岸田政権の樹立とその後の政治の進展に鑑みて、岸田政権が掲げる「新しい資本主義」が一体何なのかということが問われているのはまさに今この時点であると考え、多少正確性を犠牲にしてでも適時に公刊することを優先しました。この「新しい資本主義」の要である「分配政策」に関して、国民の広い理解が得られれば、長期に停滞する日本経済の再生に貢献し、経営者や従業員の所得やウェルビーイングの改善に大きく寄与すると信じています。

以下、本書には伝統的な議論や知見からは乖離した新しいアイディアが数多く含まれていますから、議論の大きな流れを見失わないよう、まず「ダイジェスト」をお読みください。それを前提に、以下の各章では、「ダイジェスト」で示した重要なポイントを丁寧に説明することで議論を進めていきます。それでも常識的な理解とはかけ離れたアイディアが示されるため、読者の理解やコンフィデンスを高めるために重要な論点は二度、三度と繰り返し強調することを先にお断りしておきます。そうすることで、忙しい読者が興味のある章だけを読む場合にも、文脈を読み誤らないよう配慮しています。「ダイジェスト」で使用したカラーの図表は、読者の便宜を図り、各章においてはモノクロで再掲しています。

2022年5月

スズキ　トモ

目次

第1章

「新しい資本主義」の意味：本書の目的と方法

1　本書の目的

2021年秋以降、岸田政権の掲げる「新しい資本主義」の名の下に数多くの政策が並行して討議・実践され、本書の考える当初の「新しい資本主義」の本質が見失われがちである。本書は「新しい資本主義」に特徴的な政策は「分配政策」（企業における第1段階の分配制度の見直し）であるとの立場で、ここに重点を置いて検討を進める。なぜ「分配政策」を「新しい資本主義の…ど真ん中に位置づける」（岸田総理国会閉会に際しての記者会見2021年12月21日）必要があるのか、またその背景や内容、方法、効果について詳説する。もっとも、本書は「新しい資本主義」の解説書ではない。それよりは「企業における第1段階の分配制度」を適正化することで、「成熟経済社会」化が深まる本邦経済社会の持続可能な発展を確実にするために制度設計上何が必要かを検討することが目的である。

(1)　背景と目的

最初に、法人企業統計を加工した長期のマクロデータを用いて、成熟経済社会を深化させるわが国が抱える諸問題に関する大局を読者と共有し、議論の前提を確立したい。以下、**図表1・1**のグラフを逐一読み解いていく。

まず全国の「売上」（上から3番目の折れ線）の推移を解釈する。売上は付加価値（またはその合計としてのGDP）を構成する最も重要な基本取引であるが、戦後一貫して続いた成長が1991年を境に横ばいに転じる。1991年は、いわゆる「失われた30年」と呼ばれる長期停滞の始まりと言われる年である。

図表1・1　株主還元の急増

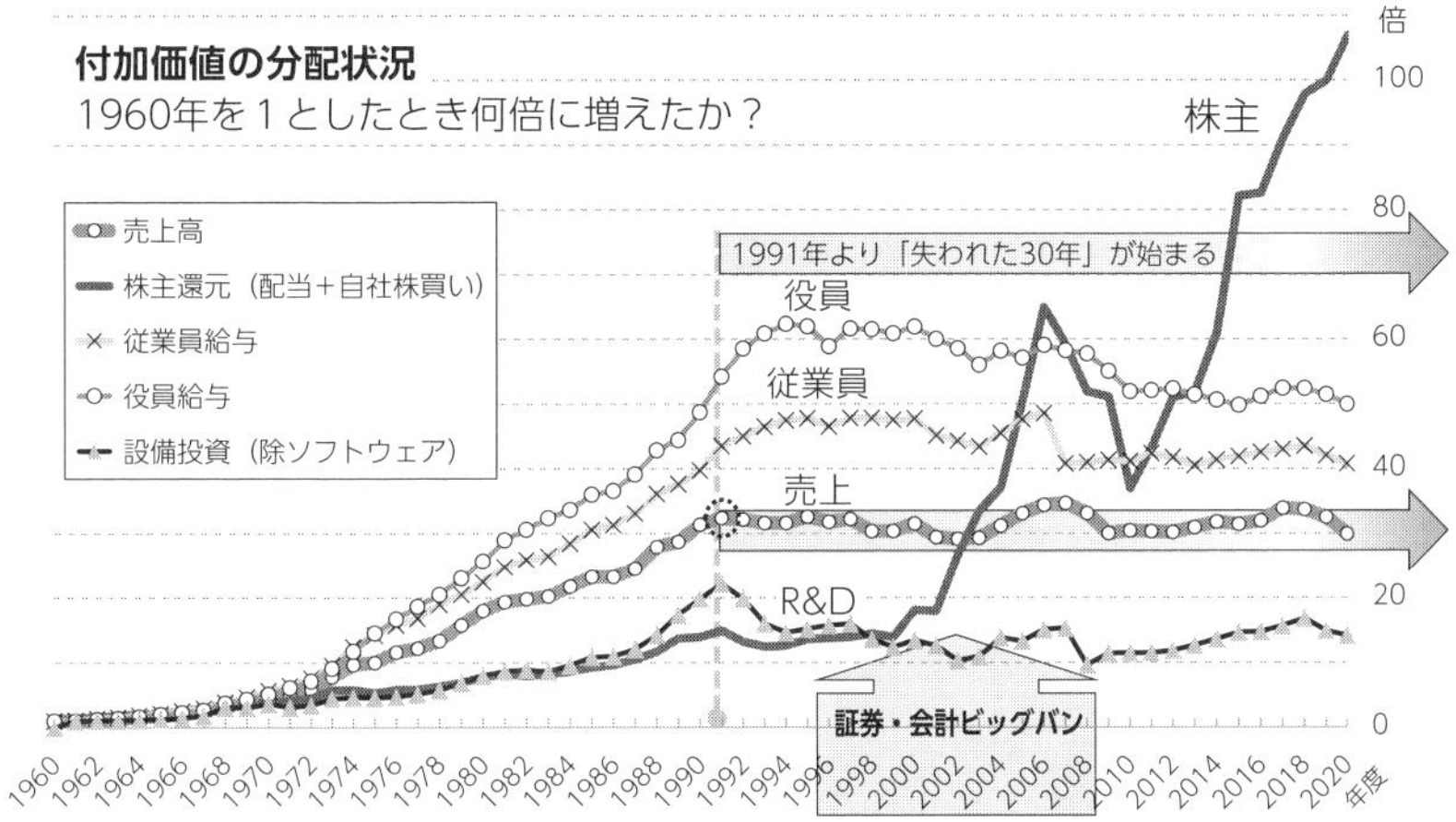

（出所）「法人企業統計」；「配当＋自社株買い」は「法人企業統計」と Financial Quest を利用してスズキ研究室が作成

次いで役員と従業員の給与に目を転じる。これらに関しては次の3点が重要である。まず、役員と従業員の給与の伸び率は売上のそれよりも高くなっている。これは国民が財・サービスを相対的に安く消費できるようになったこと、すなわち国民が経済成長の恩恵を相対的に高く受けていることを意味しよう。

2点目は、役員と従業員の給与は、1991年以降も4年ほど金額が伸び続けたことである。これは日本的経営における終身雇用と安定的な給与規程がすぐには改定されなかった影響であろう。

3点目として、売上は高止まりしているが、給与が長期平均的に少しずつ減少し続けている。他の主要国の給与が伸びていることと比較して、本邦の状況が異常であることは近年広く認識されている。これにより役員や従業員の士気や消費者マインドにネガティブな影響が生じていることは想像にかたくない。経済社会心理上の重大な懸念として認識されており、よく「給与を上げよ」と（政治的な）号令がかけられる所以である。

次にR＆D（研究開発費：Research and Development）や設備投資を見ると、売上の伸びに比して低い割合でしか増加していないことがわかる。また1991年以降の減少率も最も高い。研究開発や設備投資の伸び率が低いということは、日本経済の将来の発展性を予見する上で深刻な疑義を生む。**図表0・3**を見ると、株価はそれを先読みするかのように、売上等の変化に先行して、1988年より急激な下落を見せている。2001年には日経平均終値が1万円割れを記録し、翌年には9，000円割れ、2003年には8，000円割れを経験したころの話である。2001年に戦後最大のマイナス成長を記録してから、株式市場・証券業協会は政府に一層の各種支援策や改革を要請するようになった（詳細は『成熟経済社会レポート』第3章）。

この時期に誕生したのが、第1次小泉内閣である。同政権は米国（特にハーバード大学）における政策に精通していた竹中平蔵氏を内閣特命担当大臣（金融 兼 経済財政政策担当）として重用した。当時の竹中氏の政策はその著書『竹中平蔵の「日本が生きる」経済学』（2001）に詳しい。186頁以降「長期的な成長を促すために何をすべきか」と題された節の中で、それまでの需要政策と決別し、サプライサイド・エコノミクスを推し進めるべきことが強調されている。サプライサイド・エコノミクスとは「生産（アウトプット）のために必要とされるインプットを高める政策にほかならない」とする（188頁）。サプライサイド・エコノミクスに必要となる資本に関しては「日本の場合、貯蓄・資本は豊富に存在しており、問題はそれを効率的に配分するしくみをつくることである」とした（190頁）。政府は2022年現在も全く同じ点を強調している。「『単純な需要拡大と決別し、資源の効率配分を目指す日本型の〝サプライサイド〟政策を実施する』ことができるかどうか、当面の経済のみならず、二十一世紀の日本経済を左右する分水嶺である」としている（190頁）。

バブル崩壊の反省を生かして、銀行による間接金融の代替として提案されたのが、潤沢な金融資産を擁する市民による直接金融である。すなわち、市民が株主となり、企業への資金提供とモニタリングとガバナンスの機能を担うのである。市民は、成果が利益として実現した折にはその見返りに配当という形で還元を受けるという好循環を想定していた。成熟経済社会化の深化が認識されていない当時、この公約はその目的と主要関係者の動機づけの観点からは整合的であるように見えた。

この時点から今日まで、日本は「資金の出し手」としての投資家・株主の自由や権利を保護・優遇する政策を加速させてきた。2002年以降、政府は投資家・株主のために、より早く、より多くの情報を提供するため、四半期開示制度や連結会計を導入することを早急に決めた。また、金庫株（自社株買い）を解禁し、資本金を取り崩した資本剰余金からの配当をも認め、実質的に資本金の払戻しを認めたのである。さらに国際財務報告基準（IFRS）の適用を拡大することで、株式市場に国際性と透明性を付与すべきと主張し、コーポレート・ガバナンスを強化して企業価値の向上を図るとした。これらは2000年代には「証券ビッグバン」や「会計ビッグバン」と呼ばれた政策で、いずれも投資家・株主の自由や権利の保護・優遇を図ったものである。我々は、これが日本経済の健全な発展に寄与するとの前提で受容してきた。

直近で話題となっている政策で言えば、2022年4月より実施される高校の新学習指導要領で、家庭科の授業において投資や資産形成の重要性を教えることが義務化されたことも、投資家・株主、および証券業界優遇策の1つであろう。様々なレトリックや化粧をもって社会的な正当性が主張されているが、その背景には個人金融資産2，000兆円を株式市場に誘引するという意図が関連していることは関係者に共通の認識である。

こうした投資家や株主の自由や権利を保護・拡大し、企業の生産能力拡大のための投資活動を推進する政策は、政治的な思想と結びつき、曖昧な用語ではあるが「新自由主義的な政策」と呼ばれることが多い。この曖昧さを緩和するために、本書のコンテキストにおいて「新自由主義」は投資家・株主の自由と権利を保護・優遇する政策を意味するものとして議論を進める。新自由主義政策下、特に、証券・会計ビッグバン以降、極めて高い株主分配の伸びが確認されている。これを「利益」や「資本利益率：ROE」、「配当性向」という指標で測れば、新自由主義の「成功」は疑いがたい。

（2）成熟経済社会下の「利益」の効果や意味

しかし、新自由主義は本当に成功を収めたといえるのであろうか。本書の最初の目的は、こうした投資家保護・優遇策に基づいた投資拡大型政策が、当初の政策導入目標のとおり、企業の生産力の強化に寄与し、利益として市民に還元され、総じて国民経済の健全で持続的発展に貢献しているか否かについて、政策評価を行うことである。

確かに、**図表0・3**を見れば、２０００年初頭からの「証券ビッグバン」や「会計ビッグバン」の後、利益は回復し、株主還元が急上昇し、株価も回復した。２０２１年末は32年ぶりの高値で大納会を迎えており、新自由主義的な政策は成功しているように見える。しかし、こうした利益や株価の上昇は経営・経済の健全な発展を適正に体現しているであろうか。導入当初の政策目標に照らして潤沢な民間資金が企業へ投資され、企業の生産能力や効率を改善し、そこで生まれた付加価値が配当という形で市民に分配されているであろうか。

ここで示唆されているのは、我々は「新しい資本主義」の検討を進める過程で、まずは「利益」や「配当」の意味を問い直す必要があるということである。通常、経営や経済のコンテキストにおいて、「利益」や「配当」は、その「善良性」が疑われることがなく、それを享受する人たちにとって良いものであることは疑う余地がない。しかし、「利益」や「配当」が、中長期的に経済社会の健全な発展に寄与するものであるか否かは全く別の議論である。

ところが、政府がこれを突き詰めていくことは難しい。なぜなら、今日、投資家保護や株価といったものはほとんど聖域化され、これを疑ったり、優先順位を下げたり、ましてや毀損するような発言や制度の提案は、瞬時に厳しい批判にさらされるからである。過去30年以上にわたる新自由主義的な政策の下で、有識者や主要経済メディアでは、日本の長期停滞の原因を「投資家・株主のための経営が徹底されていないこと」に求める論調が根強い。例えば、通常、新政権が誕生すれば、株価は「御祝儀相場」として上昇する傾向にあるにもかかわらず、２０２１年10月に岸田政権が発足すると、日経平均株価は８日連続の下落となり、この現象は「岸田ショック」と揶揄された。岸田総理が、成長や利益の拡大よりも、賃上げ（費用拡大）や適正分配（配当減少）を中心に据えた政策を打ち出して当選したからであると解されている。

また、２０２１年12月14日の衆議院予算委員会で、立憲民主党の落合貴之衆議院議員から自社株買いに関して「きっぱりと見直し若しくは禁止まで議論は踏み込むべきじゃないですか」との質問があり、鈴木俊一財務大臣に続いて、岸田総理が「企業の様々な事情や判断がありますので、画一的にこれを規制するということは、これは少し慎重に考えなければいけないのではないか、その個々の企業の事情等にも配慮したある程度の対応、例えばガイドラインとかですね、何かそういったことは考えられないだろうかということは思います」と答弁したことを受けて、日経平均株価は一時大きく下落し、主要メディアは一斉に厳しい批判を浴びせた。これについて、株式相場評論家の古賀真人氏は「相場が落ちて、投資家が日本から離れていく一方なのに、岸田首相に自覚がないのが恐ろしい。20年超相場を見ているが、こんなひどい首相は初めて見た」とのコメントを発したとされる（東スポWeb2021年12月15日）。日本経済新聞も「本当に市場を敵に回すつもりなのだろうか。岸田文雄首相が今週国会で表明した企業の自社株買いを巡る規制発言に対し、投資家が疑心暗鬼になっている。日本企業の株主還元は米欧から周回遅れで、ようやく日本も増える環境が整ってきたと市場はみていた。本当に政府から制限されることになれば、ただでさえ元気のない日本株の致命傷になりかねない」とした。また、「『岸田ショック2・0』と呼んでいいほどのネガティブなインパクトを市場に与えかねない」とニッセイ基礎研究所の井出真吾チーフ株式ストラテジストのコメントも併せて紹介している（日本経済新聞2021年12月17日電子版）。

しかし、当然ながら、利益や配当、株価に直接的な利害関係を持つ関係者の意見を聞くばかりでは、バランスの良い政策は策定されない。方法論的な問いとして、利益や株価は、市民生活の基盤をなす実体経済の健全さを示す指標として、そこまで中心的な役割を果たすべきであるかという点が問われるべきである。

第2章の結論を少し先取りすれば、証券・会計ビッグバン政策以降、資金は投資家・株主から企業に投入されるどころか、毎年10倍以上もの資金が企業から投資家・株主へ流出するようになった（**図表0・4**）。投資家・株主に対する過大な分配により、役員報酬や従業員給与、研究開発費の低迷が続き、日本の経営・経済の持続的成長が毀損されている可能性が高いのではないか。こうした疑問は、証券・会計ビッグバン政策の導入理由に照らした政策評価の上で当然の問いである。利益や配当、株価に直接的な利害関係を持つ関係者が、こうした岸田政権の反省的な政策評価プロセスを阻止しようとするのは理解できるものの、本邦の中長期的な成長のためには経済メディアも公平な観点から幅広い関係者より事情聴取に努めるべきである。本書の根本的な目的の1つは、そうした事態を正面から見つめ、政府の政策策定に必要なデータの収集や分析に寄与することである。

(3)「付加価値」の適正「分配」戦略とは

本書の第2の目的は、そうした投資家・株主優先の制度や実務に対する反省を経て、経営者、従業員、事業体そのもの、株主、投資家、政府といった主要関係者間において、分配の適正化を図ることである。

注意すべきは、ここにいう「分配」とは、税収を財源とする政府による「再分配」ではない。岸田政権の成立過程において掲げられた「分配」は、巷で話題にのぼる政府による「再分配」とは異なる。富裕者層に対する課税とその低所得者層への分配という意味での再分配政策の必要性や可能性を否定するものではないが、「新しい資本主義」の創生にとって最も大切なのは「企業における第1段階での分配」である。

その理由は、第1に、分配は生産と両輪をなす経営・経済活動の基本機能であり、両者を内包してはじめて自律的で持続可能な経営・経済が可能となるからである。マクロ的な成長時代には、投資家・株主の利益は、従業員の給与やR&Dを増加させることで一層増加したから、関係者間のベクトルが同方向を向いていた。しかし、成熟経済社会においては、投資家・株主の利益最大化は、他の関係者の付加価値の減少を原資とする場合がある。成長し、高い生産を維持したところで、適正分配メカニズムを内包しなければ、富の偏在や国外への流出を加速させるであろうことは統計的にも明らかになりつつある(**第2章・第3章**で詳説)。

第2に、企業における第1段階の分配にこそ、従来の政策が見逃していた極めて潤沢で安定的な財源が見出せるからである。現況、政府の財源は限定的である。近年台頭したMMT理論の真偽を問う前に、経営・経済の根本的な原理・原則は、外生的な救済を期待することなく、規律を守り、自律的な持続可能性を追求することである。

最後に、今日、往々にして観察されるのは、新自由主義を謳い政府から解放されたいと自由を訴えながら、危機や不況に際しては政府に多大な救済措置を求める甘えである。そうした期待のすべてを否定するものではないが、過度の期待が自律的で安定的な経済運営の醸成を阻んでいる可能性は否めない。好況期に施しや蓄えを推進して不況や苦境時に備えておくことは、サステナビリティの原理・原則である。短期利益の最大化と高配当による株価向上という投資家・株主の論理との間にバランスを図る必要がある。

これまで「分配」は政策議論の中心として位置づけられてこなかったが、実は成長や生産と並ぶ経営・経済の根本にかかわる大切な議論である。そして、分配こそ、持続的成長に向けて必要かつこれまで注目されてこなかった政策分野である（**第5章**）。

（4）本書の提起・提案は投資家・株主批判か

こうして、投資家・株主への還元に規律を持たせ、他の関係者への分配を適正化するような政策を提言すると、本書は反投資家、反株式市場の立場にあるものと早合点されかねない。事実は異なる。前出の『成熟経済社会レポート』には多くの投資家の生の声が記録されている。高い知性と倫理観を有するプロフェッショナルとしての投資家は、実体経済への貢献を伴わない株式市場や株価、利益というものに対し矛盾を感じ、やりがいやプライドの喪失感、さらには焦燥感を露わにしている。道徳論でも美談でもない。利己的な心理として、実体経済に資する投資を通して利益を獲得してこそ、職業投資家としての高い幸福感を実感できる。一定額以上の所得を確保した投資家や株主にとって、社会や市民の幸福とのつながりは、金銭と同様かそれ以上にウェルビーイング（Well-being）を推進する必要条件である。本書の目的の1つは、「分配」をコアとする「新しい資本主義」を推進しようとするとき、投資家・株主の直観的な誤解を回避しすべてのステークホルダーが同じ方向を向き、全体として日本経済社会の再生を達成することでウィン・ウィン（Win-Win）関係を構築することである。

小括すると、本書の「目的」は、経営者にとっても従業員にとっても投資家その他の主要関係者にとっても、実体経済上の士気や幸福感と連動するような付加価値や所得を計算・分配する制度を再構築することである。また、それにより、自律的で持続可能な経済社会の創造に貢献することである。現代日本経済の根本的な問題の1つは、利益や株価が、あるいはその計算構造が、実体経済や市民生活の幸福感との間の高い連関性を失ったことにある。そこで本書は、これまで当然のものとして受け入れられてきた損益計算書（PL：Profit & Loss Statement）に加えて、付加価値分配計算書（DS：Distribution Statement）を取り入れ、さらにそれを中心に据えた成熟経済社会下の新しい経営・経済の運営を提唱する（**第4章**）。

2　本書が採用する方法

前節の「目的」と同様に、「方法」についても本書に特徴的な部分のみ説明する。ここでの「方法」は、一般読者にとっては受け入れやすいものだと考えられるが、社会科学の方法に慣れ親しんだ研究者にとっては、やや違和感を覚えるところかもしれない。本書は、一般読者も念頭に置いた書籍であるから、詳細な方法論に関しては、本書の基礎をなす『成熟経済社会レポート』（**第2章**）を参照されたい。本書においては読みやすさを優先するため、注釈や参考文献、レファレンスを最小限にとどめている。本節では、研究調査書にありがちな難解な方法論の説明を行うというよりは、本書の特徴や内容を理解するにあたって必要な、「6W2H」、「非民主的なレトリックの回避」、「アカウンティング」、「ナッジ」および「キャンセラビリティ」という5つの方法に絞って説明を行いたい。

また、以下の各項では、次章以降で展開される議論を少し先取りし、どのようなことが問題となるのか、またそうした問題に対して、方法論的にどのようなアプローチが適切であるのかという点に言及し、読者の本書に対する期待をコントロールする。

(1)「6W2H」：わかりやすい議論のために

まず本書の最も根本的な方法あるいは態度として、「6W2H」の明確化を挙げる。「6W2H」とは、何に関して（What）、いつ（When）、誰が（Who）、どこで（Where）、何のために（Why）、誰と（Whom）、どのように（How）、どれくらい（How much）実行するかという「具体化」のための要素である。

「6W2H」の明確化には「読者のために本書を読みやすくする」という一般的な意義を超えた意図がある。本書が提案する中長期的な改革は、広範な関係者の理解と意思、協力を必要とし、そうした行動を起こすためには「民主的に腹落ちする議論」が必要である。ここに民主的とは多くの異なる立場の市民ができるだけ自由に話し合うことができるという意味である。そのためには難解な学術用語や曖昧なレトリックで討議の方向性を操作することなく、具体的に「6W2H」を示して制度設計・政策策定におけるアカウンタビリティを向上させる必要がある。わかりやすい議論を展開すること、経済学で言えば良質のナラティブ・エコノミクス（Shiller, 2019）を展開することは、制度設計、政策策定における最も重要な必要条件である。

多くの読者は、そのような「民主的に腹落ちする議論」は当たり前であって、「6W2H」を「方法」のセクションでわざわざ取り上げる必要もなかろうと訝られるかもしれない。しかし、従来の経営・経済政策は、極めて非民主的なレトリックの上に論議や実装が進められてきた経緯がある。「新自由主義」とか「資本効率性」、「利益」、「成長」といった、善悪で言えば「善」のイメージを伴う言葉自体の威を借りて反論が抑圧されてきたのである。

レトリックに基づく政治は、いつの時代にも、どの分野にも見られる現象で、時として必要でさえあり、そのすべてを否定するものではない。しかし、1991年以降の日本の経営・経済政策においては金融経済の保護・優遇のために、非民主的ともいえるレトリックが支配的であったように思う。結果として、実体経済や将来世代の市民生活に多大な損失とリスクをもたらしているとすれば、これを早急に改善する必要がある。

よって以下では、「6W2H」を意識的に明示して、開かれた民主的な議論を展開し、次世代の経営・経済政策を構築したい。今後、本書の議論に対するコメントや批判に際しても同様の態度を期待したい。次世代を構築する経営・経済政策において、「6W2H」を特定し、誰のどの見地から、なぜその議論が他の議論に比べて優先されるべきなのか、できるだけ曖昧さを排した批判や議論を期待するものである。

以下では、これまでに観察されたいくつかの非民主的なレトリックの例を挙げ、今後はそうした過ちを繰り返さないよう読者や関係者の注意を喚起する。

(2)「非民主的なレトリック」の排除：事例を挙げて

1つ目は直近の例で「新自由主義」を挙げる。岸田政権の「新しい資本主義」の意味内容として「新自由主義からの転換」ということが言われるが、一般にはなじみがない。「新自由主義からの転換」とか「新自由主義への反省」とは、具体的には何を指すのか、政策で言えば何がそれに当たるのかを答えられる者はほんの一握りである。こうした用法には、何か深遠なものを想像させ、近づきがたくすることによって批判をかわす非民主的な側面がある。その反省を生かし、すでに述べたとおり、本書のコンテキストにおいては、新自由主義的な政策とは投資家・株主の自由や権利を保護し優遇する政策を指すものとした。一方で、「新しい資本主義」はこれに対する反省と、他の主要関係者（本書では、特に経営者、従業員および事業そのもの）への配慮を回復する政策である。「投資家・株主の自由や権利を保護し優遇する政策」の内容については以下で説明する。

2つ目の非民主的なレトリックを昨今話題の例で説明すると、ESGやSDGsと、それに関連するディスクロージャーや投資もまた然りである。また、「コーポレートガバナンス・コード」と謳い、事業にかかわるすべての関係者のための取決めのような外面を持ちながら、実は投資家や株主優先の基準・規則も同じである。

グローバル社会の倫理に背くようなことを述べているのではないかといった誤解は避けたいが、本書はSDGs等（正確にはその規範としての包括性や国際性）が、狡猾なレトリックとして利用されるリスクが高いことも懸念する。ESGとかSDGsそのものに反対しているのではない。そうしたグローバル社会の倫理を隠れ蓑にして、実は特定の利害関係者の利益が推進されてしまうことを危惧している。例えば、SDGsに関しては、17色の円形のバッジを胸につけ、全体として「地球のために良いことをしている」というスローガンの下に多種多様な政策が進められている。SDGsの17のゴールについても1つひとつを個々に慎重に検討しなければ、何らかの悪影響を引き起こしかねない政策が全体の美徳の中に隠れ、人知れず推進されてしまう危険性が高い。

例えば、本当は短期的な利益の増加や経営合理化のための工場閉鎖であるにもかかわらず、気候変動対応の大義を盾に、正当な討議や反論の機会を奪ってはいないか。ＳＤＧｓのような全球的な倫理観を掲げて進める政策の必要性は認めるが、同時にローカルな価値の優先順位を討議し、長期と短期、全体と個の狭間で民主的なディスコースが保障される必要がある。

特に証券や会計の世界では、こうしたレトリックを巧みに操った国際戦略が横行してきた。例えば、国際財務報告基準（IFRS：International Financial Reporting Standards）は「世界共通の尺度となる高品質で単一の会計基準」というフレーズで世界的な影響力を持つまでに成長した。２０１０年代の初め、日本では金融庁の主導により、ＩＦＲＳが２０１５年より強制適用されることが既定路線であった。そこに英文財務諸表も掛け合わせ、日本企業の株式を世界の投資家・株主の手の届くところにし、日本の株式市場の国際性を高めようという政策が広く受け入れられていった。書店の店頭にはＩＦＲＳに関する「How to」本が山積みで、多くの上場企業でＩＦＲＳの適用準備が進められていた。

幸い本件に関しては、金融経済の活発化や利益を代弁する金融庁に対し、実体経済・モノづくり立国の将来を懸念した経済産業省の官僚や有志の経営者、国会議員が力を結集し、２０１１年6月、当時の金融担当大臣（自見庄三郎氏）による強制適用の無期延期方針の発表をもって収束をみた。詳細は拙著「オックスフォード・レポート『日本の経済社会に対するＩＦＲＳの影響に関する調査研究』」（２０１２）および田中（２０１５）を参照されたい。その後もＩＦＲＳ推進派は、強制適用が実現しなくとも国際的に自由な市場が国際基準化を進めるのは必須であるという議論を展開した。しかし金融庁の積極的な推進活動にもかかわらず、10年経った現在までＩＦＲＳを任意適用する企業は上場約４、０００社のうち２５０社程度にとどまっている。

もしこの時ＩＦＲＳが上場全社に強制適用されていたとしたら、現在よりもさらに多くの国富が海外に流出することとなっていたのはまず疑いない。この点については**第２章**で再論する。さらに昨今話題の経済安全保障や国益に反する海外からのＭ＆Ａに関する懸念は格段に大きいものになっていたことであろう。こうしたことからも、包括的な国際基準の適用可否を検討するにあたっては、「６Ｗ２Ｈ」を意識的に明示して注意深く対応することが必要となる。

繰り返しになるが、本書はＳＤＧｓやＩＦＲＳなどの国際基準が、グローバルな経済社会の合理化を推進する可能性を否定するものではない。ポイントは、そのような可能性は認めても、日本という特定の法域・行政単位に対する、10年から20年後の経済社会への影響について、注意深い検討なしに政策を進めては、企業や市民に重大な損害や困難をもたらす可能性があるということである。グローバル化が問題となっているとすれば、それと同じレベルでローカルな行政単位や弱者に対する手当・調整が必要となり、この適切なバランシングにこそ行政の絶妙なさじ加減が求められるのである。単に英語を話せる者を登用して国際標準化された基準規則の導入を推進するのは、真の国際化やグローバル化とは真逆の効果を発現させる。

このほかにも会計分野における例として、四半期開示制度についても簡単に触れておきたい。同制度は１９９９年にマザーズ市場で導入、２００４年には東証1部・2部上場会社にも義務化、２００８年に金融商品取引法上の開示義務として強制適用されたものである。岸田政権成立過程でこの四半期開示制度が問題視され、見直しの対象として挙げられている。そもそも、四半期開示制度は新自由主義の下で、投資家により多くの情報をより頻繁に提供することが透明性を高め、モニタリングやガバナンス機能を向上させ、企業への投資を促進するとの理由から導入されたものである。しかし、今回、岸田政権がその見直しを表明したのは、「6W2H」を明示して分析すれば、経営と投資の双方において国益に反する短期志向行動が助長され、投資家による企業への投資ではなく、企業による投資家への配当が拡大しているとの懸念が認識されたからである。実は先の『成熟経済社会レポート』が上梓されるに至ったのは、そうした経済界の懸念を反映した結果であった。当初この報告書は、分析対象とするディスクロージャーを極めて狭義に捉え、具体的には四半期開示制度を分析するために書き始められた。しかし、途中で株式市場の逆機能――すなわち資金は投資家・株主から企業へ向くのではなく真逆の方向に流れていること――が拡大していることを確信するに至り、成熟経済社会下における新自由主義的な規制に関して幅広い検討を行う報告書へと進化した。本報告書は比較的平易な言葉で説明されており、２０２０年10月に暫定版が公表されてから、多くの読者の関心を引いてきた。２０２１年夏以降は自民党と岸田政権で要職を務める多くの議員らの勉強会等で参考に供され、「新しい資本主義」政策策定においても一定の影響を与えられたと考えられている（日刊工業新聞２０２２年5月7日参照）。

最後に将来を展望して、会計の分野からもう1つ触れておきたい。極めてインパクトの強い「統合報告書」や「気候関連財務情報開示」の強制適用の可否についてである。これまでアカウンティングの世界は、財務情報を中心に発展してきたが、ＣＳＲ、サステナビリティ、ＥＳＧ、ＳＤＧｓ等に対する意識の高まりを受け、企業の非財務情報の公表が検討されるようになった。財務報告を担当する国際財務報告基準財団（ＩＦＲＳ財団：International Financial Reporting Standards Foundation）と非財務情報中心の「統合報告書」の基準を担当する国際統合報告評議会（IIRC：International Integrated Reporting Council）等が別々に活動してきたが、２０２１年11月にＩＦＲＳ財団の下に国際サステナビリティ基準審議会（ISSB：International Sustainability Standards Board）が発足し、ＩＩＲＣをはじめとする諸団体は最終的には２０２２年６月にＩＳＳＢの下に統合される。今後は伝統的な財務情報とともに気候関連財務情報等を含むＳＤＧｓに関する非財務情報の開示規制が推進される可能性が高い。「グローバル」や「ＳＤＧｓ」、「地球のため」という大義の下に、「統合報告書」や「気候開示」のようなディスクロージャーが個々の国や産業の事情、地勢やタイミングを加味することなく求められる可能性がある。

誤解を避けたい。本書は非財務情報の開示すべてに反対するものではない。実際、筆者は２０１０年にＩＩＲＣを創立した The Prince of Wales―Accounting for Sustainability Project の初代学術メンバーを務めた。ただし学術や政治、国際機関は往々にして「一般化」に固執し、「〇〇主義」とか「〇〇理論」を標榜したり、「グローバル」とか「地球のため」を掲げ、時空を超えた真理や価値の存在を前提とした制度設計を進める。加えて、ＩＩＲＣやＩＦＲＳ財団のような国際機関自体の政治的な戦略や理事らの個人的な野心、経済的利益にも注意を払うべきである。

しかし、多くの日本人はそうした政治的な意図を先取りし、対峙するだけのキャパシティを持ち合わせていない。例えば、ＩＳＳＢは「公共の利益のために、投資者の情報ニーズを満たす高品質なサステナビリティ開示基準の包括的なグローバル・ベースラインを開発するための機関である」とされているが、誰のための情報開示であるのか、十分な注意が払われることは稀である。答えは、投資家（投資者）のためである。「公共の利益のために」と謳いながら、広く市民のためというわけではない。投資家のための財務情報と、市民のための非財務情報が両輪となって公表されるようになるのではない。一義的、原則的には、投資家のための情報開示である。このレベルのレトリックにまで注意を払いながら、国際政治経済を戦える人材は世界的にも稀有である。

したがって、真の国際人の間では、英語を母国語とするグループによる「国際標準化」ゲームが横行していることは周知の事実であるが、国民にはこれが広く認知されていない。多くの国際人と言われる人材は、国際組織と「お友達外交」を展開するのが限界で、個人の報酬や名声と引換えに、その国際組織の論理や便益を日本に伝達する代弁者となることが少なくない。「ＳＤＧｓ」や「統合報告書」、「気候関連財務情報開示」などの国際的な基準が日本に強制的に適用されたとしたら、２０３０年、２０４０年の日本の経済社会にどのような影響を与えるのであろうか。先鋭によるインテリジェンスと国際政治を戦うだけの技量と経験が求められるが、そうした人財は稀有である。

こうして、国際標準化ゲームにおいて、極めて困難な戦いを強いられる日本が、世界の潮流としてのＳＤＧｓに対応することを余儀なくされていることを前提とし、かつ岸田政権が「日本発の新しい資本主義を世界に発信してゆく」ことを宣言していることを前提とすれば、ここで採用されるべき戦略は何であろうか。

日本という特定の行政単位でＳＤＧｓを国民のために推し進めるのであれば、特に優先すべき課題は、働く者への十分な所得とやりがいであると本書では考える。もちろん、地球あるいは世界市民が直面する気候変動問題や人権問題が重要でないということではない。事実、筆者は英国で教鞭をとっていた時代には「アカウンティングとサステナビリティ」担当の主任で、中国、インド、東南アジアにおける環境や人権を主たる政策研究のテーマとし、今でいうインパクト投資やＥＳＧファンド創設を率先して進めていた。そうした経験の上に、日本では、ＳＤＧｓゴールＮＯ．８を優先すべきだと判断している。

本書がＳＤＧｓゴールのうち、ＮＯ．８「働きがいも経済成長も」と称される目標が最も重要であると判断する理由は**第２章**と**第３章**で詳しく述べる。今、この「方法」のセクションで最も伝えておきたいことは、一般化されたSDGsの諸目標をすべて推進していくという大義の下に、すべての上場企業に広範な「統合報告書」や「気候関連財務情報」を強制的に公表させたり、有価証券報告書の中で広範なサステナビリティ開示を求めるような傾向には注意が必要だということである。

それよりは「6W2H」を明示した上で、一定の優先順位を決めて、有限な資源の集中投下を試みることが必要である。環境や気候変動への配慮は大切であるが、日本の経営・経済は重大な難局に直面しているのであり、現行の所得レベルさえ確保できなくなる未来が迫りつつある。今後5~10年のうちに従業員に対する十分なやりがいの提供と所得の分配に成功しなければ、持続的な成長はおろか、現在の国民生活の質さえ担保できない状況が危惧される。だからこそ、広範なSDGsゴールの中でも従業員関係のゴール「NO.8：働きがいも経済成長も」を現在の優先順位の高い目標として設定し、集中的に政策資源の投下が可能となる制度設計を行っていくことが必要である。

(3) アカウンティング：企業と経済社会の連結

「方法」に関する第3の特徴として、本書では30年来の経済停滞を打開するために、従来の政策議論の延長線上での工夫ではなく、国際的にも類を見ない大きな発想の転換を試みる。これまで幾度となく議論と実践が繰り返されてきた「成長」戦略ではなく、それと両輪をなすべき「分配」戦略に注意を向けるのである。分配戦略といっても、政府による再分配ではなく、企業における第1段階の分配であることはすでに述べた。そして、この第1段階での分配を適正化するにあたっては、新しいアカウンティングをナッジとして活用する。「アカウンティングをナッジとして利用する」とはどういうことか。以下ではその方法論上の意義と有用性を説明し、具体例については**第4章**で説明する。

まず国民が共有する社会的なゴールとして、日本政府が長期停滞を問題視し、経営・経済の在り方に関して根本的見直しを経た上で、自律的に持続可能な経済社会を創生することを掲げたとしよう。従来、マクロ的な発展を政策目標とすることは、付加価値の総和（＝ＧＤＰ）を増加させることとほぼ同義であった。そこでは、ＧＤＰの成長と、市民の厚生や幸せとの間の連関性が高いことが前提とされていた。近年はそうした前提が今も成り立っているのかどうかが問われることが多く、筆者自身もこの点に関する疑念から安易な成長論には懐疑的であった。しかし、本章の方法論を説明する上では、この真偽をはっきりさせることの重要性は低いために、この前提を踏襲したまま議論を進める。

以上はマクロ的な付加価値の成長についてであるが、今度はこれをミクロ、すなわち企業レベルの付加価値の成長との関係で考える。企業は、その経営成績の改善や成長のために、主として損益計算書の情報を用いて計画を立案し実行する。端的に言えば、損益計算書のボトムライン、当期純利益を高めようとする。ミクロ経済学では、この利益最大化が合理的経済人の行動原理として前提とされてきた。ただし、ミクロ経済学はこの最大化を図るための「期間」を明示していない。翻って実務では、会計制度上少なくとも1年に一度の決算が必要とされ、経営者はこの1年を会計期間として当期純利益を意識する。ここで、「意識する」として「最大化する」と表現していないのは、実務上はある特定の1年の利益を最大化しようとする経営者は皆無だからである。逆に永遠のタイムフレームの中で利益を最大化しようとする経営者もいない。企業経営の実態は、数年間、長くても10年か20年の単位で右肩上がりの当期純利益の成長を計画するのが通例である。そうした複雑性はあるにしても、ここでの要点はミクロにおける付加価値創造プロセスは、損益計算書の当期純利益を指標として計画・実行・管理されるということである。

本書はここに、マクロ成長戦略とミクロ企業経営戦略の間の不整合性を見出す。ミクロ政策とマクロ政策の方法論上の不整合とはどういうことか。端的に言えば、ミクロで成長を計画するときに使用する当期純利益とは、株主に帰属する付加価値に過ぎず、マクロで最大化しようとするすべての関係者に対する付加価値の総和（すなわちＧＤＰ）の中の１つに過ぎないということである。仮に政府が株主に帰属する付加価値を高める政策を採用しても、その他の関係者に帰属する付加価値が犠牲となるのであれば、その時点の総付加価値合計としてのＧＤＰは増加しないばかりでなく、将来におけるＧＤＰの成長が阻害される可能性もある。

この点は**第2章**で統計的に詳しく検討するが、経済が成長していた局面においては当期純利益（＝株主に帰属する付加価値）の最大化行動は、従業員の給与（従業員に帰属する付加価値）や事業への再投資（事業に帰属する付加価値）の増加を伴っていた（**図表0・3**）。しかし、成熟経済局面に至っては、当期純利益の最大化は他の関係者に分配される付加価値を犠牲にし、所得格差を拡大させている可能性を疑うべきである。そして、この所得格差の拡大が、例えば従業員の士気やウェルビーイングの低迷の原因となり、成長につながるイノベーションを阻害している可能性がある。

これを理解するためには損益計算書の構造を想起するとよい（詳細は**第4章**）。売上（トップライン）が頭打ちの状態で、株主が利益（ボトムライン）最大化と高配当を求めれば、その中間にある費用を最小化せざるを得ない。その費用の主要なものは売上原価（下請企業に対する支払）であったり、人件費（役員や従業員への支払）であったり、研究開発費（事業への将来投資）である。すなわち成熟経済社会で株主第一主義的な政策を強化すれば、下請企業に対する分配、従業員に対する分配、Ｒ＆Ｄという事業そのものに対する分配が最小化される可能性が高いということである。

こう説明すると、「実際の企業は売上を伸ばそうとして、そのためにＲ＆Ｄも増やしているし、実際に成功している企業は利益を上げて配当と株価も高くなっている」との反論がなされよう。しかし、これこそまさに「合成の誤謬」であり、誤解や失策の源泉である。ミクロ的あるいは短期的にそうした優れた会社があることは誰もが認めるところである。経営実務とは、そう信じて日々努力を続けることにほかならず、こうした鼓舞や努力なくして成立しない。しかし、個々の企業の努力が成長や成功につながるという事実は、企業の集合としてのマクロ経済における成長や成功を約束しない。ここには論理的に大きな飛躍がある。端的に言えば、マクロ的な構造として収益（売上）が頭打ちとなり付加価値合計が一定であることを前提とすれば、ミクロ的な利益の増加は他のステークホルダーの付加価値の減少でしかあり得ない。

残念ながら、多くの学者も官僚も政治家も市民もこの「合成の誤謬」に気が付いていない。社会を豊かにするためには、マクロ経済の成長や成功を目標としなければいけないのに、個々の企業の成功物語に関心を奪われ、「利益」や「資本利益率（ROE：Return on Equity）」をその尺度として政策を推進してしまっている。

過去20年、コーポレートガバナンス・コードのような関係省庁等の推奨やガイドラインはもちろんのこと、経済メディアも、経営や会計に関する教科書でさえも、ＲＯＥや配当性向、株価といった指標への注目を促し、投資家・株主のための経営を徹底するように呼びかけている。ＲＯＥや配当性向、株価は、個々の企業経営のコンテキストとは無関係にランキング化され、これが広く社会に受け入れられている以上、経営者はそうした指標を良好な状態に保つような経営に努めざるを得ない。そして、この利益を短いサイクルで最大化せよとの圧力は、グローバライゼーション、国際標準化、四半期開示制度、株式の超高速取引（HFT：High Frequency Trading）、株主総会での電子投票化など様々な要因の掛け合わせ効果で、一層強まるばかりである。

実際、過去20年、当期純利益と株主還元は急激な伸びを見せているが、これがマクロ経済社会の厚生を改善したとの実感はない。そこで、利益（＝株主に帰属する付加価値）の拡大が、費用の減少（＝他のステークホルダーに帰属する付加価値の減少）によって賄われているからではないかとの仮説が成り立ちうる。マクロ経済上は、過去30年売上は伸びていない。準・完全競争的な市場の下でモノ・サービスの価格は低下し、人口減少も手伝って総収益（売上）が頭打ちとなったマクロ経済の中で、利益、すなわち株主に帰属する付加価値を拡大しようとすれば、他のステークホルダーに帰属する付加価値を減少させる「ゼロサムゲーム」化が生じている可能性が高い。すなわち、ミクロにおけるＰＬ経営方針やガイドライン、それを実践する実務が、実はマクロ政策の実現を難しくしている可能性があるのである。

「新しい資本主義」というマクロ政策を主要なテーマとする本書で、ミクロのＰＬ経営に代わり徐々にＤＳ（Distribution Statement：付加価値分配計算書）に軸足を置く経営へのシフトを提案するのは、こうしたマクロとミクロの政策上の不整合を解消する努力が不可欠と考えるからである。確かにＰＬを所与のものとしてほぼ無批判に受け入れてきた我々にとって、ＤＳ経営の導入は戸惑いを覚えるプロセスであろう。しかし、ＤＳの作成は外部専門家の評価を必要とするものではなく、ＰＬ項目の組換えだけで実現する。導入初期には一定の知性と柔軟な頭脳による発想の転換が必要となるが、いったんＤＳのフォームに慣れ親しめば、経営・経済の態様に関する認識や測定、運営に関するフレームワークが大きく改善され、マクロ政策とミクロ政策の整合性が構築される。例えば、戦略的な「見える化」の発想で、ＤＳの構造を役員・従業員・事業に対する投資が促進されるようにデザインすれば、株主、経営者、従業員らの間で、自律的な動機づけや、モニタリング・ガバナンス機能や交渉機能が発揮されるようになる。このようなマジックが起こりうるのか信じがたい読者のためには次項の One Additional Line 革命がわかりやすい例となろう。

ただ、その前に、アカウンティングによる「見える化」は、役員や従業員の給与を上げるという喫緊の課題に対応するだけでなく、SDGsが指南する多種多様な価値への対応をも可能にし、それがマクロ経済社会政策との整合性を高める一般的な方法として確立できるナッジであることを付記しておきたい。この方法を欧州の会計学では、応用社会構築学的会計（Applied Social Constructivist Accounting）と呼び、いくつかの実効性の高い政策が実現している。経済学的には応用制度設計学の系譜に属し、アカウンティングをそのツールとして利用して実現する政策と解釈してもよい。いずれにせよ、当座には、適正分配を促進し、役員や従業員に十分な報酬が与えられ、研究開発にも十分な資金が確保され、次世代の付加価値の総和を大きくするよう制度設計を進める。

以下は、インドにおいて財務諸表上の追加的な「1行」が、資金の流れだけでなく経済社会のメンタルも大きく変えてサステナブルな経済社会の創生に貢献した例である。

（4）ナッジ：「One Additional Line」1行革命の例

「おかしなことを言う学者もいるものだ。長期停滞を会計の責任に帰して、会計を変えれば改善するというのか。会計はそこにある現実を映し出す記録に過ぎなかろうに」との反応があって当然であろう。確かに、一般に「会計」は些末で中立的な記録と認識されがちである。我々はそれを「会計」ではなく「アカウンティング（Account＋*ing*）」、すなわち「主体的な説明＋行為」と捉え直し、経営・経済に関する認識、測定、運営の根本的な見直しを可能にする「ナッジ」として政策に応用してみようというのである。ここにナッジとは主要関係者の動機と行動様式を事前に整理・予想した上で、小さな「ひと突き」を与えることで全体が望ましい方向に自律的に動き出すような制度設計上の工夫・仕組みのことである。アカウンティングは通常、外生的に存在する現実を客観的、中立的、正確に描写することが役割であると考えられているが、実は一定の価値観や希望、予測をその構造の中に内包し、人々の認識や行動の基礎を構成している。しかも、アカウンティングは、業種・業態や規模を超えて、ユビキタス（人知れず汎用し受け入れられている様子）であるために、ここに小さな工夫を組み入れるだけで経済社会に大きな変化が生じうる。会計のフォームがいかに大きなインパクトを経済社会に与えうるか、筆者が関わったインドにおける「One Additional Line」革命を例に説明する（詳細はスズキ、２０１３；Suzuki & Gaur, 2015参照）。

中国やインド等の新興国では、一般に5～10％もの高いＧＤＰ成長率が期待され、国際的な投資機会として注目されてきた。しかし、中国の急成長は所得格差の拡大や環境破壊を内包するリスクの高い投資でもあった。中国の成長に追随するインドは、高い成長率を実現したい一方で、同じ過ちを犯したくないと考えているものと仮定しよう。インド政府はよりサステナブルな経済成長を目指して、上場約8，０００社に対して容易に実施可能で高い効果の期待できる政策イノベーションを考案している。

ここで読者には、インド上場企業の経営者になりきって考えてほしい。これまで温室効果ガスの排出、公害、児童労働や賄賂などには目をつぶり、企業の社会的責任費用（CSR：Corporate Social Responsibility Expense）を負担せずに利益を最大化することで競争を勝ち抜いてきた。そこに政府が全く新しい制度を発表する。上場企業を中心にすべての大企業は「ＣＳＲ費用」を損益計算書上で「1行開示」しなければならないというものである（**図表1・2**）。具体的なＣＳＲ活動や金額の拠出は強制しない。単なるディスクロージャーに関する制度である。すなわち「貴社の社会的貢献は素晴らしい。それを1行で開示してください」と求めているに過ぎない。ただし、何らＣＳＲ活動を実施せず、金額はゼロであっても、「1行開示」は強制される。新たな税の導入ではないから、政治的な意味合いでも導入は容易である。さて、通

図表1・2　One Additional Line とは？

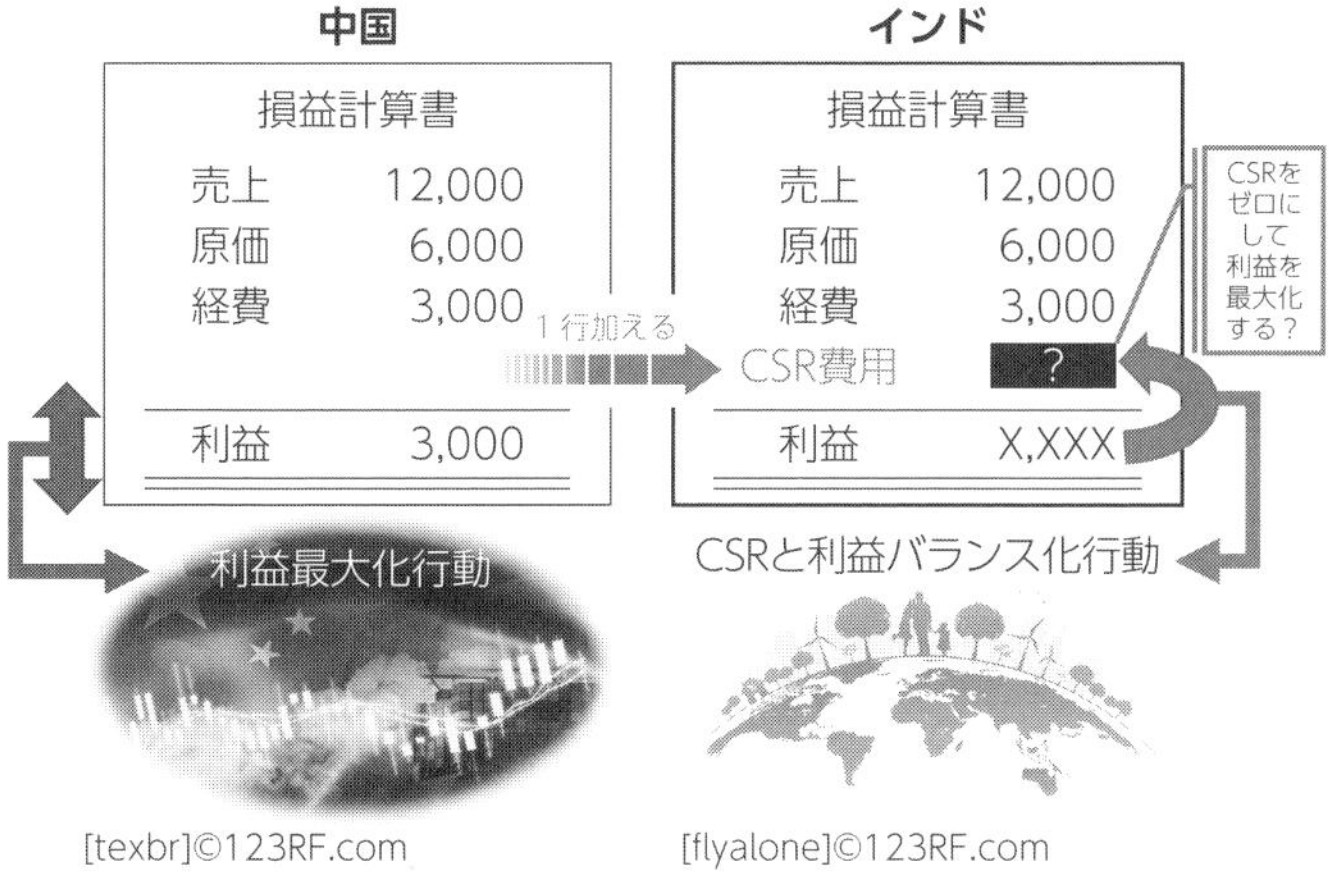

（出所）スズキ研究室

常、会計は単に事実を写像する中立的な技術として理解されているが、読者が経営者であれば、これまでどおりの行動と変わりなく、ＣＳＲ費用をゼロとして表示するであろうか。

次に、今度は、国際的な機関投資家あるいは政府系投資ファンドのマネージャーになりきって考えてみてほしい。企業群Ａ：ＣＳＲ費用を最小化して利益最大化を図る企業と、企業群Ｂ：適切なレベルでＣＳＲ費用を負担し当期純利益との間でバランス経営をしている企業のどちらに投資するであろうか。

周知のとおり、インドは長期にわたり高い成長率が見込まれているが、同時に、環境破壊や児童労働などのスキャンダルで株価が値崩れするリスクも抱えている。さらに、今日多くの社会的責任投資規則や投資不適格指針が公表されるに至り、適切なＣＳＲの開示がない限り、当該会社への投資は難しくなっている。近年のＥＳＧ投資やインパクト投資の流行も考慮に入れよう。ＣＳＲ費用が損益計算書上の独立項目とされたことで、公認会計士はこの費目の実在性を監査する。

メディアはこうしたデータに基づき、こぞってＣＳＲランキングを作成するから、ジャーナリストや活動家、市民、政府は自然とモニタリング機能を強化することになる。投資家は、こうした情報インフラを基礎に、投資の正当性を主張できると同時に、中・長期的なリターンの最大化を図ることができる。したがって、おそらく多くの投資家が、適正レベルでＣＳＲを負担する企業を選好して投資するであろう。

もう一度経営者側に立ち返ると、投資家の支持が得られるのであれば、ＣＳＲ費用をゼロとする経営者は少数であろう。優良会社の経営者はランキングの上位に位置することで、宣伝効果やレピュテーション効果はもちろんのこと、質の高い労働力と高い株価（および連動するボーナス）を得ることを目指すであろう。それ以外の会社は上位にランクインすることはできないにしても、ブラック企業との烙印を押されるのは避けようとするから、一定のＣＳＲ費用の負担を選好するであろう。

こうして企業と投資家の間で好循環が生まれることが期待される。それはまた、過度の短期利益最大化行動の修正にもつながる。以上が、近年、一部の学者や政府関係者により注目されているインド企業法（２０１３）セクション１３５、One Additional Line 革命（Companies Act 2013, Section 135, GN (A) 34, Presentation and Disclosure in Financial Statements, 2015）の制度設計デザインであった。筆者はインド政府に提案する前に、２００５年よりいくつかの実験経済学的なシミュレーションやゲーミング的な手法を用いた研究を繰り返した。コンピューターを利用した実験的な環境下で One Additional Line を制度化すると、多くのケースで、被験者としての経営者と投資家は純利益比で4～6％のＣＳＲ費用を負担するマーケットを安定的に創造した（スズキ、２０１３参照）。このアイディアは、そもそもは２０００年代初めに中国の持続的発展のために考案されたものであったが、実装にまでは至らなかった。そこで、場所をインドに移し、２０１３年に議会を通過させることに成功したものである（Suzuki & Gaur, 2015）。

One Additional Lineという命名は企業省大臣サッチン・パイロット氏との折衝中に、氏が、「It's just one additional line, isn't it!?」とその行政的な簡易さに驚くと同時に、企業文化の根本的な改善に期待を寄せたことに由来する。会計学上は非主流で反直感的な「会計が現実を構築する」ことに注目する社会構築学派の流れを汲み、経済学上も主流派が「制度や現実の説明」に力点を置いていることに比べると「制度や未来をデザイン」する学派や「ナラティブ・エコノミクス」の系譜に属する学派であると考えることができる。

施行された2015年以降、毎年のように大きな経済社会的な変化が続き、またインド特有の事情（統計制度の不備や一定の収賄実務）が相まって、正確な統計も存在しない状態であるが、提案時点ではCSRという概念さえ存在しなかったインドにおいて2015年には約1万社の対象会社が合計14億米ドルのCSR費用を拠出し、2016年には15億米ドルに増加している（企業省内部資料を使って筆者が推計）。その後も増加し、現在までに、購買力平価を勘案すれば、日本の経済感覚では毎年2兆円ほどのCSR費用が企業の自主的な判断により拠出されていることになる。

現地ではスラム街の屋根にブルーシートが配布され、小規模の学校が設立され、一定の単位を取得した者には政府が職業をあっせんし、心臓疾患のある子供に無料で手術が施され、公衆衛生施設が充実し、社会インフラが目に見えて改善されている。今後はマクロ経済統計や環境統計との関連性を向上させ、一層効果的な政策として改良することを予定している（**図表1・3**）。

しかし、こうした数字以上に重要なことは、この1行により経営者や幅広いステークホルダーの意識・メンタルが変化したことである。近視眼的に利益を最大化するために「CSRやサステナビリティに相反するような投資や営業をしない」という経営姿勢の変化が生じ、統計以上の効果をもたらしている。積極

図表1・3　One Additional Lineの効果

現在毎年、＄2～3BillionのCSR費用が
企業の自主的な活動として創出されて、
社会のインフラが急激に整備されている。
会計やディスクロージャーは国際的に
ユビキタスなナッジとして経済社会の在り
方をガラッと変える可能性を秘めている。
PUBLIC CONVENENCE
INTERNATIONAL.
Research and Development 5,445.29
General Administrative Expenses 32,805.73
CSR expenditure 2,156.01
Exchange Loss (Net) 240.86
Other Expenditure 7,826.83
TOTAL 392,662.80

（出所）スズキ研究室

的に何か良いことをするための支出というよりも、何も悪いことをしないという意識のほうが強い。また、市民が、企業に期待する役割も変わったとされる。いわゆる「Business In Society（社会の中で適正な役割を果たす企業）」の意識が浸透したと言われる。

会計はビジネスや経済の「言語」として全世界的にユビキタスな制度として定着し、普段はほとんど意識されることのない極めてつまらない存在である。しかし、だからこそ実は認識論的基礎としてビジネスや経済の在り方、管理方法を静かに支配している権力や政策の源泉でありうる。とすれば、日本のコンテキストにおいても、これを改良し将来世代の価値を代弁させるような言語システムとして再デザインすることで、国際的な経営・経済制度設計に貢献できる可能性を秘めている。

(5) キャンセラビリティ：廃止できるという能力・属性

今後そうした新しい思考に基づいた制度設計を進めていく上で、方法論上非常に重要だと考えられる5点目の特徴を指摘しておきたい。それは One Additional Line のような制度は容易に「キャンセラブル」であるという点である。

近年は「エビデンス・ベースド・ポリシー」を掲げ、政策に強固な証拠の存在を求めがちである。もちろん、これは旧来の政策が政治家や官僚の思い込みや利己的な便益のために進められることが多く、それに対応する適切な提案であり、方法である。確かに適切なエビデンスが容易に求められるのであればそれに越したことはない。

しかし、通常多くの政策は、将来予測を必要とし、事前に証拠を得ることが難しい。社会科学上の多くのデータや推論は帰納法をベースとしているために、証拠力は一般に脆弱である。もしすべての政策に強固な証拠を事前に求めるのであれば、過分に政策オプションを制限することにもなりかねない。

そこで、高い「キャンセラビリティ」を持つ政策が注目される。キャンセラビリティとは、程度の問題ではあるが、簡単に言えば「比較的容易に取り消せる」という性質・能力である。今、この属性を持つある政策が、社会的に合意された目標を達成しそうだといった予想があるとしよう。この政策は事前に強固な証拠がなくとも、失敗した折には容易にキャンセルできるから、とりあえず政策を実行することができる。仮に失敗したときには、短期に社会コストをかけることなく原状回復を目指せばよい。すなわち、キャンセラビリティは、失敗したときに早期に回復できるという性格であると同時に、それゆえに迅速に実装に向けて動き出すことができる能力である。

もちろん、キャンセラブルといっても、取消しには一定のコストも時間もかかる。一度起こった記憶を完全に取り消すことはできないという意味では、完全なキャンセラビリティというものはあり得ず、程度の問題である。それでも、One Additional Line のような財務諸表の表示をナッジとした制度設計であれば、比較的容易に最小限のコストでキャンセルすることができる。逆に、例えば、原発や排出権取引システムが失策だと判断されたときには、それをキャンセルしようとしても相当の時間と社会コストがかかる。

このように、キャンセラビリティは、早急に大規模な変化が必要とされているにもかかわらず、先験的な証拠が欠落し、あるいは結果が予想しにくいために導入がためらわれるような場合には極めて有用な属性である。アカウンティングはユビキタスであると同時にこうしたキャンセラビリティも兼備するため、これをナッジとして活用し、長期停滞に苦しむ本邦の経営・経済の根本的な改革に活用してみようというのが本書の方法の特徴である。また、成熟経済社会化は本邦だけの問題ではない。四半世紀後の新興国の成熟経済社会化を見込んで、国際的に新たな認識・測定・表示（見える化）の基礎を提供する試みでもある。**第2章**で詳述する「分配戦略」も主要国に見られない日本独自の政策であり、こうしたことを合わせて、岸田総理の言う「日本発の新しい資本主義」の創生と国際的な発信に貢献すると考えられる。

第2章と**第3章**で現代日本の問題を確認した後に、**第4章**は新しいアカウンティングの哲学を説明し、**第5章**と**第6章**ではそれぞれマクロとミクロのシミュレーションをもって新しいアカウンティングによる効果を体感していただきたい。**第7章**はこうした新しいアカウンティングの実装に向けた問題点を洗い出し、それを解決するための検討を行っており、**終章**は本書の要点をまとめ、関係者へのお願いを記して結ぶ。

第2章

「新しい資本主義」はなぜ「分配」に注目するのか

前章で、本書の目的は大きく2つあるとした。1つは我々が対処すべき問題の特定と分析（第2章、第3章）であり、もう1つは解決に向けてのアプローチの提案（第4章）とその具体的なモデルの提示（第5章以下）である。第1章では、日本が抱える課題は山積しているが、我々はそれに優先順位をつけ戦略的に対処していくべきことも指摘した。この優先順位について、絶対的な見地、無バイアスで中立な立場から取捨選択することが不可能であることは論をまたない。社会科学方法論上、最新のコンセンサスは、民主的に開かれた議論の中でピースミール的に淘汰され再生されていくプロセス自体に透明性を持たせること、すなわち「手続的な客観性の担保」である（詳しくは『成熟経済社会レポート』（スズキ、2021）の方法論31～49頁を参照）。簡単に言えば、客観性は、「最終的な答え」にではなく、「一定の知性と社会的役割を持つ多数の関係者が継続的に議論できる社会環境やプロセス」にこそ求めるべきであるという立場である。本章はこの社会プロセスの一環として、「6W2H」を意識しながら、本書が考える最も重要な問題の提示を行う。

1 『失われた30年』→『株式市場の逆機能の20年』

日本が「失われた30年」と呼ばれる長期停滞と、それに伴う種々の不都合に苛《さいな》まれていることは広く認知されたコンセンサスであり、これを議論の始点とする。しかし、本書では「失われた30年」という表現や見立ては、その解決に向けた検討にとって不適切な理解であると考えている。そこで、代替的に「株式市場の逆機能の20年」という見方を提示する。「市場」の部分に「制度」を代入して「株式制度の逆機能の20年」としたほうが、コンテキストによってはより合致するかもしれない。「市場」にせよ「制度」にせよ、これを全面的に否定するような意図ではない。「6W2H」を意識して、現在の日本が抱える問題

図表2・1　株式市場の逆機能の20年

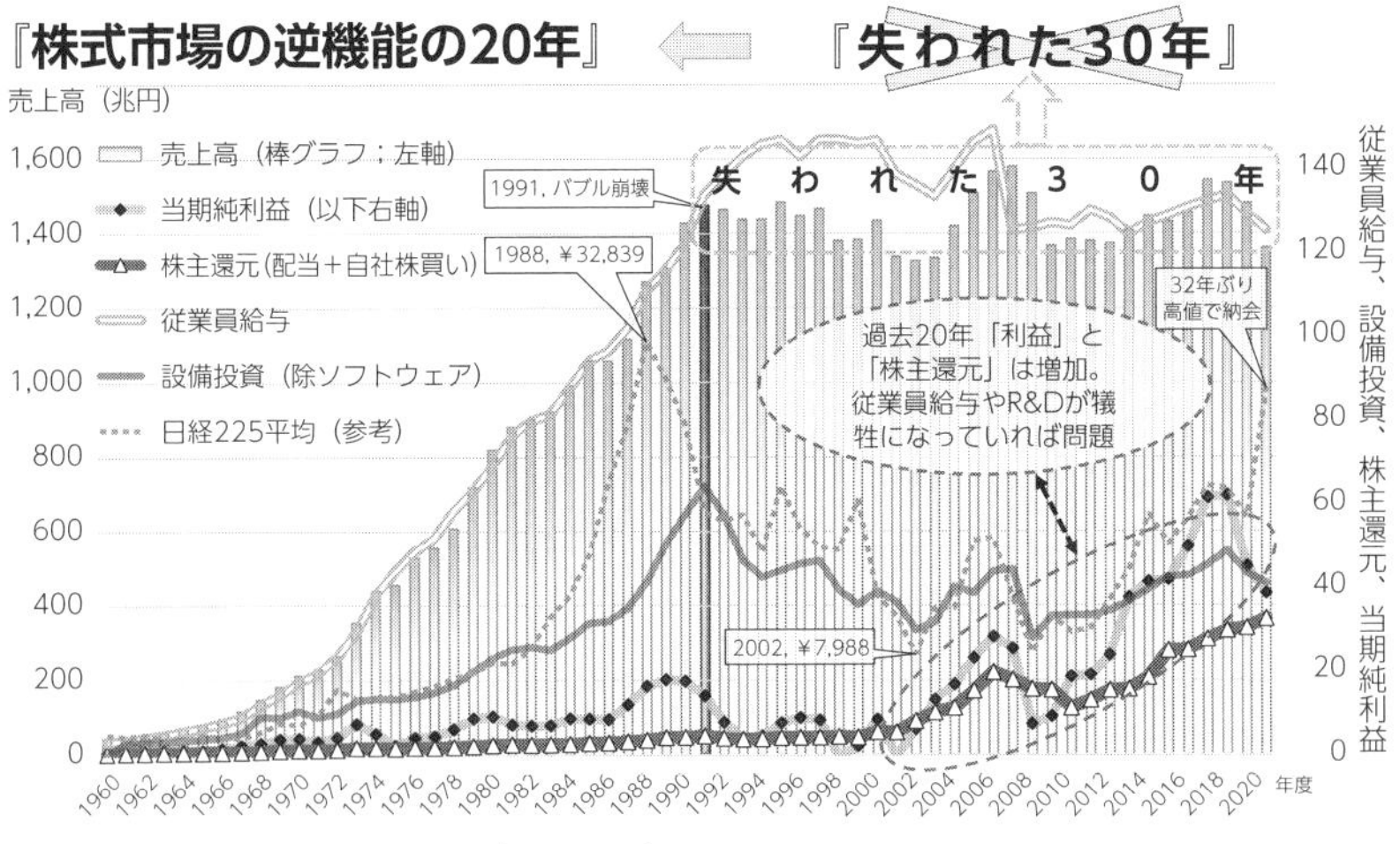

（出所）「法人企業統計」を利用しスズキ研究室が作成

を分析し、今後20年ほどの経営・経済政策を進める上で、その前提となる当座の見立てを誤れば、問題の特定やその解決策をすべて誤るおそれがある。

（1）「成長先行論」の誤解

図表2・1を解釈すると、要点は4点に集約される。

◆売上のプラトー

まず、左軸のスケールで示される縦の棒グラフはGDPの源泉として最も基本的な売上高の推移を示す。1960年来、ミラクルとも称された長期で極めて高い伸びを示すが、それが1991年に急に頭打ちになる。「失われた30年」の始まりと言われる年である。以降、2020年までの30年間、平均を取ればほとんど伸長していない。この原因については、次章で取り扱うが、本書はこうした売上の「プラトー」の意味を政策上のインプリケーションとの関連で解説する。まずプラトーが続くという前提について簡単に解説する。プラトーとは成長後の「高み」、「高原」を表す言葉である。「失われた30年」は一般には、「成長の止まった」、「ゼロ成長」、「停滞」というネガティブな意味合いを伴って表現される。しかし、そうした悲観的な解釈とは別に、努力や卓越性の結果として達成された高い成果を保ち続けているとの解釈も可能である。実際、**第3章**で実証するように、日本は準・完全競争、準・需要飽和、人口減少などの構造的な悪条件にもかかわらず、1991年に達成した高い売上高を保ち、毎年高い付加価値を生産し、国民に分配し続けている。

これを「付加価値」との関連で補足説明する。1955年に9兆円弱であった年間の付加価値生産高（GDP）は1973年ごろには10倍以上の100兆円に「成長」し、1996年ごろには500兆円にまで「成長」し、現在までその高い付加価値を「生産」し続けている。近時、「成長なければ分配する果実もない」との「成長先行論」が主張されるが、これは多分に誤解を含んでいる。分配政策の可否を論じるにあたって大切なのは、売上や付加価値の「伸び」や「成長」ではなく、その生産量自体である。「成長」と「生産」を混同してはならない。日本は高度成長後も、毎年高い付加価値を生産しており、したがって分配する果実、原資（付加価値）はすでに十分存在している。日本の政策に求められているのは、この毎年生産されている高い付加価値を適正に分配することである。それにより事業の主要関係者の動機を刺激し、また事業そのものへの再投資資金を確保することにより、次世代の成長につなげることである。この意味で、少なくとも当座には「成長なくして分配なし」という成長先行論には理由がない。

にもかかわらず、多くの経済学者や政治家、ジャーナリストは、こうしたプラトーに満足することなく、売上やGDPの成長を目指す政策、すなわち成長戦略を優先して議論する。本書の立場はこれに反対するものではない。近年注目されるSDGsとか気候変動といった論点を加味しないのであれば成長はよい。しかし、成長論は、今日まで幾度となく議論され、政策として採用されながら期待された効果を発揮できなかったのではないか。そこで、本書の特徴として、成長戦略とは別に、分配戦略の可能性を追求したい。この分配戦略論を発展させる必要から、今後も中長期的なプラトーが継続することを前提とした議論を進める。その正当性については、再度、**第3章**にて説明する。さらに、少し先取りして触れておくと、多くの成長先行論者が暗に前提としているミクロの「利益」の成長は、実はマクロにおいてGDPを成長させることにはならないことも説明する（**第4章**）。

◆ 売上高と給与の相関

図表2・1で2点目に興味深い発見は、一番上部に示される折れ線（従業員給与）についてである。1960年から1991年まで、縦の棒グラフ、すなわち売上高の上を這うように上昇したのがわかる。この間、売上高と給与の伸びは極めて高い相関を示している。これはすなわちバブルの崩壊が始まるまでは、売上が伸びれば、給与も同じような割合で伸びていたことを示す。あるいは、売上を伸ばすには、従業員給与を上げて、士気を高めることが必要であったことを示す。この相関性の高さには驚かされる。

1991年に売上が高止まりしても、給与が伸び続けたのは、いわゆる日本的経営を反映してのことであろう。つまり、日本の雇用慣行として、不況に入っても簡単に賃金を下げないこと、人員整理をしないこと、および長期安定的な賃金・給与体系を適用し続けたことによるものである。収益が頭打ちになったにもかかわらず、多額の給与は支払われ続けたこと、すなわち費用が増えたことで、利益が急激に低迷している。バブルがはじけてから5年後くらいごろから調整が進み、給与は徐々に減少して、2000年代の中ごろに売上との連関性の高さが回復している。現在まで売上と同様に給与水準の低迷は日本経済の最も深刻な問題として位置づけられている。

◆設備投資・研究開発投資の減少

3点目にバブルの崩壊後も、全体として当期純利益（図表2・1中黒付きの折れ線）が大幅な赤字に転落しなかった理由は、先の給与の調整とともに、設備投資（ソフトウェアを除く）や研究開発費用が急激に減少したためであろう。

しかし、その前に、1960年以降、設備投資の増加率は、売上や従業員給与のそれよりも緩やかであったことも注目に値する。その上に景気後退局面においては急激な減少を見せた。これはもちろん日本経済の先行きを占う上では悲観的な要素である。この詳細については、細分化された産業ごとの分析や諸外国との比較検討等を伴って分析されるべきものであるが、一般的な発見事項・可能性として指摘しておく。特に2002年ごろまでの落込みは激しく、株価と連動して政府にも危機感を覚えさせるものであった。

(2) 新自由主義の台頭：サプライサイド・エコノミクス

そうした時期に成立したのが、第1次小泉政権であった。小泉政権は竹中平蔵氏を経済・金融政策で重用した。低下した企業の生産性の向上を目指して、サプライサイド・エコノミクスが推奨された。サプライサイド・エコノミクスとは、同氏の著書や当時の金融庁の資料に従えば、(a)国内の潤沢な家計金融資産を、上場資本市場の整備を通して企業に提供することで企業の生産能力や生産性を高め、同時に、(b)投資家や株主によるモニタリングとガバナンス機能を生かして優れた経営者を選抜し、R&Dの質を高めて生産性の向上を実現することで、経営効率を追求し、(c)そこで増幅された付加価値を国民に配当として還元することも含め、広く国民経済の発展に資するという経済学である。小泉政権は、バブル経済清算の過程で「慣れ合い」が指摘されたメインバンク・システム（間接金融市場）に代わり、株式市場（直接金融市場）を整備・強化することで、(a)～(c)を約束するサプライサイド・エコノミクスを推進した。このサプライサイド・エコノミクスは、投資家・株主の自由や権利を拡大する政策であるという意味において、我々の言葉で言えば新自由主義的な政策である。

ここで「投資家」として「一般市民」が想定されているのであれば、「一般市民」の「一般市民」による「一般市民」のための市場と経営が実現することとなり、社会的な大義も経済合理性も兼ね備えた優れた制度となる可能性があった。この政策導入過程や当時の政府の説明は、後に政策評価をする際に基準となるべきものであるから極めて重要であり、記憶にとどめたい。

サプライサイド・エコノミクスの具体的政策として、例えば、2001年の商法改正によって解禁され、事実上無制限かつ無期限の保有が認められるようになった自社株式取得や、2002年の閣議で「骨太の方針」（「経済財政運営と構造改革に関する基本方針2002」）に組み入れられた四半期開示制度に向けての動きがある。これらはまさに岸田政権成立過程において見直しが要されるものとして挙げられた政策である。政策立案当時は、企業への直接投資の役目を担う投資家の保護・優遇に必要な措置として導入されたが、これが実際には効果を生んでいないことが明らかになったために、そうした見直しが主張されているのである。この点については次の節ですぐにレビューする。

◆ サプライサイド・エコノミクスによる利益の改善

最後に、4点目として、2002年以降の設備投資の推移を観察すると、確かに改善が見られ一定レベルでサプライサイド・エコノミクス政策が功を奏しているように見受けられる。同時期より当期純利益も継続的に増加し、それを原資とする株主還元（配当と自社株買い）も急増している。「失われた30年」と言われながら、実は当期純利益と株主配当は急激に改善あるいは増加している側面は注目に値する。しかし、この「利益」の「改善」は、当初想定した(a)～(c)のメカニズムによって生じているものか否か、また、その利益の改善が、当初予定された「一般市民のため」のものになっているのかについては注意深く実証、分析していく必要がある。

2　ワニの口：投資家の資金提供機能の低下

図表2・2は株式市場における資金の移転の推移を示している。ここで明らかなのは、実は投資家は当初の政策の期待に反し企業への資金提供を縮小し、逆に資金の回収を加速していることである。すなわち、経営者は投資家の支援を受けて設備投資等を拡大しているのではなく、費用を縮小することにより利益を獲得している。その費用の主たるものが、従業員給与や設備投資・研究開発費である。これが、本書が「失われた30年」という表現に代えて「株式市場の逆機能の20年」という表現を用いて、今後の政策や改革に向けた議論を展開したい理由である。以下、「株式市場の逆機能の20年」の意味や原因について、分析を進めていく。

バブル経済が崩壊して10年、投資家にとっても経営者にとっても、付加価値の高い投資案件が見つからない環境で、サプライサイド・エコノミクスによる株主保護・優遇策が推進されるようになると、株主は強化された自由や権利を駆使して企業に高い株主還元（配当＋自社株買い）を要求するようになる。投資家・株主は資金を提供するのではなく、資金を企業から得る側に回り、２０２０年、その額は約23兆円である。中長期にエクイティ・ファイナンス（投資家・株主→企業）と株主還元（企業→投資家・株主）の差が

図表２・２　「ワニの口」グラフ

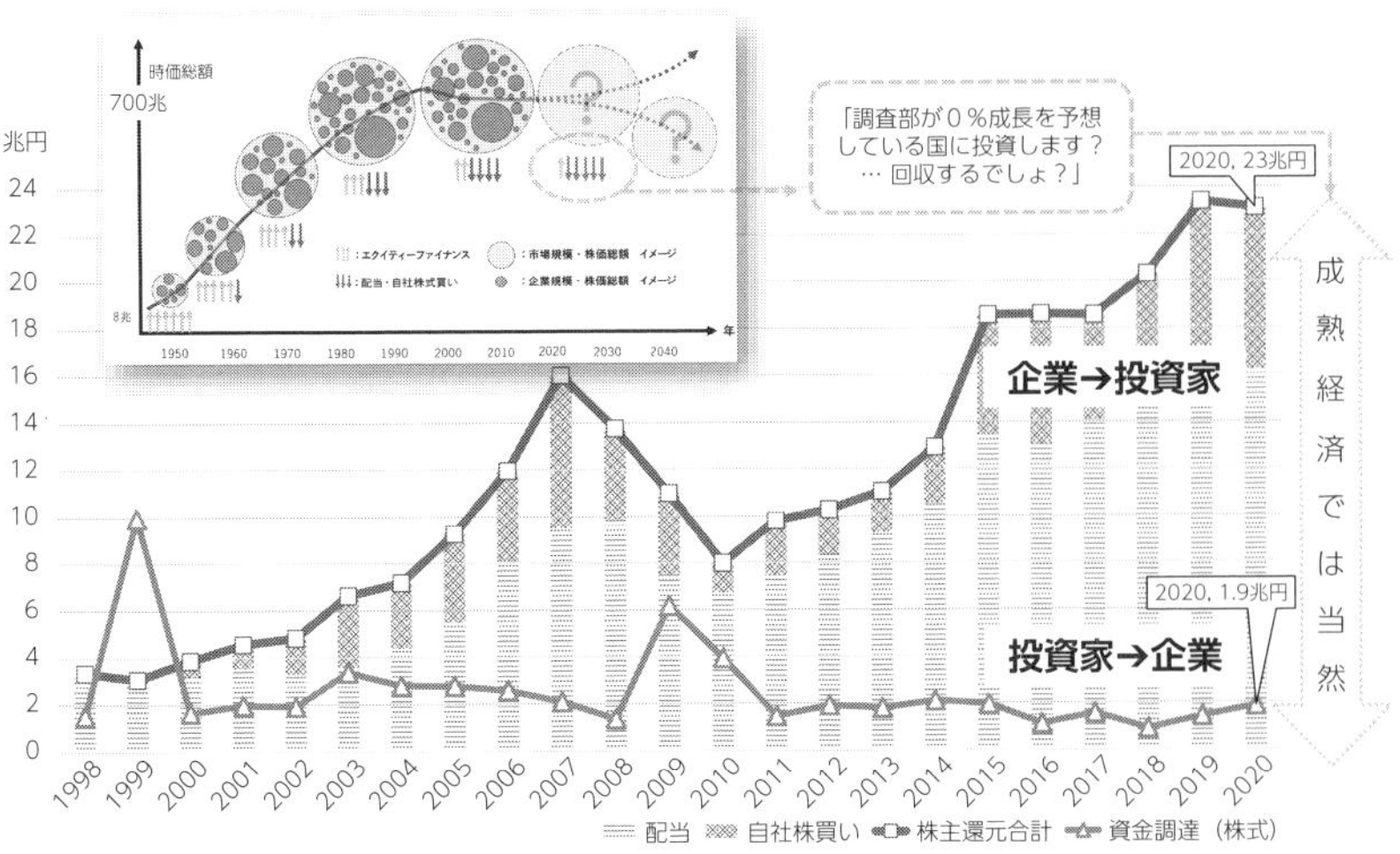

（出所）「資金調達」は東証「上場会社資金調達額」、「配当＋自社株買い」は Financial Quest を利用してスズキ研究室が作成

広がる傾向が明らかであり、グラフ全体がワニの口が開いているように見えることから筆者の研究室では「ワニの口」グラフと命名している。小泉政権発足当初の増加は特に自社株買いの増加による影響が大きい。リーマン・ショック後は資本増強の必要が生じたために一時的に資本が強化され（ワニの下牙）、自社株買いは減少した（ワニの上牙）が、その後、特に近年拡大傾向にある。

他方、エクイティ・ファイナンス（投資家が企業に対して資本を注入する資金移動）は、リーマン・ショック後の例外（ワニの下牙）は観察されるものの、一貫して減少傾向が続き２０２０年は約１・９兆円である。コロナショックに関連して、２０２０年後にも「牙」が観察されることが予想されるが、速報値ではリーマン・ショック時のマグニチュードを超えないことが予想されている。

「ワニの口」グラフを解釈するに、成熟経済社会を迎えた本邦で，投資家は資金の投入よりも回収に軸足を移し，小泉政権以降の投資家保護・優遇制度の強化を梃子に，高配当や自社株買い要求を強めているものと考えられる。経済学や経営学，会計・ファイナンスを学んだ者であれば誰しも，証券市場の存在意義や重要性について，投資家が企業に資金を提供し国民経済の健全な発展に資することにあると教えられた。しかし，今や，「ワニの口」グラフが示すのは，真逆の現象，「株式市場の逆機能」である。換言すれば，今日の日本では金融経済が実体経済を助けるというよりは，実体経済の果実を多大に享受していると言っても過言ではない。これに対して「実体経済が適切な投資先を見出すことをせず，無駄に現金を抱えているのであれば余剰資本は株主に還元するのが当然だ」と成熟経済社会下で株主還元の増加を正当化する議論を展開するのは難しくない。そうした株主還元は，法律上はもちろん合法であるし，経済学上は株式市場の効率性を高める行為であるといえよう。しかし，第1に，これは制度導入を決めた理由，すなわち制度に期待された効果とは異なる。真逆である。投資家・株主は，制度が期待した実体経済に対する資金提供機能(a)を果たしていない。

さらに懸念されるのは，この逆機能の傾向が将来さらに拡大することが合理的に予想されることである。**図表2・2**にはこの点を説明するための補助的なイラストが付されている。そもそも投資とは成長に先駆けて小さな資源を投入し，成長したところで増幅された資源を回収する経済合理的な行為である。戦後8兆円ほどで始まった株式市場は，現在までに700兆円市場にまで成長した。当初，投資家は成長が期待される市場にリスクを取って先行投資し，企業やその市場の成長に貢献した。しかし，成熟経済社会化し，多くの研究機関やシンクタンクの潜在的予想成長率が0・5％にも満たないような日本市場（**第3章**の**図表3・4**を参照）で，投資家がリスクを回避し投資資金の回収に走ることは当然である。『成熟経済社会レポート』にはこれを証言する投資家の声が掲載されている。こうした投資家の行動は合理的であり，グローバル化した株式市場において、そうした資金がより高い成長率が予想される新興国等に移転することも、資本効率的であるといえよう。ただし、これは政策議論の行政単位（「6W2H」のWhere）を「グローバル」に設定した場合であって、「日本」の政策を考える場合には全く異なる配慮が必要となる。また、仮に「グローバル」を前提とした場合にも、ローカルに起こる不都合について適切な政策、配慮をもって手当てすべきことは論をまたない。

3　投資家・株主のモニタリング・ガバナンス機能の低下

次に、制度が予定したモニタリングやガバナンス機能(b)はどうか。「実体経済が適切な投資先を見出すことをせず」と経営者や従業員を責める論調が支配的であるが、新自由主義的な政策を導入したときに投資家・株主に期待された役割に即して、投資家・株主のパフォーマンスもレビューする必要がある。詳細は『成熟経済社会レポート』（第3章参照）に譲り、本書ではその要点のみを示すが、同レポートは投資家・株主が果たすべきモニタリング・ガバナンス機能の形骸化や低下の例の枚挙にいとまがないことを述べている。例えば、社外取締役が何名いるかなど外形的な基準で株主総会での投票を決めるような実務が横行し、実質的なモニタリングやガバナンス機能は低下している。少なくとも制度が期待した、企業の生産能力の拡大・増強に結びついていない。ただし、こうした指摘により、投資家や株主に責めを負わせることを意図しているわけではない。投資家や株主は与えられた制度やゲーム環境の中で経済合理的な行動を追求しているに過ぎないからである。

法的には投資家・株主に対しては「有限責任制」の保護が与えられ、出資額を超える責任はないから、その意味でも投資家・株主を責める意図はない。本書は、所与の制度や環境の下、クロスボーダーに高速取引等で効率の良い利益を獲得できる市場で、投資家が資金提供機能やモニタリング・ガバナンス機能を果たすことがなくなるのは当然で、効率的な市場の帰結であるとの立場である。現在の市場環境で、投資家・株主に、経営にコミットし適切な投資先を見出したり協働したりして長期に企業価値を創造するような役割を期待するのは難しい。なぜなら、我々は投資家・株主に対し、そのような労を取らずとも簡単に利益を獲得できる、あるいは獲得しなければならない市場環境を作り上げてしまったからである。これが本書のいう「アポリア」を構成する重要な原因の1つである。

しかし、国民経済の健全な発展を政策目標とする制度設計のコンテキストの中では、資金提供機会や機能が低減し、実質的なモニタリングやガバナンス機能も果たすことなく、短期の株式の売買を繰り返すことで効率的な利益を追求する投資家や株主をいつまでも保護・優遇する合理性はない。今後、その役割を見直し、その自由や権利に一定の制限を加えたり、新たな責任を課したりすべきか否かを検討することが、民主的な政治に求められよう。あるいは、知性とプライドのある投資家や株主に対して、新たな社会的役割や貢献を求め、その役割に応じて利益機会を可能にする制度設計を行うことで動機づけするのが、政策の進化である。

4　国富の海外流出：市民への利益還元機能の低下

最後に、市民への利益還元機能(c)であるが、株主還元によって広く市民に利益を還元するという公約については実現したであろうか。これに関しては、株式市場が高い利益を株主に還元していて、全体的に「資

図表2・3　主要部門別株式保有比率推移

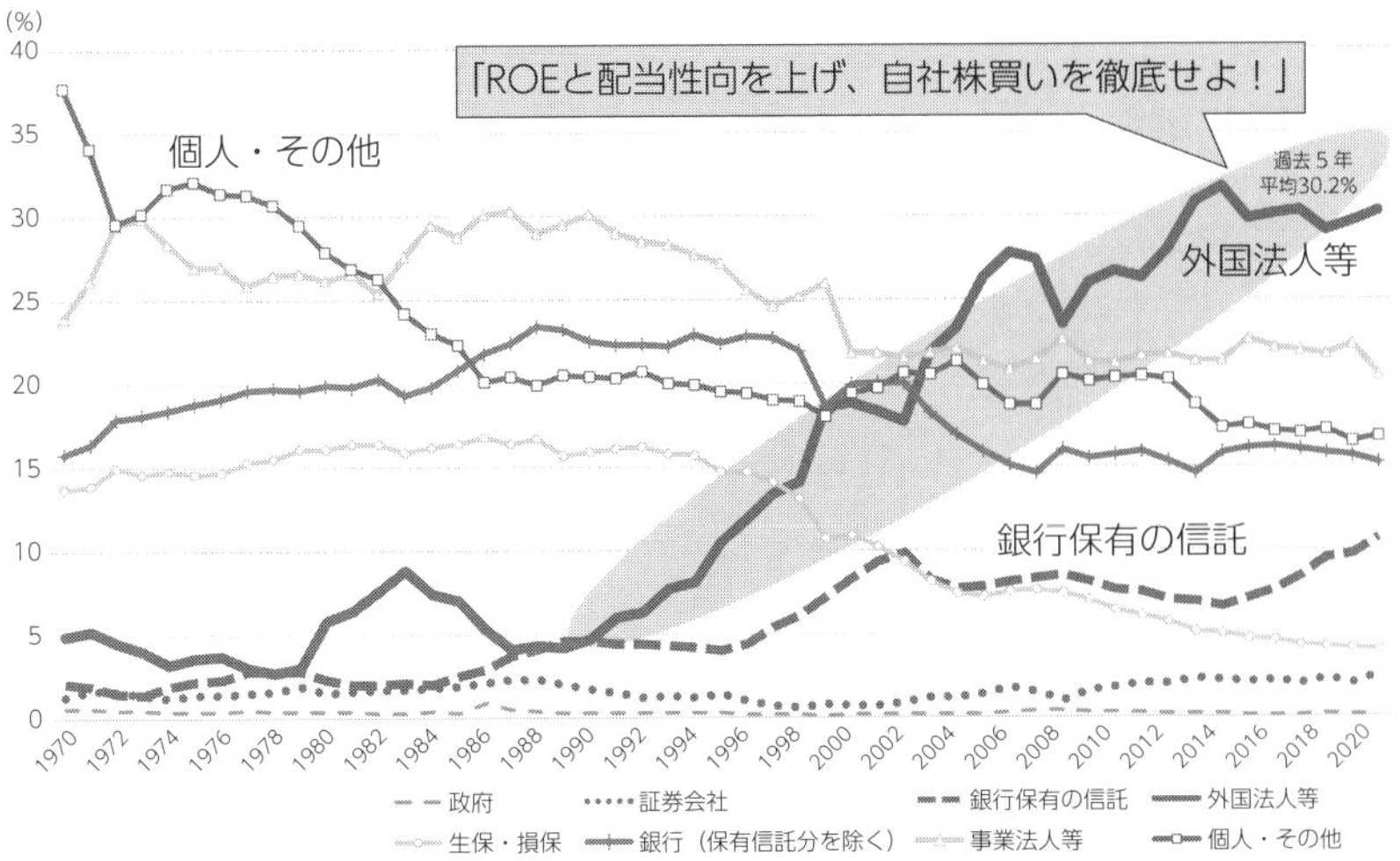

（出所）日本取引所グループ「投資部門別株式保有比率の推移」を使用してスズキ研究室が作成

本効率的」であったとしても、その株主が誰であるのかによって経済社会的な意味が変わってくる。本書が、抽象的な基準によって判断するよりも、「6W2H」を明示した上で政策討議を進めるべきであると主張するのはこういったケースを念頭に置いているからである。

「誰にとって」「どれくらい」という視点から分析を深めるために、例えば**図表2・3**を利用した分析を行う。これは日本の上場企業の株主の属性（誰が株主か）の割合を長期時系列で示したグラフである。小泉政権下、竹中平蔵大臣らの説明では、潤沢な家計金融資産を企業に直接投資し、その過程で株主となる市民に、成果として獲得された利益が配当として還元されるはずであった。しかし、実際には想定していた個人株主の割合は減少し、相対的に日本国民が保有する株式の割合は減少している。

反対に、一貫して支配力を拡大しているのは外国人株主である。先の**図表2・2**で見たように、企業はエクイティ・ファイナンスを通して資本を得ていないことから、外国人投資家は発行市場を通してではなく流通市場から株式を購入することで日本企業の株主となっている。特に、１９８８年に株価が最高値を記録し、その後急落すると、徐々に日本株を買い増し、当然ながら底値に近い時期には買い増しを加速した。直近5年平均で、外国法人等の東証上場企業の株式保有割合は3割である。

単純に計算すれば、株主還元額の3割が外国法人等へ流出していることになるが、外国法人等は上場企業の中でも市場価値が大きく高配当を実施する企業への投資の割合が高いから、実際は毎年4割から5割もの配当が海外に流出している可能性が高い。アベノミクスが予定していたトリクルダウンが生じなかった原因の1つにはこうした国富の海外流出や、一部の株主への富の集中という点もあろう。

ここで述べておきたいことは、一般に外国人株主を主体とする「物言う株主」は企業に対し高ＲＯＥのみならず高配当性向も要求する。ＲＯＥ＝当期純利益÷株主資本であり、配当性向＝配当÷当期純利益である。したがって、その両方を上げよと要求するということは、株主資本配当率（DOE：Dividends on Equity＝配当÷株主資本）を上げよということにほかならない。すなわち、株主が投入した資本に対して、できるだけ高い配当を支払うように要求しているのであって、株主にしてみれば合理的な要求である。この概念・指標（ＤＯＥ）については本書の後半部分でも重要になるので記憶にとどめられたい。

ただし、ここでも「6Ｗ2Ｈ」が重要である。物言う株主は、日本の「配当性向」は米国におけるそれに比べ半分であり、日本は株主に対する還元が低すぎるから、これを改善せよとの主張を繰り返すし、日本のエコノミストや評論家、官僚もこうした言説に説得されがちである。しかし、ここで忘れられているのは「有配率」である。有配率とは上場企業が１００社あったとして、そのうち何社が配当をしているかを示す比率である。本書の調査によれば、米国上場企業の有配率はおよそ35％程度（*c.f.*, Floyd *et al*., 2015；

Brown *et al.* 2018; Michaely *et al.* 2022）であるのに対し、日本の東証1部上場企業（一般事業会社）ではおよそ93％、全上場全社（一般事業会社）でもおよそ80％が配当している（２０２１年のデータをファイナンシャル・クエストを利用してスズキ研究室で集計）。米国では多額の利益が生じた場合には配当するが、業績が悪化していれば配当を控える。これに対し、日本はいわゆる安定配当政策を採用しており、業績が悪化したり、赤字になったりしても配当をして株主に報いる。例えば、２０１９年度、東証1部上場企業で、赤字企業の有配率は69・9％にも及ぶ（ファイナンシャル・クエストを利用してスズキ研究室が調査）。

こうした日本のように高い「有配率」で安定配当政策を実施している日本市場において、米国に合わせよと「配当性向」まで高めるのであれば、企業の事業安定や成長に必要な資金が流出するのは当然である。個々の株主が、個々の投資先企業に高い配当率を求めるのは合理的である。しかし、行政単位における政策や制度設計を前提とした議論において、物言う株主の理屈や要求水準に従って、日本全体のＤＯＥを高めてしまうような方向性は慎重に検討されるべきである。この点は、学界、政治、メディアいずれにおいても十分な注意を払って議論を行っていただきたい。したがって、本書では**第4章**以降詳説されるように、ＤＯＥを際限なく最大化するのではなく、適正なレベルでコントロールし、事業運営に必要な資金を確保し、持続可能な発展を可能にする政策を提案する。

5　グローバル化された株式市場と日本という行政単位

本書はグローバル化された株式市場の観点から、市場全体で資本効率性が向上している可能性は否定しない。日本で再投資先の見つからない配当10兆円をインドに投資し、インドで必要な財・サービスを効率的に生産し人々の生活を豊かにするとともに、その報酬として投資家が利益を得ることは伝統的な資本主義の美徳である。しかし、日本という特定の行政単位において政策を議論するのであれば、そして本邦の10～20年後の国民生活の質に責任を持つのが政府の役割であれば、株式の所有を国際的に無制限に認めてしまうと、国富の流出が加速し、国内の経済社会が立ち行かなくなる可能性がある。こうした政策は現在まで十分な反省や評価がなされず、今日でも適用され続けている。

少し歴史をさかのぼると2000年代の後半、日本の証券業関係者等が「海外から見て魅力的で分かりやすく使いやすい市場を構築し、その情報を海外に積極的に発信」していたことがある。日本証券業協会は、「現在世界の金融・証券ビジネスをリードしているロンドンの金融関係者を主な対象として、日本の証券市場の枠組みと新たな施策、日本の経済・企業の現状と将来性をPR」していた。「官民をあげて日本の証券市場全体を海外でプロモートする、初の試み」であった（**図表2・4**参照。第1回「日本証券サミット」2008年1月21日）。

バブル崩壊後、株価の低迷が続き、将来の実体経済への影響を分析したり配慮したりする余裕もないまま、株価回復策が優先されていたころのエピソードである。当時、日本証券業協会や金融庁、経済産業省が主体となって、海外投資家に日本株を買ってもらおうと様々な施策が矢継ぎ早に試行された。そのような中、前述の第1回「日本証券サミット」が、2008年1月21～22日にロンドンのホテルで開催され、英国の金融機関、機関投資家、ファンド・マネージャーおよび法律・会計の専門家を中心に、350名を超える参加者が集った。登壇者は竹中平蔵氏や金融庁の森信親氏、東京証券取引所社長であった斎藤惇氏らであった（所属・肩書は当時、以下同）。会計の分野では企業会計基準委員会委員長の西川郁生氏および、当時オックスフォード大学の会計学の主任を務めていた筆者が登壇した。ほとんどの登壇者の意図や主張

図表2・4　外国人株主を優遇すべきか？

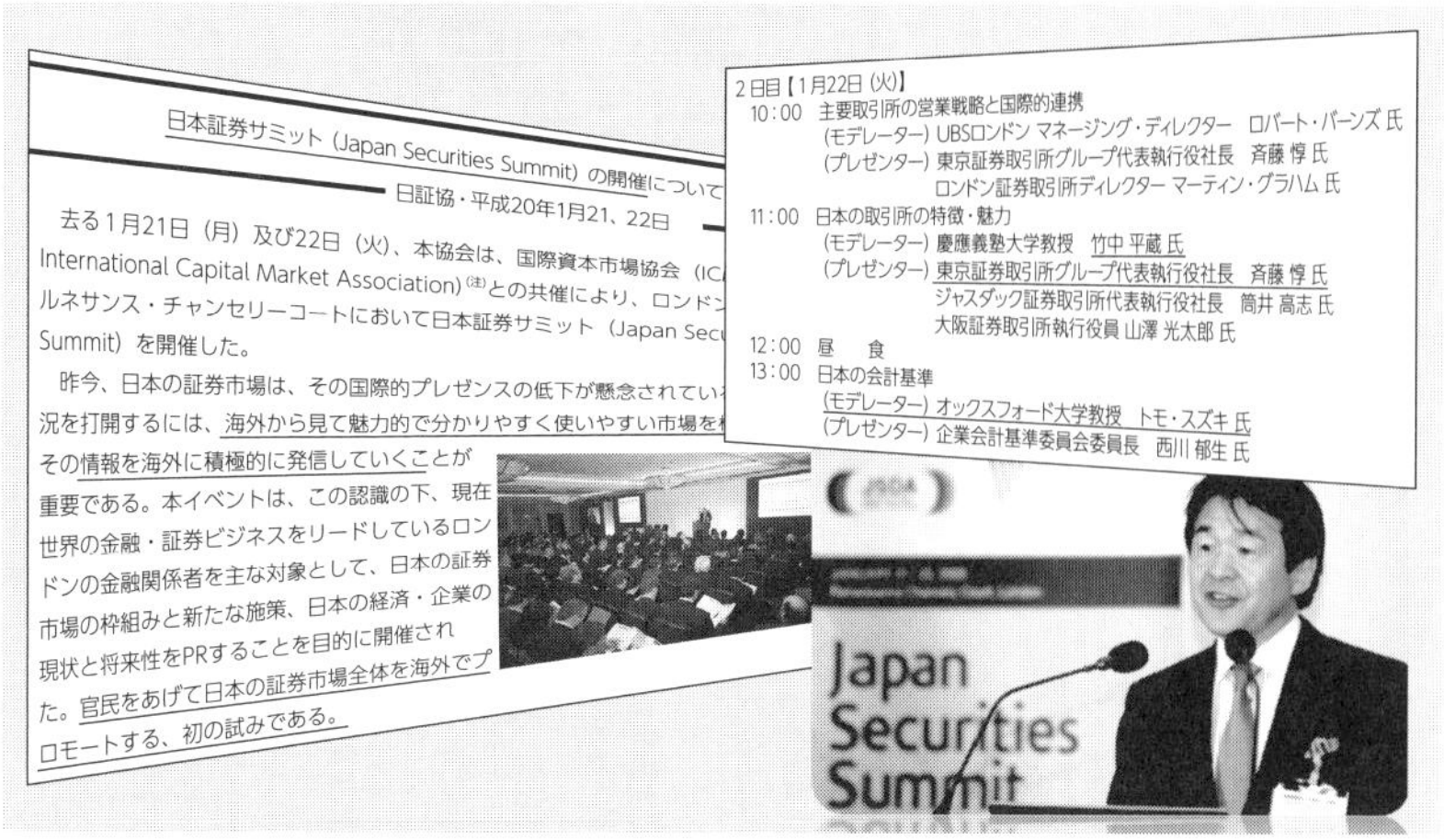

（出所）日本証券業協会ホームページ

が、「日本は国際的にオープンであり、様々な基準や規制が国際的に標準化され、海外投資家にとって日本株を買いやすい環境を整備しているから、ぜひとも日本株を購入してほしい」ということであった。

しかし、筆者の主張は異なっていた。当時、日本も国際会計基準（International Accounting Standards：現在のIFRS—International Financial Reporting Standards）を適用すべきであるとの議論が主流であったが、筆者は慎重な姿勢を示した。それは、１９９１年以降、日本は成熟経済社会化し、企業の資金環境は「余剰」に転じ、エクイティ・ファイナンスの需要は逓減すると考えていたからである（**図表2・5**）。むやみに海外投資家に日本株を買わせようとしても、それは発行市場ではなく流通市場での売買に終始し、資金が企業に流入するわけではない。流通市場において売買高や株価が高くなり、証券業などの金融経済は潤うかもしれないが、その過程を通して株主となった外国人投資家は、株価が高くなればなるほどそれに見合った配当を求め、日本の実体経済に対し短期志向の株主提案を突き付けて

図表2・5　企業部門の資金余剰化

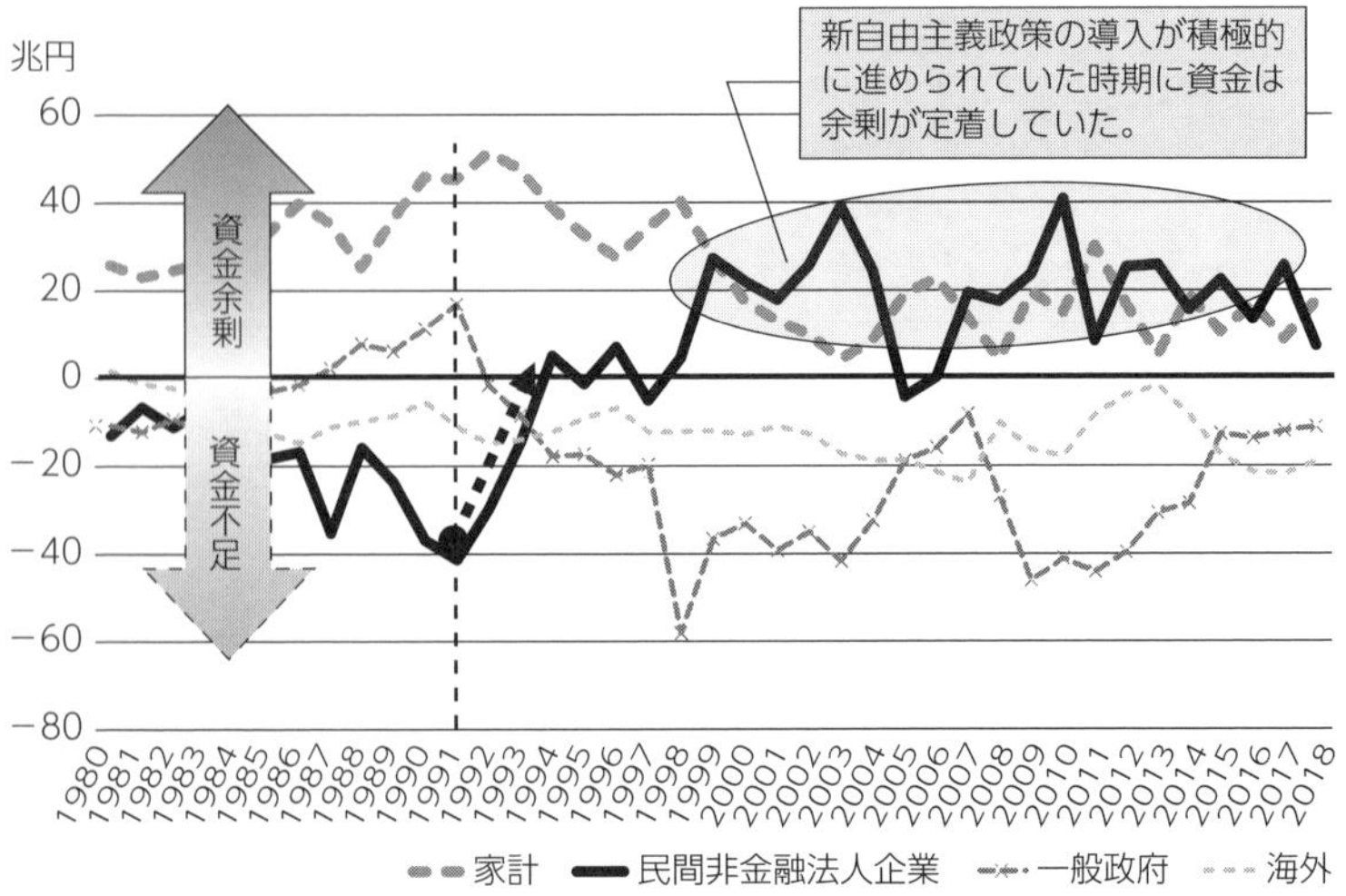

（出所）日本銀行「資金循環統計」（2020年３月）よりスズキ研究室がグラフ化

くる可能性が高いことを危惧した。そもそも、日本には1、500兆円ほどの家計金融資産が存在し、それを企業の設備投資や研究開発に振り向けるという目的であったから、海外投資家を呼び込むことにも合理性が見出せなかった。

日本証券サミットは今日も継続しているが、これを最後に筆者が登壇を要請されることはなくなった。翻って筆者は粛々と経済産業省の官僚らとともに、『オックスフォード・レポート：日本の経済社会に対するＩＦＲＳの影響に関する調査研究』を発表し、当時は既定路線となっており、書店に関連書籍が山積みであったＩＦＲＳの強制適用に反対した。もし仮に、この運動を主導した経済産業省の官僚や政財界の有志の活躍がなく、日本の全上場企業にＩＦＲＳが強制適用されていたら、**図表２・３**の外国法人等の保有割合はずっと高くなっていたかもしれない。そうすれば、国富の海外流出は現在よりも拡大していた可能性が高いし、国益に反する事業買収や短期投資行動が

図表2・6　自社株買い・配当増に関する株主提案

□現状、日本企業に対するアクティビストファンドからの具体的な提案について，「自社株買い」や「配当増」に関するものがあったとする企業が４割程度存在。

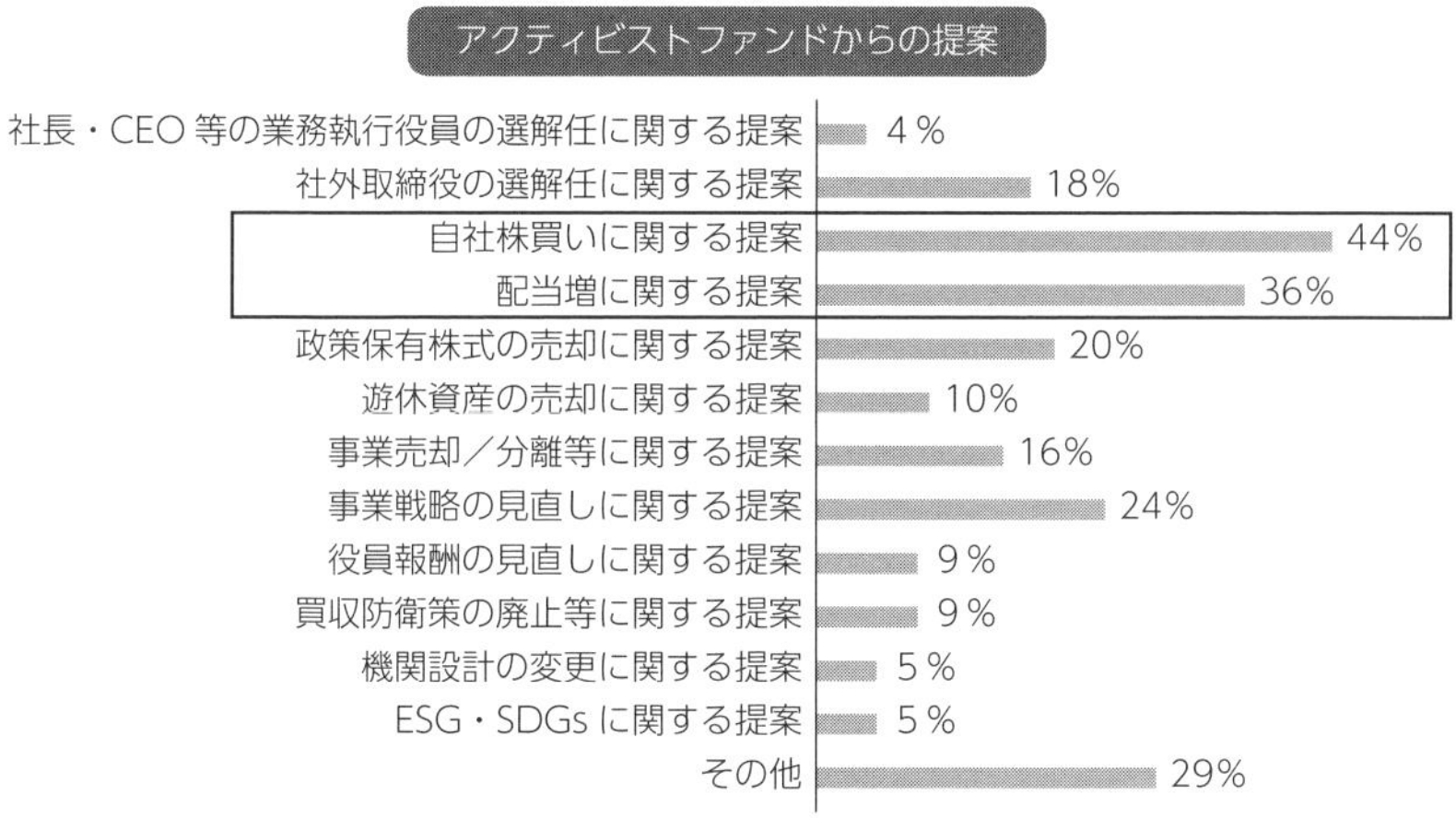

（出所）経済産業省委託調査（あらた有限責任監査法人）「令和元年度コーポレートガバナンスに関するアンケート調査（企業向け）」（2020年３月）より金融庁作成

横行していたとしてもおかしくない。

今日、欧州のビジネススクールで紹介される投資家サイドのツイッター上のつぶやきの1つ「…suck Japan to the very marrow（日本が本格的に沈没してしまう前に、骨の髄までしゃぶりつくす）」はそうした危険性を象徴している。**図表2・6**は外国人投資家を中心とするアクティビストファンドが、株主として日本企業にどのような要求をしているかに関する実態調査の一部である。ファイナンスの理論や教科書で謳われる事業価値を高めるモニタリングやガバナンスが機能しているというよりは、短期的な高配当や株価の高揚を企図する株主提案が目立つ。

さらに懸念されるのは、当初こうした短期志向の株主行動は特に外国人投資家にのみ顕著であったものが、今日では国内の投資家にも急速に広まっていることである。

この点は**第7章**で詳述するが経営者インタビューでも明白に確認できる点である。一般には長期経営志向で知られる上場企業のトップは、これを「きれいごとでは済まされないリアル」な現実と表現し、「ここ2、3年で上場企業の間で懸念が広がっている」と説明する。

6 コロナ禍の経営と株主還元

このような傾向に関する総合的な調査は未完である。しかし、コロナ禍における企業の資本政策に関するデータが、本書の懸念を象徴的に示しているので、これを共有し注意喚起しておきたい。

図表2・7は2021年3月までに決算のあった鉄道上場15社の最新の決算状況である。コロナ禍の影響で赤字総額は約1兆2、000億円を記録したにもかかわらず、株主還元として1、300億円配当している。度重なる緊急事態宣言発動により乗客が減少し、巨額の赤字を生んだことは十分に理解できることであり、経営者や従業員に責任を求める者はおるまい。そうした環境下で1、300億円もの配当がなされるべき合理的理由は何か。従来であれば、こうした赤字配当は企業価値を毀損するものとして、投資家の支持さえ得られなかった資本政策である。

同様の傾向を市場全体で確認したい。**図表2・8**は赤字でありながら、配当あるいは自社株買いで株主還元している上場企業のリストから、株主還元額の大きい順にランキング化したものである。およそ350社の赤字総額が約3兆4、000億円で、株主還元額は約7、700億円にものぼる。コロナ禍で多くの企業が経営難に苦しんでいるときに、投資家や株主は資金的支援を提供するのではなく、7、700億円もの還元を受けているのである。ほとんどが過去に積み立てた利益剰余金を原資とする配当である。この

図表2・7　2020年度上場鉄道会社 赤字配当

鉄道会社名	赤字額（億円）	株主還元（億円）
東日本旅客鉄道	−5,779	377
西日本旅客鉄道	−2,332	191
東海旅客鉄道	−2,015	190
阪急阪神ホールディングス	−367	167
九州旅客鉄道	−189	146
京王電鉄	−275	52
東武鉄道	−249	41
小田急電鉄	−398	36
南海電気鉄道	−18	28
西日本鉄道	−120	19
京浜急行電鉄	−272	13
阪神電気鉄道	−4	11
相鉄ホールディングス	−130	9
富士急行	−27	3
新京成電鉄	−10	2
合計金額	約１兆2,000億円	約1,300億円

（出所）スズキ研究室

金額を実感してもらうために簡単な例を挙げると、すべての国民から1人当たり6，000円以上も徴収してはじめて分配可能となるレベルの金額である。一般に、中長期の企業価値の向上を求めると言われる投資家に対し、コロナ禍の赤字経営の下でこうした金額を配当として株主に還元する合理性は何か、経済社会制度設計の観点から批判的に分析する必要がある。

その前に、誤解の多い利益剰余金の性格について言及しておきたい。利益が獲得され、一部を配当せず社内留保すれば、それが利益剰余金の積み増しになる。一般には株主による事業再投資として、企業の中長期的な価値を創造する取引として歓迎される。ただし、その時点で利益剰余金は「現金」という形で存在するわけではない点は注意

図表2・8　赤字配当ランキング

順位	会社名	赤字額（億円）	株主還元（億円）
1	住友商事	−1,531	874
2	ブリヂストン	−233	775
3	東日本旅客鉄道	−5,779	378
4	INPEX	−1,117	350
5	三菱ケミカルホールディングス	−76	341
6	イオン	−710	307
7	電通グループ	−1,596	300
8	西日本旅客鉄道	−2,332	191
9	東海旅客鉄道	−2,016	191
10	リコー	−327	181
…	…	…	…
352社	合計	3兆4,000億円	7,700億円

（出所）スズキ研究室

を要する。他方、利益剰余金を原資として赤字配当や自社株買いが実行されるときは「現金」の支出を伴う。ここで強調したいのは、従来、利益剰余金の積み増しは事業への再投資であるというポジティブな解釈が一般的であったが、その顚末も併せて解釈すべきことである。顚末とは何か。すなわち、成熟経済社会において、投資家や株主の期待に応える成長が見込まれない場合には、利益剰余金は積み増しされる額よりも取り崩される額のほうが大きくなり、「マイナスの投資」となるということである。しかもその多くは人員整理等を伴う赤字という最悪の局面で「現金」支出を強要するわけであるから、ポジティブどころか、ネガティブな解釈が一般化してもよい。にもかかわらず、主要メディアはもちろんのこと、多くの教科書においても、そうしたネガティブな解釈が前面に出されることはなく、グローバルレベルの株主還元の一環として高評価が与えられがちである。

また、政治の世界では、積み上げられた利益剰余金を取り崩して従業員の給与へ回すべきだとの主張がなされることがあるが、これも多分に誤解を含んでいる。利益剰余金はすでに費用を差し引いた後に計算される「利益」の留保であり、「利益」は法的に株主に帰属する付加価値である。これを取り崩しても従業員の給与が増えるわけではなく、株主への分配が増えるばかりである。

赤字経営下の配当や、今期の利益を超えた利益剰余金を原資とする配当（すなわち配当性向が100％を超える配当）が行われたりすれば、大多数の市民の視点からすれば、適正な経営・経済運営とはいえない。にもかかわらず、学会や多くのメディアは、グローバル化した株式市場や金融経済の観点から、高い株主還元を好意的に解釈し、例えば米国の資本政策に近い良好な経営実務やベストプラクティスとして高評価を与えがちである。

もう少し、具体的な例で考察する。**図表2・8**において、ランキング2位に位置するブリヂストンに関して、日本経済新聞は次のように報道した。「2023年12月期までに世界で60工場を閉鎖・売却する計画で、防振ゴムなどの事業売却により約8，000人が転籍する。中核のタイヤは中韓勢との低価格競争でシェアが下がり、非タイヤ事業のうち、車内装材などが赤字に陥った。高コスト体質を是正し、車両データを使った保守サービスに活路を求める」（2021年12月20日電子版）。これを事実とすれば、読者の多くは8，000人の転籍を伴うリストラクチャリングと775億円の赤字配当との間に違和感を覚えて当然であろう。そればかりではない。2022年2月16日の日本経済新聞朝刊（19頁）によれば、2021年12月期の連結決算で同社の最終損益は3，940億円の黒字であり、これが「ブリヂストン最高益」と大きく報道されている。同社CFOによれば「22年の収益計画を前倒しで達成できた」とし、世界首位を走るミシュランとの差が縮まり、「発行済み株式の3・5％にあたる1，000億円を上限とする自社株買いを実施する」予定だという。

本書はブリヂストンのケースを独自に調査したわけではない。日本経済新聞の報道を解釈しているに過ぎないので、性急な結論づけには留保を必要とし、それを念頭に読み進められたい。しかし、仮に、赤字配当額が2位であり、8、000人の配置転換（人員整理）が行われ、翌年の損益は数年来の最高益であり、それを受けて1、000億円の自社株買いを通じた株主還元が計画されているというのが事実であるとすれば、事業を運営するステークホルダー間の公平性や正義に疑義が生じて不思議はない。

ブリヂストンのケースは何らかの事情で特殊である可能性がある。本書の懸念は、もっと一般的な現象として、実はこうしたケースが急激に常態化しつつあるのではないかという点である。普段は長期経営を推進していることで有名な企業に、疑義の生じるケースが頻繁に起こり始めている。コロナ禍の赤字であるにもかかわらず、高額の配当を行い、中には顧客（市民）に負担を強いているケースもある。当事者との間で公表の合意が得られなかったので社名を挙げることは控えるが、担当役員は、本書の危惧する「アポリアそのものです」という。すなわち、本来、事業関係者にバランスよく分配を推進したいものの、現行の経営・経済環境下において「無配に転落することは怖い」と考えているのである。投資家や株主がコロナのような国難に際して温情的に支援してくれることはなく、高配当要求を突き付けてくるのは非情であると感じるものの、それをはねつけられるような経営環境にないという。

7　株式市場の合理性：成熟経済社会の「利益」のアポリア

本書では、このような現象について、個々の企業や投資家・株主が悪いのだと糾弾するつもりは毛頭ない。ここには確たる「合理性」があり、個々の経済人の責めに帰すことのできない「やむを得ない事情」、すなわち「アポリア」が発現している。ここでの合理性とはミクロのプレーヤー単位の合理性ではなく、市場の構造に基づく合理性である。一般に「市場の合理性」は社会的な美質として推進されるものであろうが、本書はこの合理性を、成熟経済社会における「邪神の見えざる手（制度を含む市場の失敗）」として認識する。本書の役割は、これをもう一度、「善神の見えざる手」の下に取り戻すために制度の再設計を行うことである。

まず、成熟経済社会における個々の経済主体を超えた「市場の合理性」とはどのようなものかについて、説明する。経営者サイドを分析するに、インタビュー（第7章参照）を通して明らかになるのは、配当や自社株買いが「やむを得ず」実行されている現状である。実際、こうした赤字配当実施企業には、これまで中長期的投資でサステナブルな成長を実践することで名声を得てきた企業も多く含まれている。仮に経営者が、顧客や従業員、事業に仕える強い想いを持っていたとしても、「利益剰余金」が法的に株主に帰属する持分（＝法的に「株主に帰属する付加価値」として計算された当期純利益の留保分）である以上、株主総会の利益処分案に背くことはできない。「株価」が企業価値の代表的な指標として受け入れられ、株価の急落が株主総会において役員再任の否決票を誘発するのであれば、赤字配当も「やむを得ない」。もちろん、経営者は不合理や不満を感じるが、個々の企業環境を超える構造やその合理性には抗えない。

同様の構造は、実は、投資家サイドにも観察される。そもそも中長期の投資哲学を標榜し、実際に企業を育てることにやりがいやプライドを持っていた投資家も、徐々に短期的な利益追求に注力せざるを得ない状況がある（『成熟経済社会レポート』112～117頁）。驚くには当たらない。長期投資を標榜する投資家とて、毎期アセット・オーナーへの報告を要し、他のファンドが短期の売買で高リターンを挙げている環境では、徐々に短期的な取引にシフトせざるを得ない。そうでなければ、早晩クライアントを失うことは明白だからである。

さらに、今や投資市場は多品種商品間の交換を可能にする証券化が進み、国際間の資金移動を容易にするグローバル化に成功し、電子化を通じて効率化、高速化、低コスト化が図られている。ここに投資家の自由や権利が保護・優先される新自由主義政策が導入されたため、投資家はさらに特定の企業や行政単位にコミットする必要がなくなった。短期に資金移動を繰り返すことで利益を最大化できる環境があるときに、個人的な選好を優先して中長期のコミットメントを推進するのは、例外的なケースが存在したとしても、一般的に市場の論理や構造に適合しない。すなわち、ここでの合理性は個々のプレーヤーの合目的性や道徳性ではなく、多商品化され、グローバル化され、取引費用が最小化された資本市場の合理性である。

先の赤字配当の例に従って再解釈すれば、成熟経済社会下の企業が今期赤字ですぐに業績回復や株価の上昇が見込めないとき、経営者や投資家の個人的な想いや選好とは別の次元で、マクロ的には市場が追加投資したり、ホールドしたりすることはない。利益剰余金を最大限引き出した上で、株価が下がる前に売り抜ける投資家行動が支配的な趨勢となる。これが「suck Japan to the very marrow（本格的に没落する前に骨の髄までしゃぶりつくす）」ということであり、感情もなく合理的な金融市場の見えざる手が粛々と資本効率性を追求するということである。情報技術の進化で高速化し、取引コストも低下しているから、情報優位にある投資家は最小限のリスクで売り抜けることができよう。売り抜ける先は、日本である必要はなく、株式である必要もない。証券化されたマレーシアの土地であったり、暗号資産であってもよい。金融経済は、成熟経済社会化し潜在的成長率の逓減した日本の市民に道徳的にコミットしない。これが我々が追求してきた世界的な資本効率性の帰結である。誰を責めることもできない。責めは我々自身に帰する。これが本書のいう「アポリア」の重要な一面である。我々が良かれと設計し実行してきた制度の帰結である。

ここで必要とされる根本的な反省は、これまでの制度は「成長を前提としてきた」ということである。成長が想定された経済において、株式制度、証券市場は国民経済の健全な発展に寄与する。しかし、当該国が成熟経済社会を迎えると（あるいは投資家がそのように認識するだけで）、株式制度や証券市場の逆機能が発現する。グローバルに見れば、未だに効率的な市場が機能し、地球は豊かになるのかもしれない。しかし、「6W2H」を注意深く当てはめて、日本という行政単位の今後5～10年の安定化と自律的で持続可能な発展を政策議論の対象とするとき、我々には、他国の経験したことのない成熟経済社会下の新しい経済社会政策が求められている。

8 減資による「その他資本剰余金」30兆円は誰の手に？

残念ながら、本邦市場は、多くの読者の想定よりも、さらに深刻な事態に直面している。伝統的には、事業の失敗に際しての救済順位に関して、株主は最下位とされてきた。拠出した資本を引き出すことは許されず、この資本充実・維持の原則によって債権者（金融機関、社債権者や従業員）の保護を図ることが約束されていた。その見返りとして、事業に成功して資本を超える純資産（＝利益）が獲得された際には、これを株主に帰属する付加価値として、すべて株主に配当することが認められてきた。これが株式会社制度の基本設計であった。しかし、2001年施行の改正商法は「資本・利益分離の原則」を放棄し、「減資」に伴う「その他資本剰余金」の計上を認め（会社法447条、会計規27条）、これを原資とする配当（同452条）を認

図表2・9　その他資本剰余金額の推移

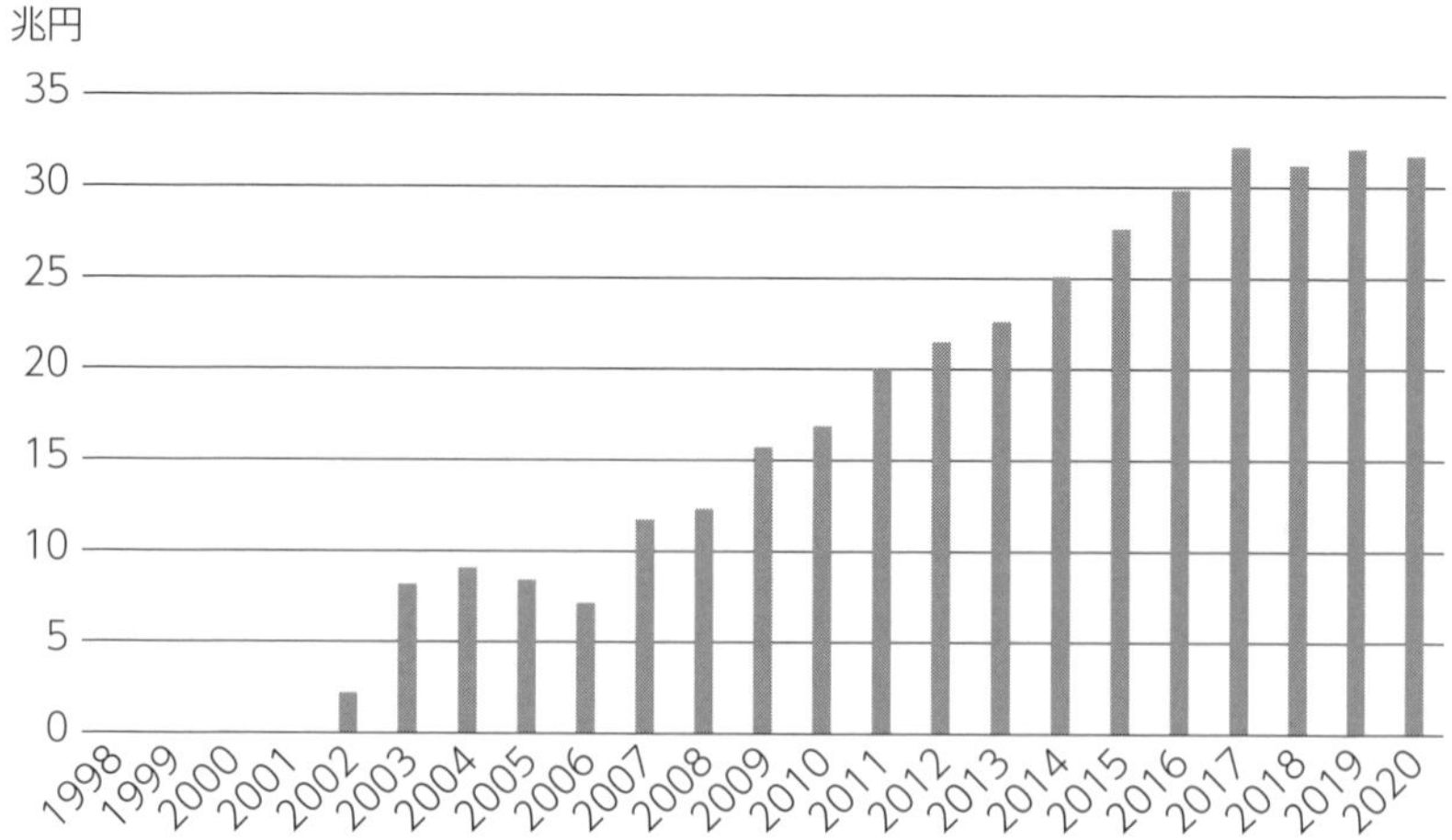

（出所）データはFinancial Questを利用してスズキ研究室で作成（上場全社の個別財務諸表における株主資本等変動計算書を対象）

めた。さらに２００１年施行の改正商法は自社株買いを原則自由とし、それは２００６年施行の会社法にも受け継がれている（同113条4項、155条）。**図表2・9**はその他資本剰余金の残高の推移を示す。また、**図表2・10**はその増減理由を示している。２００１年以降のこうした株主保護・優遇政策を機に、減資が横行し、資本剰余金を原資とした配当が増加している。上場企業（連結ベース）に限ってみても、その他資本剰余金の残高は約30兆円にのぼり（**図表2・9**）、徐々にこれを原資とした株主還元が増えている（**図表2・11**）。

これはかつての株主が拠出した資本に対して、現在の株主が払戻しを受けることを意味している。それればかりではない、事業が失敗に終わり、関係者の救済が必要なときに利用するはずであった資本金を犠牲にして、株主に対するリターンが認められている（野間、２０１２参照）。

図表2・10　その他資本剰余金の変動事由（3分類）別の推移

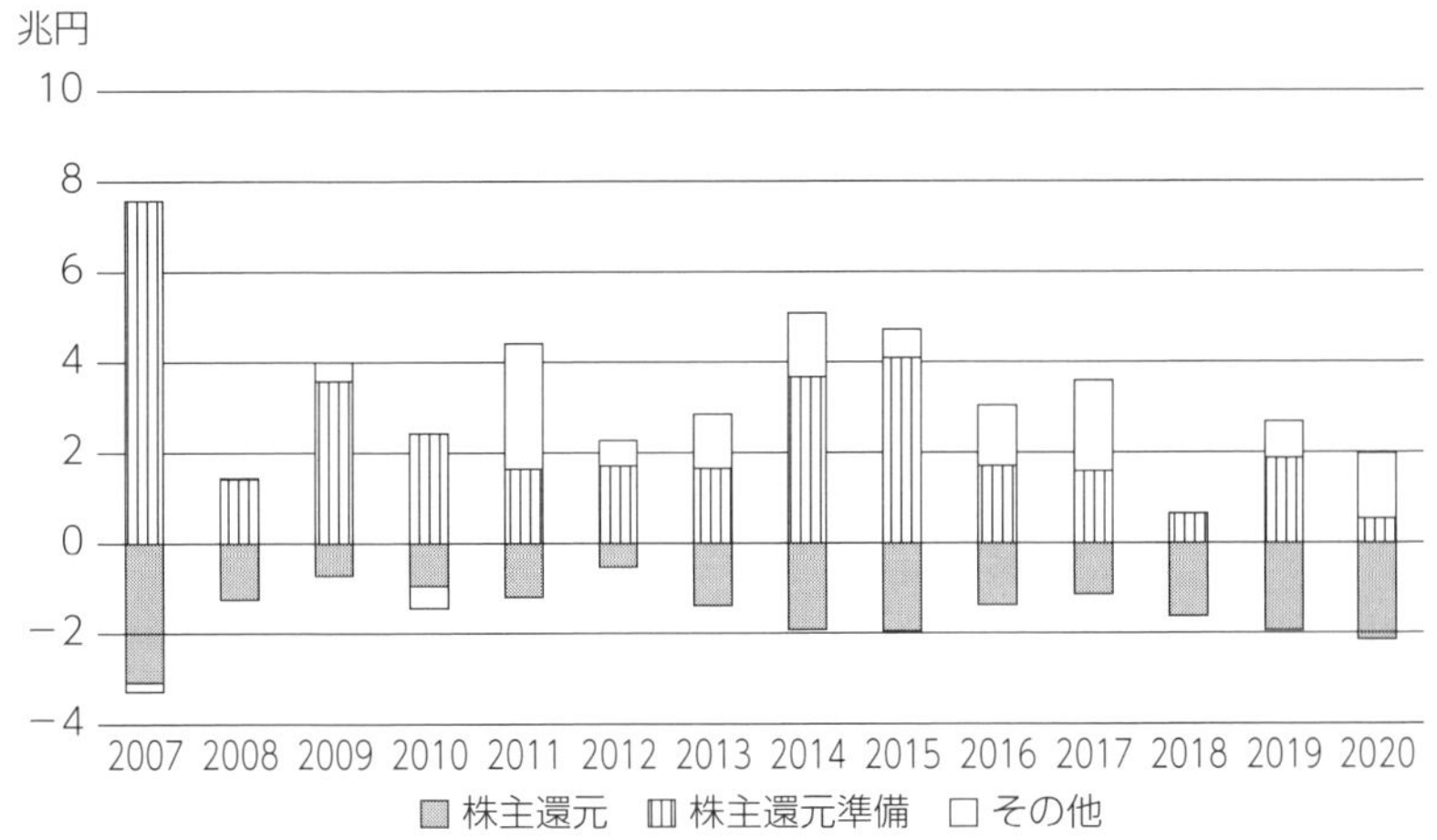

（注）「株主還元」は「剰余金の配当」、「自己株式の処分」、「自己株式の消却」の和とする。「株主還元準備」は「資本金からその他資本剰余金への振り替え」、「資本準備金からその他資本剰余金への振り替え」、「その他資本剰余金から資本金または資本準備金への振り替え」の和とする。「その他」とは「資本剰余金から利益剰余金への振り替え」、「企業結合または会社分割による増減」、「その他資本剰余金増減」の和とする。
（出所）データはFinancial Questによりスズキ研究室で作成（上場全社の個別財務諸表における株主資本等変動計算書を対象）

図表2・11　資本剰余金取崩しを原資とする配当

年度	上場企業数	金額（億円）	参考
2020	76	2,336	日本郵政2,022億円
2019	70	218	
2018	67	803	
2017	52	8,091	ソフトバンク7,444億円
2016	51	637	
2015	41	395	
2014	42	794	
2013	31	956	
2012	26	371	
2011	31	893	
2010	22	167	

（出所）データはFinancial Questを利用してスズキ研究室で作成

9　成熟経済社会における「利益」や金融資本効率性追求の帰結

今後、成熟経済社会化が一層深化し、利益の獲得が難しくなり、かつ首都圏直下型地震や南海トラフ地震、富士山の噴火などの影響で、通常の事業の遂行が困難となるような状況を想像されたい。大赤字が発生し、中長期的な回復が懸念されるような事態になった場合に、投資家・株主はどのような行動を見せるであろうか。

過去20年、学界や政府が推進してきた投資家や株主の自由や権利の保護・優遇を推進し、資本効率的な行動を徹底するのであれば、事業の再生に必要な財源がすべて投資家や株主によって社外・国外へ流出することも考えられる。投資家は「そうではない。**図表2・2**のワニの口のグラフの牙のように、投資家が必要資金を注入してくれる」と主張するであろうか。しかしそれは、成熟経済社会全体で見たとき、市場の合理性の論理に照らせば、資本効率的ではなかろう。あるいは、急激な円安を機に、日本株を急激に買い増し、業績や為替が反転したときに高配当要求を突き付けてくるかもしれない。いずれにせよ、日本の国民の中長期の生活の安定や発展のためには、きめ細かな制度や政策の設計が必要となる。目先の短期の株価対策に注意を奪われてはならない。

もう一度現況を確認すると、コロナ禍で実体経済が赤字経営に苦しんでいるにもかかわらず、年金基金やヘッジファンド、アクティビストなどが連携して高い配当を要求している。証券市場関係者や主要メディアは、これがコーポレートガバナンス・コードや国際的な配当性向の基準に適ったベストプラクティスであるかのように評論する。

これに輪をかけて、主要メディアは、日本経済の停滞の理由を未だに、株主のための経営を徹底していないからだと主張する。例えば、２０２２年1月7日の日本経済新聞朝刊の社説は、「懸念されるのは、株主利益を最重視する考えの見直しが、日本では株主還元を減らし従業員などに手厚く分配せよとの短絡的な主張に、結びつきやすい点だ。岸田文雄首相が言及した金融所得課税強化や自社株買いガイドラインの策定も、そうした流れの延長線上にあるとみられる。現下の日本に必要なのは、始まったばかりの企業統治改革を軌道に乗せ、資本市場の規律を経営にきかせることだ。この点は強く念を押しておきたい」とする（2頁）。

さらに「株主への分配という観点で、日米企業を比べてみる。19年の利益に占める配当・自社株買いをあわせた総還元額の比率は、米国大企業の多くが80％を超え１００％超の例も決して珍しくない。これに対して日本企業の約半数は総還元率が20～40％にとどまる」と解説し、実体経済のサステナビリティが懸念される日本で、「株主への分配という観点」から米国と比較し、金融経済に有利な主張を繰り返す。

4日後の11日には同社編集委員の記事において「株式市場は、上場する企業が満足するだけでは成り立たない。貴重なリスクマネーを投じる投資家が増えてこそ、その市場は栄える。かつてノーベル賞経済学者のスティグリッツ氏は『投資家が報われない限り、資本市場の発展はない』と喝破した」とし、投資家が市場に魅力を感じるための一層の改革を主張している（日本経済新聞２０２２年1月11日電子版）。

ここには本書が説明した日本の実体経済のサステナビリティに関する懸念をほとんど感じとることができない。こうした社説を掲載することはメディアに保障された表現の自由であるが、反対に、大多数の企業経営者や従業員が効果的な反論を形成し得ない情報環境を作り出してしまっていることが懸念される。資本市場の参加者だけではなく、就活生や一般ビジネスパーソンにも、主要経済紙やビジネス誌等を通じて、高ＲＯＥや高配当性向企業が優良企業であるとの認識が一般化してしまった。「利益」や「配当」は良いもので、高ければ高いほど優れた企業であるように思い込み、成熟経済社会においては、高利益のために自らの給与が犠牲になっている可能性を疑うインテリジェンスが醸成されていない。

経営者も「ビジネスである以上、利益の最大化を求めるのは当然だ」と利益を前提とする。「利益」の代わりに「付加価値」の最大化を企図するビジネスの可能性を模索することがない。本来は、時間はかかるが夢があり次世代を牽引するようなイノベーションを起こしうる研究開発のための長期資金を確保したいにもかかわらず、短期利益最大化と高配当要求に屈し、株主還元を優先してはいないであろうか。

株式制度の逆機能が発現し始めて20年経つにもかかわらず、監督官庁は未だにグローバルな投資家・株主のための経営・経済を推進し、国民の生活や幸福のための経営・経済という視点が希薄である。グローバルな投資家・株主が獲得した付加価値が、日本で消費され、あるいは日本に再投資されるのであればまだしも、大株主は世界にあらゆる投資対象を見出す外国人投資家である。そうした株主のさらなる勢力拡大を図ることが、成熟経済社会を深化させる日本で、今後5～10年必要な政策であるというのであれば、その理由・根拠の説明が必要ではないか。短期の株価の高揚や安定は、長期の国力の減退の犠牲の上に成立している可能性が高い。発行市場として機能していない証券市場で、流通市場上の株価を高める政策が実体経済の中長期の自律的で持続可能な発展よりも重要である理由を説明されたい。

10　岸田政権の「新しい資本主義」再論

幸い、２０２０年秋から２０２１年秋の総裁選および衆議院選挙にかけて、岸田文雄総理と自由民主党の有力議員をはじめ、衆参の多くの議員による勉強会や研究会が継続的に開催されていた。こうした新自由主義的な政策、投資家の保護・優遇政策に関する反省が適切に検討されていた。現政権におもねる意図はない。しかし、事実として、岸田総理は、企業は「投資家・株主のもの」という認識よりも、広く「社中」のための公器であるべきとの考えに傾倒していた。

ここで「社中」というのは、公益資本主義を提唱した一般財団法人アライアンス・フォーラム財団代表の原丈人氏が使用する用語である。一般にはステークホルダーという言葉で表される、事業を支える幅広い関係者のことであり、従業員や経営者、顧客、株主、地域、地球等、事業を支えるすべての仲間を意味する（ただし、原氏はステークホルダーは利害関係・利害対立を示唆するために、Company すなわち事業を支える仲間を意味する「社中」を使用している）。

「新しい資本主義」という用語も同氏の『新しい資本主義』（2009）から影響を受けている可能性がある。2017年11月安倍晋三総理（当時）の下で内閣府参与を務めていた原氏は、当時政務調査会長であり外務大臣を務めていた岸田現総理を訪ね、「三方良し」や「分厚い中間層」の回復を目指す「新しい資本主義を推進する議員連盟」の創立を要請している。後に原氏は「新しい資本主義」に代わり「公益資本主義」という用語を使用するに至った。岸田総理も「新しい資本主義」は公益資本主義の理念に基づいていると表明している（岸田・藤井［2022］、原・竹田［2021］、原［2009、2017］、岸田［2021］）。公益資本主義とは、①公正な社中への分配、②中長期を見据えた経営、③新規事業開拓を進める企業家精神の三本柱からなる哲学とされる。原氏の推進する公益資本主義と岸田総理の新しい資本主義の内容に乖離のあることは当然であるが、少なくともその源流において、行き過ぎた株主第一主義が引き起こした弊害に対する修正を企図していたことだけは確かである。

このことは２０２１年夏から秋にかけて行われた、岸田政権の経済政策策定にあたっての会合記録や選挙演説からも明らかである。政権成立後には数多くの案件を取り扱う必要からその本質が見えにくくなった事実はあるが、当初の基本構想は２０２１年6月に岸田総理が設立した「新たな資本主義を創る議員連盟」の設立趣旨（**図表2・12**、２０２１年6月）に最も明白に記録されている。6月11日の初会合にはいわゆる３Ａ（安倍晋三前総理・麻生太郎財務相兼副総理・甘利明自民党・税調会長（3氏とも肩書は当時））を最高顧問と顧問に迎え、１５０名ほどの議員が参加した。岸田政権が掲げる「新しい資本主義」とは、少なくともその起源において、過度の投資家・株主第一主義的な政策に対する反省と、適正分配制度を確立することによる人への投資を促進する政策である。政治的な誇張を含むスローガンであったとしても、「令和版所得倍増」を標榜して、有権者の期待や信任を獲得した政権であることを忘れてはならない。

「新しい資本主義」をこのように位置づけると、すぐに岸田政権や本書は反投資家勢力であり、ゼロ成長論で成長戦略を軽視しているといった批判が展開されるが、これは短絡に過ぎる。岸田総理以下の政府や自民党の経済政策担当幹部も、そして本書も、成長の優越性や可能性を否定しようとしているわけではない。現況のグローバル化された金融市場の合理性の下で、本邦の成熟した実体経済の運営は困難を極める。過去20年間、当初期待されたエクイティ・ファイナンスによる投資拡大型の成長は実現しなかった。そうした成長を求めて、投資家の資金やモニタリング、ガバナンス機能に期待した結果、「失われた30年」あるいは「株式市場の逆機能の20年」に甘んじているのであるとすれば、誠実な反省と、次世代に向けた発想の転換が求められる。

これをもって株式制度や資本主義の「否定」とか「終焉」であるといった極端な解釈や一般化に興じることも慎むべきである。「新しい資本主義」にしても「公益資本主義」にしても、様々な資本を活用して、

図表2・12　「新たな資本主義を創る議員連盟」設立趣旨

「新たな資本主義を創る議員連盟」
設立趣旨

令和3年6月吉日

近年、国内外において、成長の鈍化、格差拡大、一国主義・排他主義の台頭、国家独占経済の隆盛など、「資本主義」の価値が揺らいでいる。


要因の一つが「株主」資本最優先にある。

資本主義の根幹である「資本」は、本来、「固定」資本、「事業」資本、「人的」資本など、多種多様であるにもかかわらず、近年、苛烈な競争や利益第一主義の下で、「金融」資本とりわけ「株主」資本に焦点があたっている。


その結果、適切な「分配」政策の欠如が起こっている。

従業員、顧客、取引先、地域社会といった多様な主体へ適切な分配がなされず、「人」や「社会」を豊かにする資本主義の役割と寛容性が失われている。供給サイドにおけるイノベーションの重要性は論を俟たないが、同時に、イノベーションによってもたらせた利益が適切に分配され、消費力・購買力という需要サイドの強化が実現しなければ、持続的な経済成長は実現できない。

更に、資本主義の対象が20世紀型の「モノ」から「コト」へ、情報・データ等にシフトすることで、資本主義は一層近視眼化するとともに集中・独占が起こりやすくなっている。

そして、利益や効率・合理性一辺倒の資本主義は、少数意見の尊重やプロセス・説明責任の重視といった民主主義の重要な側面の希薄化にも間接的に繋がっている。


こうした現状を打破するため、我々は、新たな資本主義の形として、「人的」資本を大切にする「人財資本主義」、更に多種多様な主体に寛容な「全員参加資本主義」を実現しなければならない。

何よりも、分配政策の強化が不可欠ある。企業利益のより適切な分配、大企業と中小企業との間の分配の適正化、企業内での人的資本投資の促進、教育費や住宅費負担軽減のための支援、子育て・家庭支援の強化などを図らねばならない。また、非正規雇用の増加と賃金の伸び悩みが起こる中で、働き方改革やセーフィテネットの見直しが必要である。

同時に長期的視点に立った経営が必要である。いざというときに従業員や家族、地域社会を守ることができる資本主義でなければならない。

また、資本主義本来の多様性や寛容性を確保するため、女性活躍政策などをより一層推進するとともに、情報やデータの独占に対する適切な競争政策の実現が求められる。


本議員連盟は、こうした大局的問題意識に立ち、新たな資本主義の構築を目指す。

原則自由で多様な価値の創造・追求を擁護する立場に変わりはない。ただ、時と場合によって、少なくとも一時的に特定の社中の利害が突出するような不均衡性を伴う資本主義においては、一定の修正が求められる。今我々が必要としているのは、イデオロギー的な論争や煽りではない。資本主義や株式制度を維持するにあたっても、「6W2H」を念頭に、丁寧な調整や場合分けをして、行き過ぎた株主還元に規律を持たせ、そこで確保される資金を成長の糧となる従業員や研究開発に回す新しい制度を設計することである。

まずは「株式制度の逆機能」に対処する意味でも適正分配制度の確立を目指し、上場企業が生産する高い付加価値を海外に流出させてしまうのではなく、国内で循環するような方向修正を図る。そこから確保される資金を利用して、経営者と従業員に高い動機とやりがいを伴う所得機会を与え、これを自律的な動機づけシステムの中核に据える。グローバルな政治経済の流れに同調させる必要があるとすれば、多くのSDGゴールの中から優先事項としてゴールNO．8に注力し、「所得もやりがいも」充実させる。経営者と従業員、事業そのものの行動変容に直結するディスクロージャーを設計し、中長期的に効果・効率的な政策を策定すべきである。

こうした政策は英米および新興国における主要な経営・経済政策とは異なる。エクイティを中心とした金融資本への期待でもないし、かといって世界的潮流のSDGsを「統合報告書」等を通じて「(何でも)見える化」して、並列的、総合的に進めることとも違う。次章ではなぜ日本が独自に、日本発の新しい資本主義を打ち出していかなければならないのか、その特異性と具体的な要因を簡潔にまとめる。

第3章

「分配」戦略の前提としての「成熟経済社会」とは

前章では、日本が英米や新興国とは異なる分配政策に軸足を置く中長期の自律的な成長戦略を企図すべきことを論じた。それは、日本が成熟経済社会の深化に苦しみ、今後しばらく継続する構造的な問題に直面しているからだとした。本章ではそうした大きな構造、「成熟経済社会」とは何かを簡単にまとめて説明する。もっとも、そうした「構造」を学術的に定義することは極めて困難である。にもかかわらず、これを「簡単にまとめて説明する」にとどめる理由は何か。その理由は次の4点である。

まずは本書の瑕疵を正直に告白する。本書は「喫緊」の課題に関する出版である。そのため、精緻な理論の構築や実証に要する時間を犠牲にしている。言い訳がましいが、これは本来の筆者の研究や叙述スタイルではない。筆者自身、研究不足の罪悪感に身を焦がしながら執筆に当たった。詳細な理論や実証を必要とする研究者や論客には、「成熟経済社会」は議論上の仮定として取り扱われたい。政策提言の章まで読み進んだ後に立ち返り、この仮定に誤りがあるゆえに議論全体が無価値であると主張されるのであれば、そうした批判を受け入れる。ただ、本書では、問題の背景から政策イノベーションへのモメンタムを大切にし、「成熟経済社会」の仮定が受け入れられた場合に展開されうる政策オプションの可能性や内容の検討に重点を置いている点を理解していただきたい。

2つ目に、「成熟経済社会」を議論の前提にしたのは、これまであまり光が当てられてこなかった経済社会の「成熟度」が政策の効果に大きな影響を及ぼしうることを注意喚起する側面を重視したからであって、その前提の正否が分配戦略の重要性を否定するものではない。仮に日本が成熟しておらず、今後は難なく成長してくれるのであれば、それに越したことはない。ただし、成長経済下でも、以下に提案する適正分配制度は自律的で持続可能な成長・発展を促進するもので、成長戦略と矛盾したり何らかの価値を毀損したりするものではない。その意味では「成熟経済社会」の仮定の重要性は高くない。

３つ目に、過去30年、様々な成長論者による政策施行にもかかわらず、長期停滞が継続してきた現実を直視すれば、成熟経済社会こそ前提とされてしかるべき自明の現実であるとの見立てが成立しつつある。これを否定し、成長を前提とすべきであると主張するのであれば、その証明責任は成長論者に帰するともいえよう。なお、「株主第一主義的な経営が徹底されていないから成長しない」との主張に対しては、すでに前章までに反論した。また、政治的には、成熟経済社会ではなく成長を前提とすることが求められがちであるが、これは選挙期間中に他政党との競争で、現実的に多数の有権者の支持を確保しなければならないという政治プロセス上の要請である。本書は本書に求められる役割をしっかりと見極めた上で、そうした事情を過度に考慮する必要がない。

最後に、４つ目として、成熟経済社会の前提は筆者によるものというよりも、市場によるそれである。以下にすぐ触れるが、本邦の主要研究機関やシンクタンクが想定する今後10～20年の平均成長率は０・５％にも満たない。往々にして、経済や投資で重要な決定要因は、「事実」よりもそれを認識し反応する経済主体がどのように感じているかという「心理状態」であって、銀行・証券系のシンクタンクがこぞって低い成長率を想定しており、それがさらに悪化傾向を示しているのであれば、その想定を前提とした政策を考える必要がある。

以上より、本章では「成熟経済社会」を前提とする理由の説明に多くの紙面を費やす必要はないものと考えるが、それでも**第１章**で主張した「６Ｗ２Ｈ」の必要に呼応して、政策策定上の最低限の「条件（condition）」を明示する必要から、以下に4点をまとめて説明する。ここでいう特定の条件とは、主として、⑴準・完全競争、⑵準・需要飽和、⑶人口減少を特徴とする「成熟経済社会」であり、最後に、⑷首都圏直下型地震や南海トラフ地震や富士山噴火なども合理的に予想される自然災害の多い地勢における経営・

経済環境についても触れる。

1　準・完全競争

まず、本書において「準・完全競争」とは、地政学上、比較的に独立性が高く、狭小な産業立地条件の中で厳しい競争が継続したために、消費者にとっては全体として質の高い財・サービスが低価格で提供される有利な環境であるが、生産者にとっては価格低下圧力が強く、超過利潤が得られにくい完全競争的な経営・経済環境である。もちろん個々の企業や産業ベースで短期的に超過利潤を獲得する機会は常に存在するから、「完全競争」ではなく「準・完全競争」という用語を用いている。

ミクロ経済学の基礎を修めた者であれば、まず理論的な完全競争状態をイメージしていただきたい。すなわち、市場参加者の効用が高い状態であること、特に消費者にとっては質の高い財・サービスが安価に入手可能であること、しかし生産者にとっては超過利潤がゼロに近く、それが安定してしまう厳しい経営環境である。ここでは、日本が完全競争や準・完全競争状態にあるというのではなく、高度成長やバブル経済を超えて、完全競争的な環境に近づきつつあるという、大きな方向性や歴史的な流れのことを指している。

もちろん、企業はイノベーションを通じて新たな利益機会を求め、あるいは海外に新しい市場を求めることで、完全競争的な困難を乗り越えようとする。事実、現在の日本企業で高い利益を獲得しているのはこうしたイノベーションに成功し、国際的な事業展開に成功した企業群であることはよく指摘される。

それでも、例えば国際協力銀行による最新の調査では、海外現地法人を3社以上（うち生産拠点1社以上を含む）を有する企業でさえ、海外売上高比率は35％程度にとどまる（国際協力銀行、２０２１）。さらに、今後中国やインド、東南アジアなどの新興国の財・サービスの生産性が高まれば、海外戦略は一層厳しさを増すことが予想される。同調査は実際に日本企業の海外事業縮小・国内事業拡大傾向も実証している（同15頁）。今後５～10年のマクロ経済政策を考える上で、本邦企業の主たる販売市場が国内であることを誤認してはならない。あるいはそれを想定した上で、経済社会政策を策定しなければ危険である。

再度注意喚起するが、もちろん個々の企業や産業単位、特定の短い期間においては超過的な供給拡大・利潤獲得の機会は発生する。ミクロの経営においては、それを信じて経営努力を続けずして事業は成立しない。しかし、本書において日本の経済社会政策を論ずるにあたって対象としているのは、マクロ経済社会という単位、そして中長期（５～10年を想定）という単位における傾向や趨勢である。よって、こうした単位における環境や条件を概観すれば、準・完全競争状態が高まり、企業の超過利潤機会が逓減している現実を前提として、政策策定を試みる必要がある。

このように述べると、大抵の場合、「（低成長を打破するため）生産性を向上させる必要がある」といった主張がなされるが、これはその具体的方法を指示しない限り、「問題解決をしなければいけない」とだけ言っているのとほぼ同義である。こうしたトートロジーはかえって安易な生産性向上策を推進し、問題の悪化を招く危険性さえある。

例えば、政府が企業に給与・賃金の引上げを求めると、企業は「労働生産性の向上が前提だ」と回答する。政府はこれを認めがちであるが、**図表3・1**に示した労働生産性の定義が示すように、労働生産性を向上させる安易な方法の1つが、大規模な人員整理などにより分母の人件費を下げることである。これによって1人当たりの人件費は上昇しうるし、短期的に営業利益は上がり、労働生産性も上がる。しかし、

図表3・1　労働生産性・GDP・所得格差

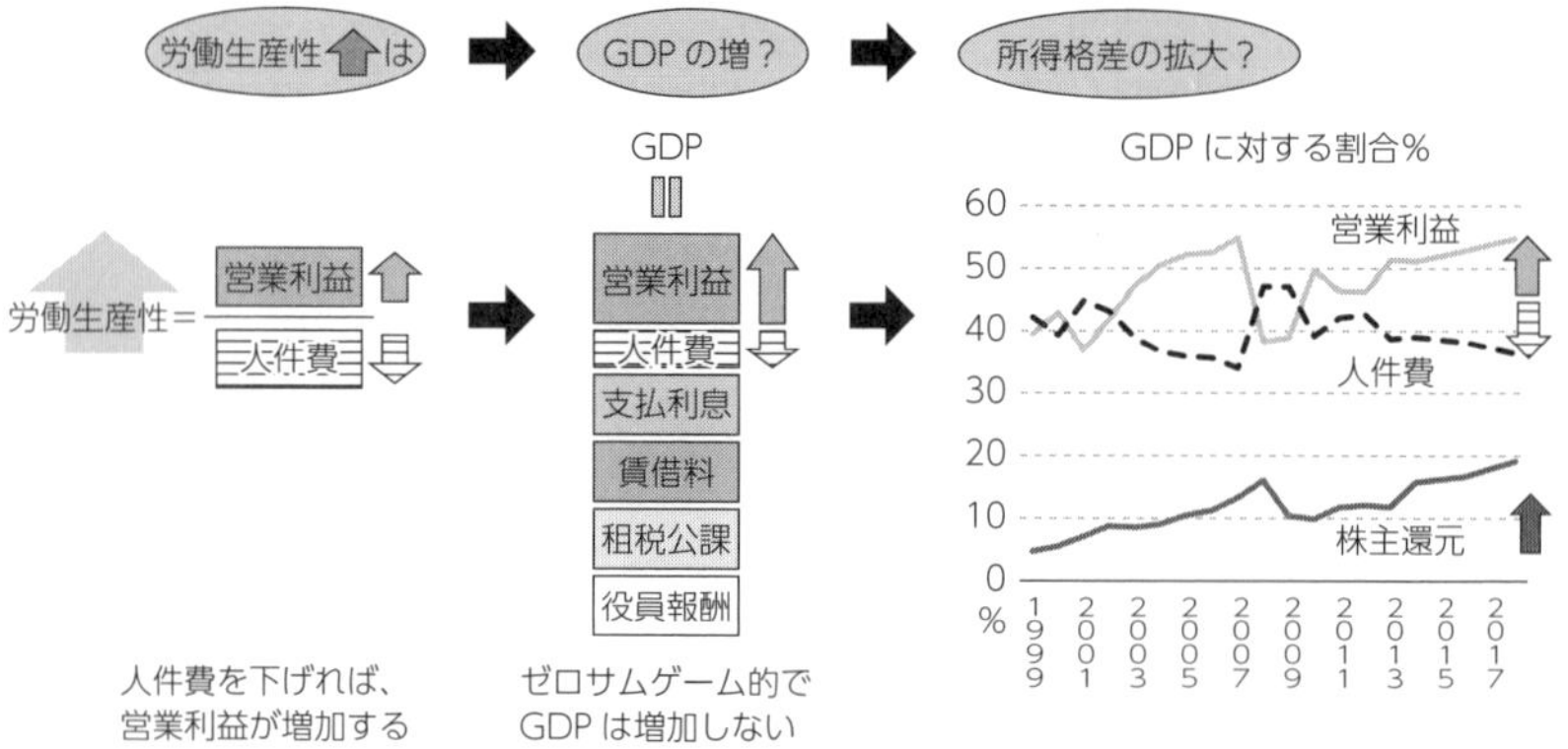

（出所）Financial Questを利用してスズキ研究室が作成（全上場企業1999年７月決算～2019年６月決算を年度区切りで加工）

この行動をＧＤＰ（マクロの付加価値合計）の観点から見直すと、人件費の減額と営業利益の増額が同じであれば、ＧＤＰは不変である。それどころか、そうした経済の内部で起こっていることは、付加価値の分配先の移転である。すなわち、従業員から株主への所得の移転が起こり、所得格差の拡大につながる可能性が高い。さらに詳細な分析が必要とされるものの、法人企業統計に基づく営業利益、人件費、株主還元のＧＤＰに対する割合を観察すると、このような所得移転が実際に起こっている可能性が高い。図表中のグラフが示すように、営業利益と人件費の反比例性と、営業利益と株主還元の比例性は明らかである。

　そうすると、必要なのは、人件費を下げずに営業利益を上げる方法の確立であり、真の成長戦略である。この地道な努力、そしてその努力を可能ならしめる現実的で具体的な施策なくして社会的に望ましいＧＤＰの増加は見込めないということである。その具体的方法については**第4章**で提案するが、まずこの段階では、準・完全競争的な環境は消費者には有利な環境であるが、生産者・

企業には困難で打開の難しい状況であることだけ指摘しておく。そして、この傾向・趨勢は次節以降で述べる「準・需要飽和」や「人口減少」によって一層助長される。

なお、2022年2月に内閣府より公表されたいわゆる「ミニ白書」(『日本経済2021－2022―成長と分配の好循環実現に向けて―』)の第2章「成長と分配の好循環実現に向けた企業部門の課題」(54頁以下)でも「2009年度以降の収益性の改善には人件費や設備投資の抑制が寄与」と筆者と同様の分析や解釈が採用されるようになってきているのは注目に値する。

2 準・需要飽和

本書において「準・需要飽和」とは、以下の経済社会環境を指す。戦前・戦後の需要は、1950年代に入ってその多くが満たされるようになり、1960年代以降は一定の奢侈財に対する需要も十分に満たされるようになった。1980年代には多くの「無駄」とも思われる消費が蔓延し、バブル・エコノミーと呼ばれ、1990年以降はかつての貪欲なまでの消費傾向が薄れ、「失われた30年」と呼ばれる売上の停滞が観察されている。先の準・完全競争的な状態と相まって、市民の大半は潤沢な消費財やサービスを比較的安価に享受できる環境が整った。

しかし、この事実は「さほど高いお金を出さなくとも高品質の財・サービスを享受できる」という意味においては、金額単位では財・サービスに対する需要を抑制する圧力へと転化した。2000年代、さらには2010年代に突入すると長期経済停滞と連動する給与の低迷により、需要低下圧力は一層高まっている。かつての「質の高い財・サービスを安価に享受できる経済社会」感は薄らいできている。

もっともこれは、よく指摘されるように拡大傾向にある所得格差問題を勘案して解釈すべきである。本書が主たる読者層として想定する上場企業の多くの従業員は、今のところ安泰であり、日常生活に関する満足度は一般に高止まりしているかもしれない。それでも低所得層化しつつあるかつての分厚い中間所得層が、徐々に「質の高い財・サービスを安価に享受できる経済社会」を感じにくくなってきていることは想像にかたくない。本書が危惧するのは、まさにこうしたかつての分厚い中間層の低所得層化である。これが本格的な傾向となり、多くの市民の生活が困窮する前に、長期的に自律的で持続可能な発展のための制度設計を進める必要がある。

本節では上記の歴史的変遷をさらに単純化した上で、成熟経済社会における「利益」と「消費者の主観的幸福感」の関係について触れておきたい。**図表3・2**を参照した上で、例えば、1960年代に電気洗濯機やテレビが一般消費者市場にはじめて登場した環境を想像してみてほしい。この時代の「利益」(消費者物価指数で調整した実質単位当たり)にまつわる「消費者の主観的幸福感」は現代のそれに比較しておおむね高かったことが想像されよう。例えば、一般消費者向けテレビがはじめて市場に登場したとき、家電メーカーが一定の「利益」を確保したとしよう。そして現在は、同社が4Kテレビから8Kテレビへの乗換え需要を掘り起こして、同じレベルの「利益」を確保したものと仮定しよう。このとき、70年前に消費者が感じた主観的幸福感は、おそらく現代と比較にならないほど大きなものであったろう。あるいは1964年に新幹線が開通したときの喜びと、今から10年内にリニア・モーターカーが開通するときの喜びを単位当たり利益で比較してもよい。

筆者はこの現象を「主観的幸福感逓減の法則」と呼んでいるが、難しいことはない。一般に生活必需品・サービスがはじめて消費されたときに得られる主観的幸福感は、バージョンアップされたものや奢侈財・

図表3・2　主観的幸福感逓減の法則

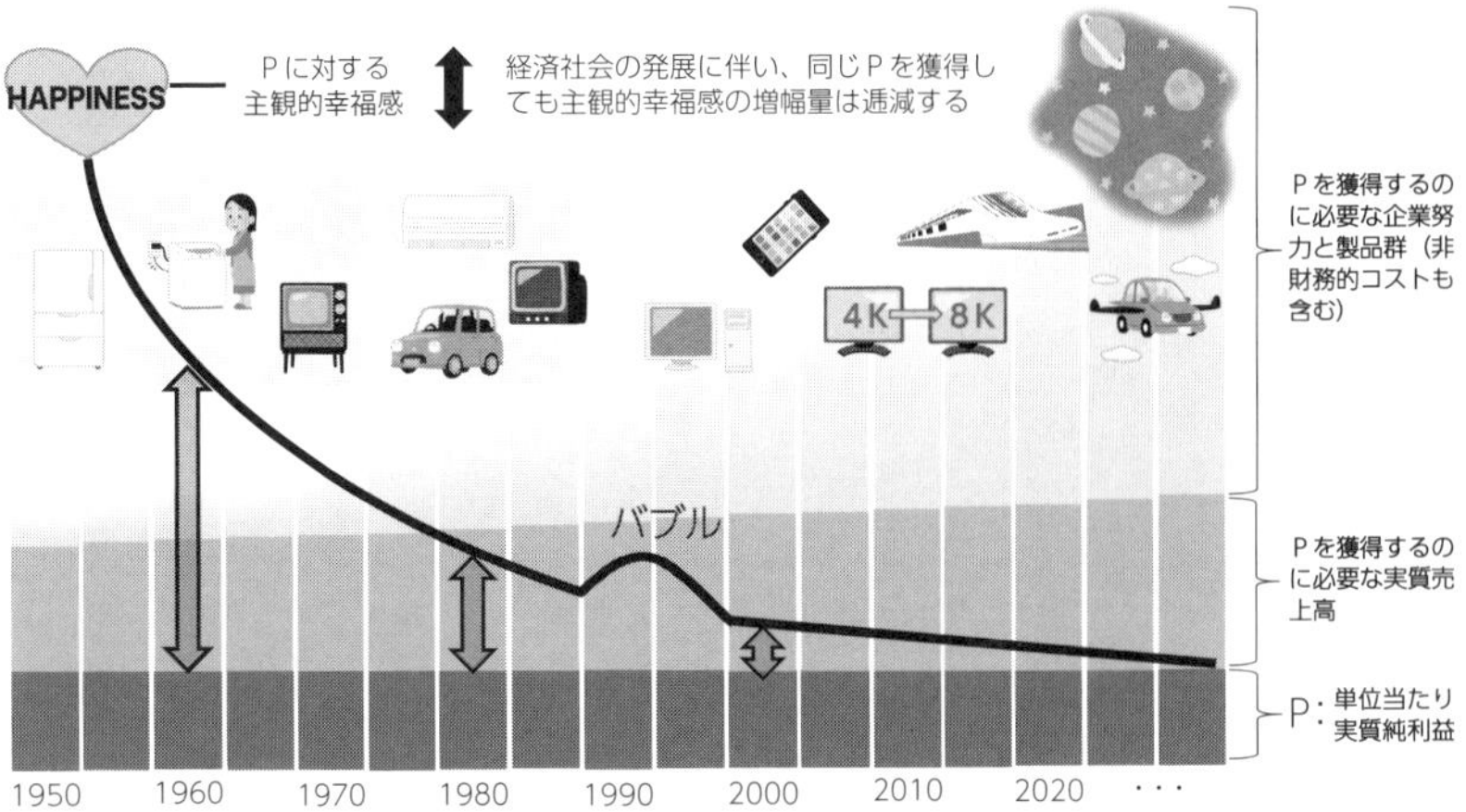

（出所）スズキ研究室

サービスから得られる幸福感よりも高いことを表現しているに過ぎない。とするならば、経済が発展し、そこで生産される財・サービスがより奢侈財・サービス化するにつれて、消費者の主観的幸福感は逓減する。換言すれば、その意味において「利益の質」が逓減する。

ここで注意すべきは、「主観的幸福感逓減の法則」が問題となるのは、単に消費側の需要が徐々に減少するからだけではない。それよりも利益の質の逓減により、生産者側、つまり企業行動にネガティブな影響を与えるからである。企業は、利益で測定される業績が好調であっても、市民に与える主観的幸福感が高まっていないことを感じている。例えば、電機メーカーや自動車メーカーの多くは、定期的なマイナーモデルチェンジを繰り返すことによって利益を確保しているが、そこで創造される主観的幸福感は、生活に本質的・不可欠であるというよりは、徐々に奢侈的、表層的、場合によっては無駄・浪費へと変化していることを知っている。企業の役員や開発担当者、広告担当者、営業担当者らはそれを知りながらも、できるだけ高い価格で販売する努力を重ねざるを得ない。

本来は1960年代のように、生活を根本から変えるような財・サービスを開発し、広告し、販売することが望ましい。実際にそのように経営努力はしているが、経済発展を遂げれば遂げるほど、それが困難になるのが一般法則である。自らが提供する財・サービスが消費者の主観的幸福感を高めないことを知りながら、企業の利益のためにとノルマが課されれば、従業員の士気は低下する。営業上はそうした感覚を意識・無意識に押し殺して事業を遂行しているが、実は「利益」の意味を懐疑し、仕事に関するやりがいやプライドが逓減していることを感じている従業員は多い。こうした傾向はSDGsが盛んに叫ばれる環境では一層助長される。かつて「利益」は、経営を推進する強い動機づけシステムとして機能していたが、「利益の質の低下」を原因としてその機能を歴史の中に失いつつある。

こう説明すると、空飛ぶ自動車や宇宙旅行など、市民の生活を再度根本から変えるイノベーションを例に挙げて反論を試みる向きもあろう。この点については議論が必要な部分であろうが、本書はこうした類の需要の掘り起こしでは、現代人の主観的幸福感を大幅に増進することは困難であるように感じている（Diener & Biswas-Diener, 2002）。さらに、こうしたイノベーションが起きるタイムフレームは10～20年を超えるものであろう。本書が対象とする経済社会のサステナビリティの時間軸を超えている。

別の論者は、GAFA（グーグル、アマゾン、フェイスブック（現メタ・プラットフォームズ）、アップルの頭文字を取った略語）などの高収入・高利益率企業を例に、こうしたイノベーションを目指すべきだとの主張をする。しかし、ここでも「利益の質の低下」に関して同様の指摘を行うことができる。また気を付けるべきは、こうした個々のケースの成功は、マクロ的には「合成の誤謬」を引き起こしている可能性がある。さらには、こうした成功が、英語という国際言語や人口増加という運とか外生的要因といったものに支えられたものである可能性も否定できない。今後の分析を必要とするものの、現時点で、本節では安易な海外成功事例に誘導されるような政策には注意が必要であることだけ指摘しておく。

本節の小括としては、前節の準・完全競争下の経営に引き続き、準・需要飽和下の企業経営の一層の困難性を再認識することが肝要であることを強調した。準・完全競争により価格低下圧力が高まり超過利潤や利益が獲得しにくい環境があることに加え、準・需要飽和状態ではそうして苦労して獲得された「利益」に魅力を感じづらくなってきている。準・完全競争と準・需要飽和が相まって、利益の増幅が幸福感の増進につながらないのであれば、かつて利益を動機として循環していた経済がそのインセンティブ・システムの基礎を失うこととなる。**第4章**を少し先取りすると、本書は、このような「利益」に代わり、「付加価値」を指標とした新たな財務諸表が、今後の経営・経済を牽引する制度として機能することが可能かどうかを検討する。

本章の議論の粗略さについては事前に告白した。学術的には「主観的幸福感」などの定義は最低限の必要条件であり、本書には、そうした学術的な見地からの基礎的資質が欠如していることは誠実に認めたい。しかし往々にして、公共政策や制度設計で大切なのは、厳格に測定される定量的事実よりも、市民の日常で感じられる共感的事実である（Scott, 2009；Ghisleni, 2017）。本節が一定レベルでこうした共感的事実の再構築に成功していれば、一応の役割を果たしたものとして考え、ここでは次節に進みたい。

3　人口減少

準・完全競争と準・需要飽和によりもたらされる景気の低迷を、「人口減少」がさらに悪化させることは想像にかたくない。マクロ経済学における成長会計の基本モデル上、人口は成長の主たる要因として、常に他の資本と並び一大要素であると認識されてきた。2019年にノーベル賞を受賞したマイケル・クレーマーは、超長期で、全世界的単位で見た場合の人口増加に伴う経済成長を実証している（Kremer, 1993）。これに対し、吉川洋・東京大学名誉教授は、日本で人口減少が進み、働き手や消費者が減っていく事実をもって衰退は不可避という見立てに対し反論を述べている（吉川，2016）。

ただし、クレーマーにしても吉川にしても、人口増加や減少そのものよりも、そうした変化に伴う生産設備や技術革新の変化に注目して、結論を導き出している点は同様である。吉川の場合は、人口減少がもたらす種々の変化が、高いイノベーションのトリガーとなり、人口減少による影響を補って余りあるプラスの効果を期待して経済成長の可能性を予見している。本書も、生産設備や技術革新の重要性については異論なく、**第4章**ではそうした効果が発現するような制度設計を検討したい。しかし、人口減少の直接的影響については、消費人口や生産人口の低下を通じて経済成長にマイナスの効果を与えることはまず間違いない。

さらに、本邦のGDPについて、グローバル化された金融経済の中で検討するにあたっては、その「成長」や予想成長率の解釈は、国内の絶対的なデータとしてではなく、国際的な比較データとして考える必要がある。なぜなら仮に日本の人口成長やGDP成長がプラスであったとしても、グローバル化された金融市場における投資家は、より高い成長率を持つ国への投資を選好するからであり、この差こそが投資や経済的な帰結を生む大きな要因だからである。その意味でも、日本の「成熟経済社会化」をより注意深く認識した上で経済政策を策定する必要がある。

ここで一般に誤解の多い事実について触れておく。それは、英米においては人口減少による経済停滞は

図表3・3　人口とGDPの推移

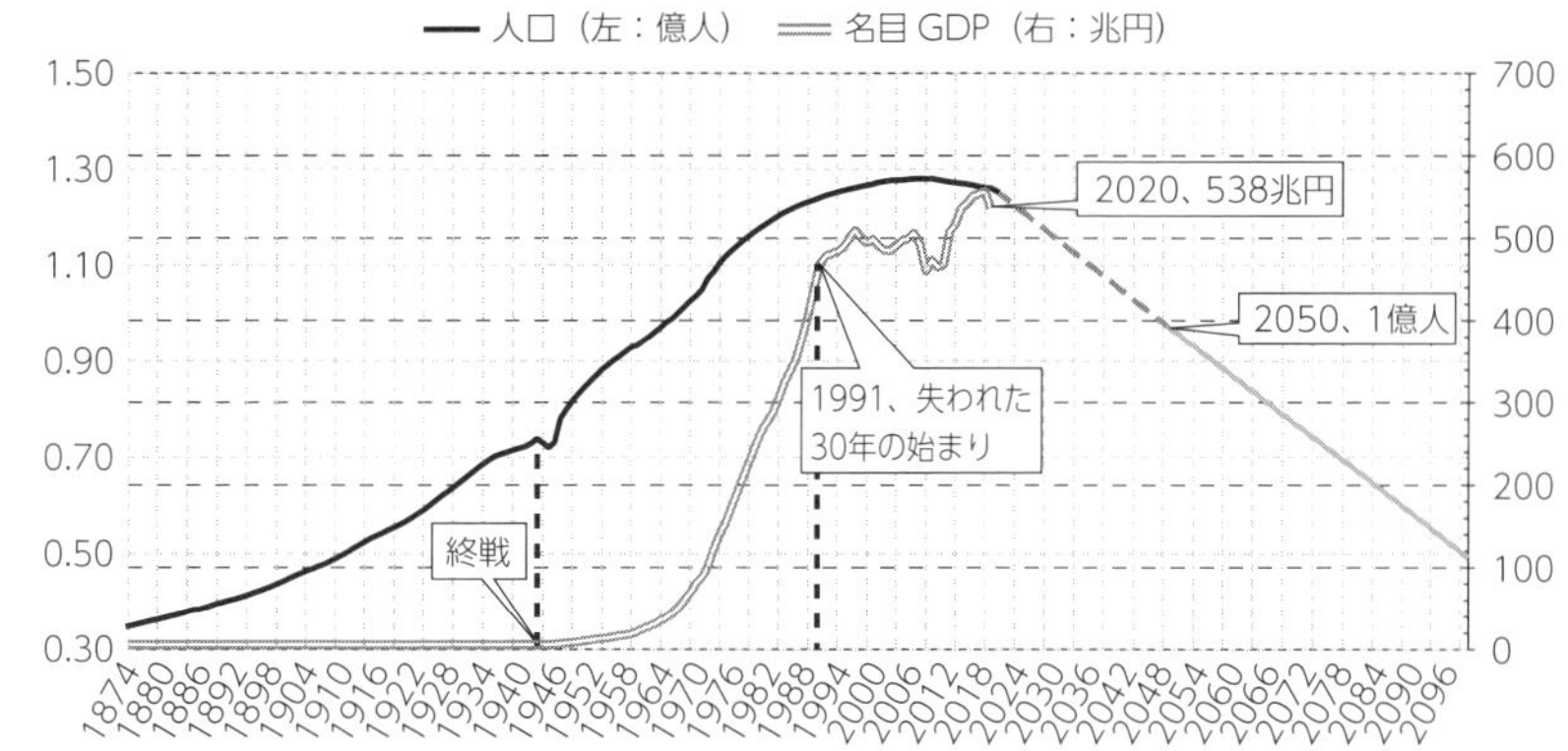

（出所）「人口」は総務省統計局「人口推計」、「名目GDP」と「実質GDP」は内閣府「国民経済計算年次推計」よりスズキ研究室が作成

想定されていないということである。日本の長期景気停滞を経済社会の成熟化とか人口減少などと結び付けて説明すると、それは欧米でも同じであって説明になっていないといった印象を持つ読者が多かろう。これは誤解である。事実は、英米においては主として言語的な利点に起因して、今後50年も100年も人口増加が予想されている。もちろん、中国でも今後10年間は人口増加が想定されているし、インドにおいてはピークが2060年ごろに訪れると予想されている。すなわち人口動態に関して日本は極めて不利な条件に直面していることは間違いない。

そして**図表3・3**を参照すれば、その人口変動の不利な影響が発現するとすれば、今後10年から20年の間に大きな影響が現れうることは十分に予測されよう。2021年以降の人口の予想推移は総務省の人口（中位）推計を参考にしているが、直近のデータでは、これよりも速いスピードで人口減少が進む可能性が指摘されている。「準・完全競争」の節で触れたように、日本企業が生産する財・サービスの主たる費消地は日本国内である。その意味では、日本の経済成長の可能性はより保守的に判断されて当然であろう。

このグラフをここに示す意味は、10年後の2030年、20年後の2040年を越えて、本邦のGDP成長率がどのように推移しうるか、鳥瞰的で注意すべき現状認識を共有することである。本書は先の吉川（2016）の議論を否定する意図はない。生産を効率化するイノベーションは起こりうるし、消費を刺激するイノベーションも起こりうる。また低成長あるいはマイナス成長とならないために政策を策定するのが政府の役割であることも疑いない。しかし、そうした政策を策定するために、まずは現在のままでは極めて低い成長率、あるいはマイナス成長が想定されることをまず読者と共有したいのである。

さらに、本書が強調したいのは、そうした予想を我々が心に描くか否かにかかわらず、合理的な機関投資家や株主が依拠する多くの研究調査機関のレポートでは、すでに共通して低いGDP成長率を予想・公表していることである。**図表3・4**は主要研究機関・シンクタンクの長期成長率予想の推移である。もちろん各機関ともに、理由に細かな違いはあれ、一般に低い成長率を予測しており、そのトレンドも悪化傾向である。唯一例外的に内閣府による予測だけが高い値を想定しているが、これを除いた研究機関の平均成長率は2030年には0・3%程度にまで落ち込む。先に述べたように、大切なのはこの値がプラスであるか、マイナスであるかではなく、グローバル化された金融市場において、十分魅力的な数値であるか否かである。

こうした背景を説明すれば、本書が、英米で主流のエクイティ・ファイナンスをベースとした経営・経済制度設計を模倣したり追従しても「株式市場の逆機能」が継続・拡大する可能性を危惧する理由が明らかであろう。英語圏では成熟経済社会が問題視されず、よって本書が問題とするような経済環境も政策も議論されていないのは自然である。潜在的成長率が比較的高く保たれている状態では、従来の投資成長型

図表3・4　機関別の経済成長率予測

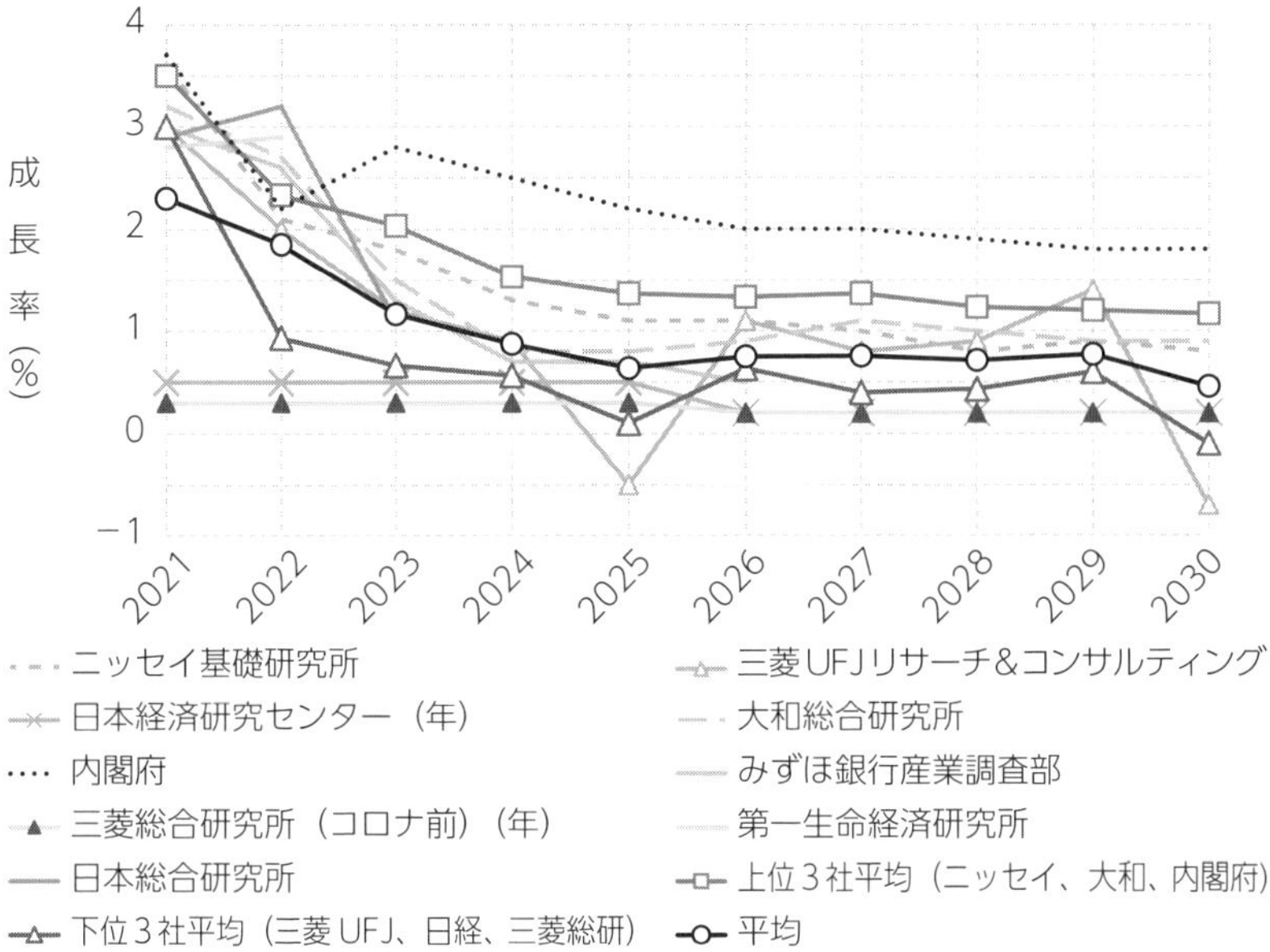

（出所）各機関の公表成長予想統計を使ってスズキ研究室が作成

の議論や政策が中心となって存続するのは合理的である。

欧米で議論される学術的あるいは政策的議論の輸入に終始することが多い日本で、非英米的な政策を推進することに対する戸惑いは理解できる。しかし、英米の逆を行くから日本が後退するとの判断には合理性がない。英米とも新興国とも異なる成熟経済社会化を深める日本こそ、その特殊な環境や条件を正面から受けとめた上で、有効な政策を進める必要がある。安易な国際比較や英米追従型の政策から脱却し、日本発の経営・経済体制を築く必要がある。

岸田総理が「新しい資本主義」を説明する際、世界に「日本発の経済モデルを発信」していくとする真意はここにある。現行の「資本主義の問題点を解決するしかけを組み込み」、「日本発で問題意識に応えるモデルを訴えていきたい」(岸田総理発言、2022年1月9日放送・BSテレ東「NIKKEI　日曜サロン」)：「日本発の経済モデルを発信」)との意思表示は、本節で説明した背景および問題点を意識してのことであろう。人への分配がマイナスのイメージを伴う費用(＝人件費)として情報公開されるのではなく、**第4章**で提案されるような、所得増による士気ややりがい、イノベーションの可能性といったプラスのイメージを想起させる形で開示されるディスクロージャー制度、財務会計制度の構築を意図しているのである。そして、ここでの議論は、日本国内のことだけではない。20年後に日本よりも深刻な成熟経済社会化の懸念される中国やインドでも参考とされるモデルとなりうる。それが「日本発の経済モデルを世界に発信してゆく」という意味である。

4　大規模自然災害などに起因する危機管理の必要性

本章の最後にもう1点付け加えたい。これは通常の経済論議や先の経済成長予測にはほとんど含まれることのない論点であるが、本書では重要論点として加筆したい。それは、本邦は他国に見られないほど大規模な自然災害の多い国であり、そうした有事に対する備えを蓄える必要があるという事実である。2011年の東北地方太平洋沖地震や津波は言うに及ばない。政府は、今後も首都圏直下型地震や南海トラフ地震、富士山の噴火などが合理的に予測され、莫大な経済社会コストが発生することを想定している。

本書は、企業においてもこうした事態に自律的に対処できるだけの制度上の手当を講じるべきとの立場である。現行制度はこうした損失リスクの合理的な見積りが困難であることを理由に、積極的な引当金計上をすすめていないが、マクロ経済社会政策と整合的な制度を推進すべきである。

本研究の延長線上で、地方都市の小規模企業を視察した時のエピソードを紹介したい。決して規模や技術上の革新性の高い企業ではないが、経営トップの従業員への思い、ウェルビーイングの推進は格別なものがあった。大規模災害の想定されるこの国で、実際にそれが起こった場合に従業員やその家族が頼るのは、もちろん国や地方自治体もあるが、毎日一緒に働く仲間であり会社であるという。その観点から、新社屋を建設するにあたり配慮したのは、災害時にはすべての社員の家族が長期に生活可能なスペースを確保することであったという。もちろん、こうした災害対策や従業員への手当をすべての上場企業に求めるなどということを示唆しているのではない。ただ、この企業の社員の明るさが忘れられず、そこには従来の利益最大化や高配当経営では到底かなえることはできないレベルの、社員のウェルビーイングへの配慮があった。特に、国民の心の傷が深くなる大規模災害に対する備えを必要とするとき、この小企業に学ぶべき1つの経営モデルがあることを実感した。

第1章で、本書は上場企業、連結ベースで1、700万人を対象とした議論を展開すると述べた。これに対し、日本の労働人口の大多数は中小企業に働き、生活の基盤を持つ者である。そうした中小企業に対し、利益率が低い、生産性が低いとし、M&Aを通じた合理化を推進する議論があるが、注意深い考察が必要である。大切なのは利益や金額表示の生産性指標ではなく、付加価値であり、ウェルビーイングである。次節では利益と付加価値の違いについて触れ、本章をまとめる。

5　まとめ：「利益最大化」から「付加価値の最適分配」へ

本章を総括するに、成熟経済社会のデメリットや自然災害のリスクを素直に受け入れれば、日本は国際的に極めて特殊な環境に置かれている。こうしたローカルな特殊性をよそに、経営・経済に関する基準や規制はグローバル化・標準化が進んでいる。

日本は一般に国際化を信奉し、英米の制度の輸入に長けているが、そのプロセスにおいては積極的な国際協働や修正適用に後ろ向きである。国際化は往々にして英米主導で、日本はその模倣であることが多い。1990年代の小泉政権下のサプライサイド・エコノミクスにも似たような側面が観察された。

小泉政権発足当時の政策の意図は理解できる。戦後から1991年まで一貫して成長してきた本邦で、2000年代初めに、早急に経済を回復させる政策を打ち出すことは当然であっただろう。当時はまだ、成熟経済社会という構造的な環境変化の認知が十分に進んでいなかった。短期に経済を回復させようとするのではなく、中長期的でサステナブルな発展へ政策転換するなどという考えは一般化しなかった。当時の制度設計を誤りであったと責めることはできない。

問題なのは、その後十分な状況分析や反省を怠って、長い時間を過ごしてしまったことである。成熟経済社会の深化を十分に認識することなく、投資家・株主の権利を保護・優遇し、利益や配当の最大化を後押しする政策を続けてしまったことである。現在でもROEや配当の高い企業経営が健全で、そうした企業がマクロ的にも経済社会の運営に好影響をもたらしているといった印象の中で政策運営が続けられている。売上が頭打ちになるという構造的な問題に対する認識が遅れる中、利益最大化行動やROE経営が「株式市場の逆機能の20年」を引き起こすのは必然で、このアポリアに対する認識が欠落している。

「でもROEが高くて、給与とか（R&Dとか）が増加している国もありますよね」、とは、2021年7月、自由民主党内の有志の勉強会で、現在岸田政権の経済政策で最重要ポストを担う議員が発した質問であった。しかし、同議員は、筆者が回答すると同時、異口同音に自答した。「それは成長しているからですよね」。経済に理解のある議員らは、皆合点がいったかのように深くうなずいた。

第2章の図表2・1で1960年から1991年まで、売上が伸びる環境では従業員、事業そのものも含め多くの事業関係者への分配が増えていた。成長が期待された時代には、「株主に帰属する付加価値」＝「利益」のさらなる拡大のために、他の事業関係者への分配も増やすことで全体のパイを大きくする戦略がうまく機能していた。その時代には、利益を増やすことが他の関係者への分配を増やすことにもつながっていた。しかし、マクロ構造的に売上が頭打ちになってしまった状態、成熟経済社会では、利益を短期に、無思慮に、最大化しようとすれば、他の事業関係者への分配を減らさざるを得ない。これが株式会社制度の逆機能の20年の本質である。

ここでまた、「いや、そもそも売上が頭打ちとなっていることを前提としていることが誤っている」という議論を始めるのであれば、もう一度確認してほしい。その議論は幾度となく繰り返されてきたし、結果として売上を上げることができないでいる。上がっているのは、利益と株主還元である。本書のポイントは、仮に売上が上がらずに、利益や株主還元が増加する構造が定着し、経済社会にひずみを生んでいるとすれば、それをどのように解決すべきかという問いに答えることである。

株式会社制度や株式市場制度は、経営・経済の成長を前提としてはじめて国民全体を豊かにしうる制度である。しかし今や、日本は容易に成長しうる環境にない。そうした成熟経済社会環境にもかかわらず投資家・株主の自由や権利を保護・優遇する制度を推進すれば、短期利益最大化と価値の社外流出を加速する可能性が高い。これが筆者の見立てであり、国際的にも異色の問題提起であり、本書を通じて世に問うている解釈の可能性である。今日まで、株式会社制度や証券市場制度については、こうした方法論的懐疑や理解が十分に浸透していなかったことを危惧している。

無理もない。一般に「利益」を問題視する者はいない。「利益」と「付加価値」の違いを理解した上で、利益最大化というミクロ政策と、付加価値の最大化というマクロ政策の間の不整合を問題視する知性が醸成されてこなかった。株式会社計算制度上、「利益」とは株主に帰属する付加価値に過ぎない。今後は、ステークホルダー全体の付加価値が安定して発展していくように制度を設計する必要がある。成熟経済社会環境においては、ミクロの政策の追求（＝利益最大化）がマクロの政策の効果（国富やウェルビーイングの増進）を減殺する「合成の誤謬」を伴うことを理解して、これまで英米を主体に育まれてきた資本主義に関する知見を修正していく必要がある。

本邦だけではない、資本主義世界のどこで「利益」を真正面から問題視したであろうか。四半世紀後には中国もインドも日本と同様に成熟経済社会化の困難に直面する。世界に先駆けて成熟経済社会化の先端を走る日本こそ、「新しい資本主義」をリードし、新しいルールの下での競争や共生の道を探るべきである。

第4章では、もう一度ＧＤＰ（付加価値の合計）と利益（株主に帰属する付加価値）の関係性の整理から説明を始め、新しい会計と新しい経営によるサステナブルな経済社会創造のための政策を提言する。いよいよ解決に向けて、新しい資本主義の下の新しいアカウンティング政策を説明する。

第4章

DS経営・経済モデル：「付加価値分配計算書」の活用

第2章で、日本企業の売上の伸長が止まった1991年以降、役員や従業員に対する給与・報酬が低下し、研究開発費も伸び悩んでいる中で、2000年代初頭からは、利益と配当だけが続伸している事実を指摘した。その主たる原因の1つとして、成熟経済社会化してもなお、投資家・株主の自由や権利を強化するサプライサイド・エコノミクス政策が採用されてしまったことを挙げた。**第3章**では、その前提とされる成熟経済社会の特徴を「準・完全競争」、「準・需要飽和」、「人口減少」とし、これらが構造的で安定したものであることから、日本は今後も容易に成長しうる環境にはないことを説明した。ただし重要なのは、実際に成長できるか否かが問題なのではなく、投資家・株主がどのように予想しているかが重要であることも指摘した。金融・保険・証券系シンクタンクのすべてが共通して悲観的な予測を公表しており、これが投資家・株主行動に大きな影を落としている。さらに、今後、自然災害の発生が予想される本邦においては、早急に必要財源の確保に努め、中長期的に自律的で持続可能な発展を目指すべきことを論じた。こうした状況に鑑み、本章では、大きな発想の転換を伴う政策オプションを検討する。

1 「成長戦略」と「分配戦略」

ここにいう発想の転換とは、従来推し進められてきた成長戦略とは別に、これまでほとんど注目されることのなかった「分配戦略」に焦点を当てることである。これは成長戦略と背反するものではない。また成長戦略を中止することも意味しない。それよりは重点や順番の見直しの意味合いが強い。従来、成長戦略は、主として財政投融資に依拠したケインズ的な需要管理により推進されてきたが、その財源は限られていたし、十分な乗数効果またはトリクルダウンは発現しなかった。そこで、以下では上場企業の適正分配メカニズムの改革を検討する。

こう論ずると、多くの場合、「成長なくして分配なし」という成長先行論をもって反論がなされる。しかしこの主張は多分に誤解を含むことはすでに指摘した。「成長」と「生産」を混同してはならない。日本は1980年代までに高度成長を遂げ、毎年十分に高いレベルの付加価値を生産し続けている。分配するのは、変化分としての「成長」ではなく、生産される付加価値全体である。その付加価値の多くが投資家・株主へ過重に分配されているために、役員や従業員、事業に対する分配が不足しており、次世代のための投資につながらず、長期の停滞を引き起こしているとの見解も繰り返し述べてきた。

そうすると今度は、「日本企業の株主還元は米国のそれに比べて低い」との論が展開され、より多くの配当や自社株買いが行われるべきことを主張する者がいる。これに対しては少なくとも次の4点を指摘する。

第1に、すでに指摘したとおり、配当性向だけでなく、有配率も勘案すれば、日本の上場企業の株主還元は十分に高い可能性がある。もっとも、米国と日本では証券市場における主要な株主還元策も、原資も、期間も、タイミングも異なり、単純な比較は誤解を生むばかりである。そもそも、我々は米国の経営・経済政策を論じているのではない。仮に「日本企業の株主還元は米国のそれに比べて低い」という事実が真であったとしても、単純な国際比較を理由に「日本でも株主還元を高めるべきだ」という結論を導くのは合理性を欠く。

第2に、仮に新自由主義的政策をさらに進めよという主張であれば、まず、過去20年間そのような政策を続けながら経済は停滞したままで、市民の生活も豊かになっていないという事実に関する説明責任を果たすべきである。その上で今後の成長なり国民生活の改善なりのシナリオを示すべきである。成長しなかった理由を「投資家や株主を重視した経営が徹底されていなかったから」とするのは論拠が薄弱である。投資家・株主による資金提供機能が明らかなパッシブ化、短期化傾向にあることや、実質的なモニタリング機能・ガバナンス機能が低下していることは周知の事実である（『成熟経済社会レポート』参照、特に第3章、第4章）。

第3に、現在の投資家・株主が、国民生活の維持や発展のために日々誠実に働いている数多くの従業員よりも優先されて保護・優遇されるべき根拠が示されていない。発行市場の機能しない日本の証券市場で、金融経済の受益者のためだけに金融政策を推し進めれば、実体経済は中長期的に衰退する。投資家や株主は、自身の役割の低下を認めプライドを喪失し自戒している（同『レポート』節3・2・2〜3・2・4）。もちろん投資家・株主は「カネ」を欲するが、あぶく銭を最善の報酬として欲してはいない。市民の幸福に貢献した意味ある報酬としての「カネ」であることを望んでいる。投資家・株主への還元の強化は、実体経済への確かな貢献を前提として追求されるべきである。

第4に、「利益」という「株主に帰属する付加価値」の最大化とその分配が、その他の関係者も含む付加価値全体の増加に結び付くと考える根拠が示されていない。元来、経済社会政策は、金融経済界における一部の既得権の保護ではなく、国民経済の健全な発展という総合的な目的のために立案されるべきものである。少数の投資家・株主を保護・優遇するよりも、大多数の中間層、すなわち働き手であり消費者である従業員らに焦点を当てて、ここに資金や事業機会を集中的に投入することで大きな波及効果を期待すべきである。

2　政府による「再分配」ではなく、企業の第1段階での「分配」

もう1つの発想の転換は、「分配」の原資と方法についてである。通常、分配政策というと、税収や公債発行を財源とする政府による「再分配」を意味する。しかし、本書は「企業における第1段階の分配」に注目する。その意義は次の3点である。

1つ目に、税収や公債に依拠する政府の財源は限られているが、企業は十分高い付加価値を毎年生産している（第5章のシミュレーション、総括図表5・4参照）。税収を原資とした政策には様々な制約が付きまとう。法人税率は国際的な競争もあって低下し、租税回避スキームも横行して、中長期に見て、減収傾向は明らかである。増税を求めれば、政治的な困難は不可避で改革が進まない。また増税を回避あるいは先延ばしするMMTの真偽はともかく、そうした理論の流行自体が財政のひっ迫を背景にしたものであり、政府の財源が苦しいことは論をまたない。それに対し、企業は1991年以降も継続して高い付加価値を生産しており、ここにこそ我々が従来注目してこなかった潤沢な財源が存在する。

2つ目に、各企業レベルの計算実務の改革は、マクロ政策を実施するためのミクロ・ファウンデーションの整備を意味する。マクロレベルで付加価値の合計としてのGDPの増幅が求められているときに、ミクロレベルでのGDPの小さなカテゴリーに過ぎない「利益」（＝株主に帰属する付加価値）の最大化を求めることには整合性がない。

経済成長期には株主利益を最大化するために、従業員らの給与を拡大し、士気を高め、イノベーションを生み、新規顧客開拓を進めるインセンティブ・コンパティビリティが働いていた。インセンティブ・コンパティビリティとは、個々の関係者の動機のベクトルが同方向に向いて正の相乗効果を生む状態である。しかし、全体のパイの成長が期待されない成熟経済社会環境においては、投資家・株主の取り分の増加は、他の関係者の取り分の減少を意味するゼロサムゲームとなって現れる。全体のパイが増加しないばかりでなく、所得格差の拡大を引き起こす。したがって、マクロ政策を展開するにあたっては、ミクロ・ファウンデーションとの整合性が要求される。

3つ目は、ミクロ・ファウンデーションの議論の延長線上にある経営管理や動機づけに関する利点である。成熟経済社会の発展や成長に大切な要素としての「ヒト」を動機づけ、士気を高め、イノベーションを起こすのは、ミクロの経営組織であり、そのためのアカウンティングである。ミクロのアカウンティングを改革するとは、生産された付加価値が、事業関係者のうち、誰にどれくらい分配されるべきかという議論に関する認識・測定・報告機能を改革することにほかならない。良好な「生産」が維持されていても、そこから得られる付加価値が適切に「分配」されなければ、自律的で持続可能な組織は醸成されない。したがって、この意味でも、企業の第1段階における付加価値の分配制度を適正化する必要がある。

3 「利益最大化」から「付加価値の適正分配」へ

分配政策を企業の第1段階で推進するコンテキストにおいて、注意を喚起しておきたい点がある。従来の財務会計においては「会社は株主のもの」という解釈の下に、「株主に帰属する付加価値」である「当期純利益」を最大化することが使命とされてきた。かつて「カネ」が希少で、その出し手としての投資家・株主が最も大切であった時代にそうしたアカウンティングが社会的に有効に機能していたことは理解できる。しかし、時代が変遷し、資金提供者よりも、士気高く、やりがいを感じながら、新しいアイディアやイノベーション、新規顧客を開拓する「ヒト」が大切となった今こそ、従来の損益計算書を超える財務諸表の開発を進める時である。

これが本書の意図する「新しい資本主義のアカウンティング」である。**図表2・12**の「新たな資本主義を創る議員連盟」設立趣旨にあるとおり、新しい資本主義とは、市民のウェルビーイングや、将来の安定、夢の実現を担う、日々働く人々を大切な資本と捉える「人財資本主義」であり「全員参加資本主義」である。新しい資本主義のアカウンティングとは、狭義には、こうした資本主義を推進するために考案されている新しい財務諸表を意味する。この財務諸表は、「利益」でも「現金」でもなく、企業の生み出す「付加価値」を誰にどれくらい分配すべきか、あるいは分配することが可能かを明示する。そうすることで、役員や従業員の行動変容を引き起こすナッジとしての役割が期待されている。本来は他の財務諸表も含めた抜本的な見直しが理想である。しかし、喫緊の政策実現の必要性に鑑み、既存の法・規則に深く根差した現行の財務諸表を廃止したり、大きく変更したりすることは想定していない。それよりも、既存のデータを組み換えるだけで容易に作成可能で、実質的に役員や従業員の所得を増やし、動機づけを図ることのできるツールとして開発を試みたものである。

ここまでを小括するに、自律的で持続的な企業経営・経済運営を可能にするには、企業は「生産機能」とともに「分配機能」を併せ持つ必要があることを指摘した。生産・販売によって生み出された付加価値を、事業関係者に適正分配することで、はじめて役員や従業員を動機づけ、研究開発等に必要な資金を確保し、自律的な好循環を発現させることができる。付加価値の帰属先を「見える化」するアカウンティングを企業レベルで徹底することは、マクロ政策実現のためのミクロ・ファウンデーションを構築することにほかならない。規模や業種業態を超えて採用されるリンガフランカ（共通言語）としてのアカウンティングを整備することで、マクロ経済社会に大規模な変化を生むことが期待される。

以下に説明するＤＳ経営モデル（付加価値計算書経営モデル：Distribution Statement Management Model）は、そうした人財資本主義の確立を企図した新しい会計の原型である。ここに「原型」としているのは、1つには検討が未熟で改善の余地があろうという意味であり、もう1つはこれを固定化されたフォームとしてすべての企業に対してこのまま適用するのではなく、企業や環境、時代の変遷によっても適切にバリエーションが考えられるべきであるという意味である。

したがって、このモデルの実装は、そうした企業の諸事情によって、容易である場合もあれば難しい場合もあろう。ただし、本書のいうアポリアによる危機的な状態に対する理解と、それを打開しようとする熱意があれば十分に実現可能であり、そうした意思こそが最も大切な成功要因である。換言すれば、役員や従業員に対する所得の増加や研究開発のための資金の確保に対する強い意思がなければ、延々と些末な議論を続けることになり、「失われた30年」すなわち「株式市場の逆機能の20年」に終わりはこない。

このモデルについてはすでにいくつかの有力企業が実装の検討を進めている。また主要証券会社や投資家側でもそうした企業への支援を検討している。このプロセスは、欧米の制度・規範を直輸入する外生的なプロセス――例えば、四半期開示制度やＩＦＲＳを強制適用するようなプロセスとは異なる。現代日本の特徴に合わせて、「6Ｗ2Ｈ」を十分検討した上で、自らの意思で民主的に導入を検討するプロセスである。

以下では、ＤＳ経営モデルがどのように機能するかを説明する。その前提として、**第2章**で確認した利益最大化行動の弊害を再認識することから始め、次に適正分配が実現した場合の効果の大きさを説明した

図表4・1　DS経営モデル

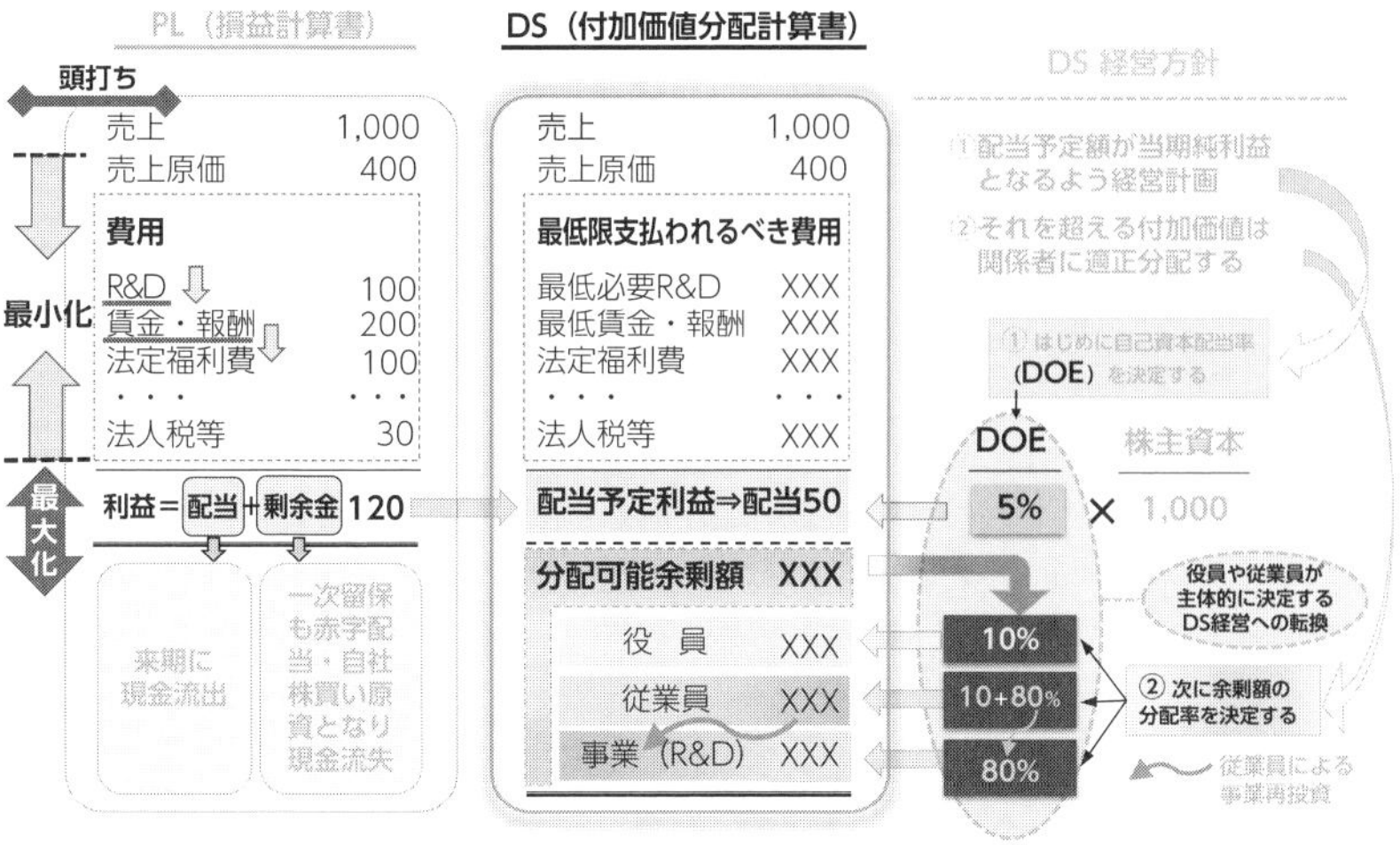

（出所）スズキ研究室

い。利益最大化経営の弊害については、一般的に共有された論点ではない。経済界でも、政界でも、学界でも、市民の間でも十分に理解されているとはいいがたい。しかしこの正しい理解こそDS経営モデルの開発や実装を進める上で極めて有効で、かつ推進力になるので、これまでに説明した事項のいくつかを再説しながら議論を展開する。

4　成熟経済社会におけるPL経営・利益最大化経営の帰結

最初に、成熟経済社会においては、これまで企業が当然の制度として受け入れてきた損益計算書をベースに置いた利益最大化経営を推進すれば、必然的に富の偏在や海外流出が起こることを図解を用いて詳説する。**図表4・1**の左のPLを参照されたい。

ここで、マクロの現状として成熟経済社会で認識されている売上のプラトー、すなわち頭打ち状況（**図表0・3**）を、ミクロの議論にも適用する。もちろん、個々の企業の経営においては売上の増加を目標として予算を組み、利益の増加を目指して日々努力する。その過程では売上と利益の間に位置する費用にも一定の増加を許容するであろう。しかし、このミクロにおける利益最大化に向けての努力や善なるものとしての売上・利益像が「合成の誤謬」を引き起こす。そうした利益最大化に向けた努力こそがマクロにおける長期停滞や機能不全という社会悪に転じうる。

もちろん、個々の企業や短期においてはそうした経営が成功をもたらす例は枚挙にいとまがない。教科書もメディアもそうした成功をモデルとして紹介する。しかし、現実は、過半数の企業でそうした努力は報われない。長期統計が実証するのは、売上が頭打ちの状態では、費用の最小化による利益の最大化が図られる構造である。増収努力が実らない中で、投資家・株主による高配当要求を拒否できないのであれば、費用を最小化して利益を確保せざるを得ない。その費用の代表的なものが売上原価（仕入先や下請企業に対する支払）であり、給与や研究開発費であるから、これらを大幅に増加することは難しい。

悩ましいのは、多くの企業管理職でさえ、この事実を明晰に認識していないことである。確かに、我々は、当期純利益は、収益からそれを獲得するのに必要な費用を差し引いた「残余（Residual Income）」であり、株主が手にする利益とはそうした優先順位の低い分配なのだと教え込まれている。等式で表現すれば「収益－費用＝利益」であるから、給与などの費用が従業員に帰属する付加価値として優先的に支払われ、株主が手にする利益とはその「残り」であるような印象を持つ。また、会社清算時の特殊なケースで、株主が回収できる財産は債権者などが財産を回収した後の残余財産のみであるという法的な建付けも、そうした認識を助長している。ただし、個々の事例や短期では、株主の利益は残余として優先順位の低いものと解釈することは可能でも、中長期では株主の利益が優先され、給与などの費用が犠牲になっている現実が理解されていない。

これを理解するために、もう一度**図表0・3**を注意深く観察されたい。長期に売上が停滞する中で、過去20年当期純利益と配当は続伸し、給与や研究開発費が抑制されている。これは収益が停滞する成熟経済下で、当期純利益が優先され、費用が犠牲になっている、すなわち「利益（⇧）＝収益（⬄）－費用（⇩）」が生じているのであって、長期的なマクロ環境を理解する上では、株主が得る当期純利益は決して残余ではない。**図表2・7**や**図表2・8**で見た赤字配当も同じ論理である。また、筆者が協働する企業には過去20年間に増収増益を続けている会社が2社あるが、そうした会社においても、売上や利益の増加率に比べ人件費の伸びは半分以下に抑えられていた（**第7章**）。今や、利益や利益剰余金の分配だけでなく、資本剰余金を原資とした配当、すなわち本来債権者を保護するために維持すべき資本を取り崩してまで配当を行うような例が増加していることも説明した。

もう1点、「利益」や「利益剰余金」の性格についても再認識されるべきである。投資家や株主は当期純利益のすべてを配当として受け取ることなく、残りを利益剰余金として企業内部に留保する。これは「事業への再投資」とみなされる。したがって、収益を高め、多くの利益を確保すれば、事業再拡大につながり、持続的な成長が達成されるとの主張がある。しかし、ここでは次の3点に注意を要する。

まず、1点目は、利益剰余金として留保され再投資されるといっても、その分の現預金が、現預金勘定とは別に用意され、それが再投資されるわけではない。利益剰余金は、すでに事業に何らかの形で使用されている。建物という形になっているかもしれないし、負債の減少につながっているかもしれない。現実にはそうした無限の組み合わせの総合であり、新たに現預金が事業に再投資されるわけではない。

2点目に、確かに、その期には利益剰余金が積み増され、事業再投資に利用されたという解釈が可能であったとしても、過去に当期純利益として確定された利益剰余金は株主に帰属する付加価値であり、株主は早晩これを回収する。特に成熟経済社会化の進む日本では、内部留保された利益剰余金の積み増しは遊休資産として罪悪視され、自社株買いや赤字配当の原資として取崩しが加速している。しかも、利益剰余金の積み増し時には事業再投資であるとして高評価が与えられるのであれば、取り崩したときにはマイナスの投資として低評価が下されるかといえば、そうはなっていない例が支配的である。それどころか株主還元を強化したとの高評価が与えられる。これは、利益剰余金を取り崩し、増配や赤字配当、自社株買いを実行するときには必ず現預金の支出を伴うにもかかわらずである。赤字配当などは、経営の難局における現金支出である。にもかかわらず、一部の主要メディアや研究者は、こうした実務を米国の株主還元率に近づく好ましい経営実務であると評価する（例えば、日本経済新聞2022年1月7日・社説を参照）。本書が懸念する事項が、メディアや教科書を通じて多くの国民に問題として共有される環境が整っていない。

3点目に、昨今、利益剰余金・内部留保の増加は政治の場面でも問題視され、これを取り崩して従業員へ分配すべきであるという主張がなされる。しかし、これは利益剰余金・内部留保の法的性格を理解していない者の主張である。利益剰余金・内部留保は、当期純利益として一度確定されたもののうち、配当に回さなかった分である。一度当期純利益として確定されたものは法的に株主に帰属する付加価値であり、これを従業員に分配するというのは株主が従業員への施しを望まない限り難しい。結果として、利益剰余金・内部留保の取崩し論が行き着く先は、自社株買いや赤字配当による株主への還元強化である。

以上は、普段我々が疑うことのない損益計算書や利益に対する方法論的懐疑である。16世紀以降、東西で継続して受け入れられてきた損益計算書とその計算に基礎を置く経営を疑うなど、常軌を逸していると思われるかもしれない。しかし、これは主要先進国の中でも例を見ない、急激な人口減少を伴う成熟経済社会を深化させる日本でこそ、はじめて本格的な議論が必要とされる問題である可能性がある。成熟経済社会のアポリアによるデメリットが支配的な市場では、利益最大化モデルを代替するモデルを開発して、もう一度事業関係者の動機を同じ方向に統制し、中長期的に持続可能な発展を目指すことが必要である。

5　DS経営モデルの導入

図表4・1の中央に位置する財務諸表は、そうした思考に基づき提案する「DS」の基本モデルである。DSとはDistribution Statement：付加価値分配計算書の略称である。このモデルには新しいアカウンティングを効果的・効率的に設計するために政策科学や制度設計学の示唆する原理・原則が反映されている。ここでいう原理・原則とは何も難しいものではない。重要なものを挙げれば、①実施が容易であり、②わかりやすいディスクロージャーが関係者の動機と結び付いて行動変容を誘発し、③そうした行動の束が全体として、合意された社会目標を達成するよう構成されていることである。

PL（Profit & Loss Statement）、損益計算書は法定書類として実務に深く根付いているから、これを廃止したり、代わりにDSを強制したりすることは想定していない。これまでどおりのPL経営を選択する企業は何ら変更する必要はない。金融資本の新たな注入を基礎として成長を企図する企業は、これまでどおりのPL経営を、しかし、成熟局面に至り容易に成長が期待できない企業は、より優れた人財を求めてDS経営を主体として事業を運営すればよい。

ただし、ここで経営者は、PL経営を続けるか、DS経営を選択するかについて、自分に残された任期で判断するのではなく、10～20年単位で、将来世代のために、持続可能な発展のために選択すべきである。もし、残された任期を波風立てずに過ごそうという消極的な選択をするのであれば、これまでに獲得した

「上場会社の社長」としての名声はまもなく忘れ去られるか、誤りであったと判断されかねない。特に「新しい資本主義」の下では、従業員や将来世代の所得の犠牲の上に投資家・株主のための価値を最大化しても、それはもはや偉業とみなされない。子や孫に自慢話ができなくなるどころか、恥ずかしい思いをする可能性さえある。社会の公器としての企業の中長期的な価値や、働く者のウェルビーイングに対する責任を全うしてこそ、優れた経営者としての名誉が保たれる。将来世代との対話の中で判断を行っていただきたい。

ＤＳ経営の実践を検討するには、無料で公開されているＤＳシミュレーターから始めるとよい（**図表0・13**参照）。通常のＰＬ経営を通じて投資家・株主に対し過剰な分配がなされていないかを確かめ、それを適正化した場合に主要関係者にどれだけの資金を与えうるかを簡単にシミュレーションすることができる。そうした適正分配を基礎として、役員や従業員を動機づけ、革新的なイノベーションや新規開拓が推進されると判断されるのであれば、内部報酬規程の改定などを視野に入れながらＤＳ経営推進チームを編成する検討を進められたい。ＤＳ経営導入当初に検討されるべき事項の詳細は**第7章**に譲る。

6　ＤＳ経営モデルの構造

(1)　株主資本還元率（DOE：Dividends on Equity）

ＤＳ経営を具体的に検討する出発点として「株主に対する還元をどれくらいにするか」という観点、すなわち株主資本還元率（DOE：Dividends on Equity）について考える。三方良しやステークホルダー主義が注目される中、もちろん株主に対する還元以外の観点から出発することも考えられる。しかし、現行の上場企業の経営が、投資家・株主による高ＲＯＥ（当期純利益÷株主資本）と高配当性向（配当÷当期純利益）の要求、すなわち両者を掛け合わせて、高ＤＯＥ（配当÷株主資本）の要求に困窮していることから、このＤＯＥを適正化することから始める。

ここで一般に多用されるＲＯＥに代わりＤＯＥを利用する理由に触れる。ＤＯＥは、株主が企業に１００億円拠出（利益の再投資も含む）している場合に、１年に５億円の配当を実行すれば、５％となる。ポイントは、利益に対して何％のリターンをするかということではなく、株主が貢献した資本に対し、何％のリターンをするかという観点にシフトすることである。市民が銀行に１００億円貯金して１億円の利子を受ければ、１％の利子率が得られるのと同じ計算である。ＲＯＥよりもＤＯＥを採用することで、株主が企業に対して貢献した資金に対し、その国の経済市況を反映する利子率を加味していくらの配当をなすべきかという検討が容易になる。さらに、それを超える付加価値が生産された場合には、その余剰分を他の主たる事業関係者に分配することを許容し、関係者の動機づけを図ることができる。

図表４・２は、東証１部上場会社の２０１９年12月までの直近の決算で、産業ごとに何％のＤＯＥが実行されているかを示したグラフである。「２０１９年12月まで」で最新の決算を使っているのは、コロナ禍の影響を排除した通常の経営を前提とするためである。

格子状淡色のグラフは通常の配当のみ、濃色のグラフはそれに「自社株買い」を含めた場合のＤＯＥを示している。近年、長期金利が０％に近く、また社債を発行しても０・５％程度の還元しか期待できない金融市場で、株式に対しては極めて高い還元が実行されていることがわかる。

通常の配当に加え、「自社株買い」による株主還元が増加している。「自社株買い」は２００１年の商法改正により、原則、無制限かつ無期限の（自社株式の）保有が認められるようになったために、急激に拡

図表4・2　現行の株主資本分配率の高さ

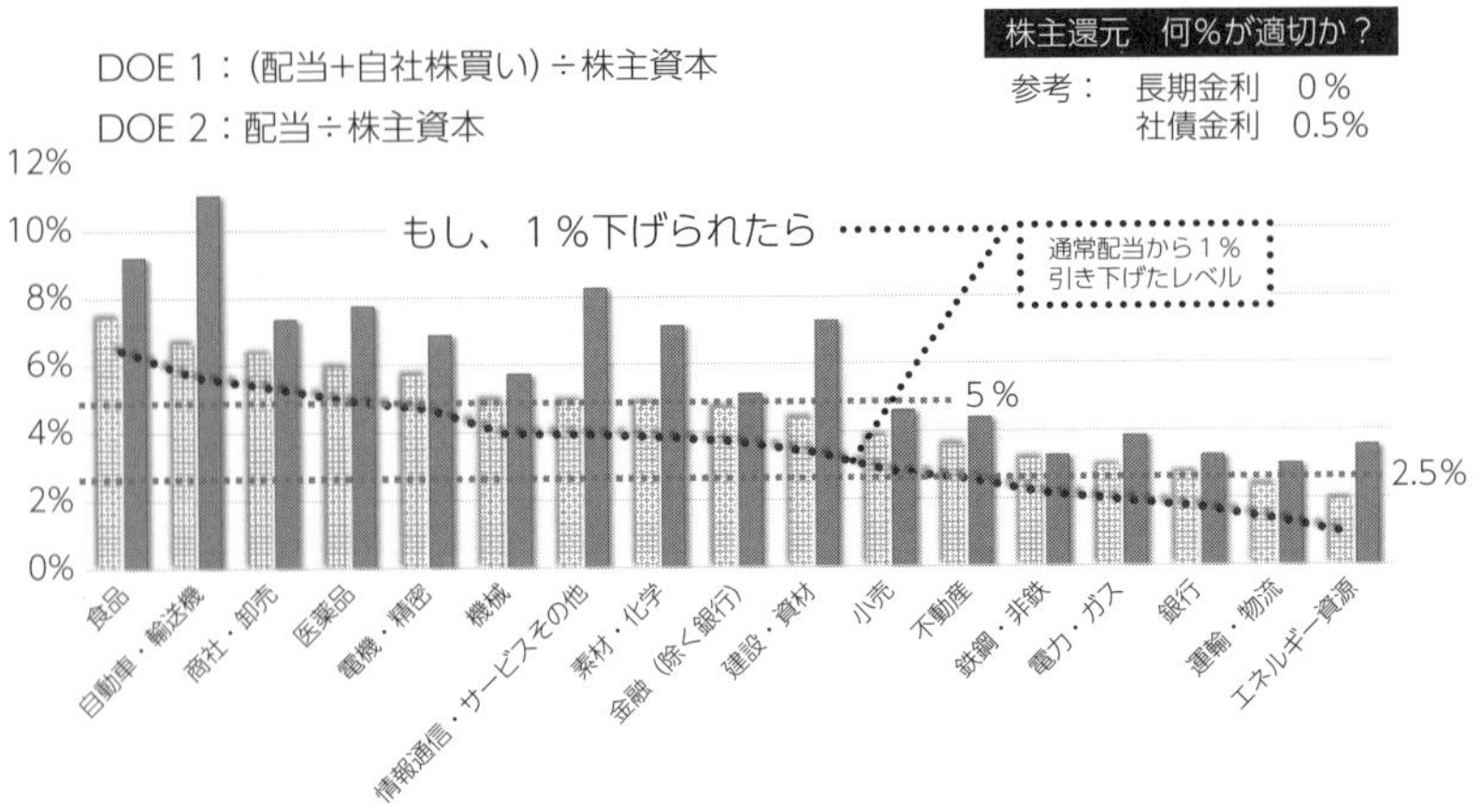

（出所）スズキ研究室

大した取引である（図表０・１参照）。一般に自社株式を取得すると、市場に出回る株式の数が減少することで、株式の需要に対して供給が減るという意味において相対的に株価上昇圧力が高まる（実証的にも株価の急上昇が観察されるケースが多い）。株価上昇が期待されることで、計算上は経営指標の改善をもたらし、株主からの高評価を得ることが多い。

しかし、自社株式を処分（売却）せずに、消却（消滅）すれば、会社資金の純流出（株主資本の払戻し）を意味し、経営基盤を弱体化させることにもつながる。先に触れたように、近年は特に内部留保の積み増しが余剰資金として批判され、これを原資に自社株買いを通じて株主に還元すべきとの論調が支配的で、自社株買いが横行している。

これは本来、投資家・株主に期待された機能とは真逆である。岸田政権もこれを懸念し、自社株買いの制限は、新しい資本主義を実現する観点から「大変重要なポイントでもある」とし、画一的な規制には慎重であるもののガイドラインなど何らかの指針を設ける可能性に言及した（２０２１年12月14日の衆議院予算委員会答弁）。これは、資本市場が資金を企業に注入する場から、資金を回収する場に変容し、本来の実体経済をサポートする役割が減殺されているとの認識によるものであり、本書も共有している懸念である。したがって、以下でＤＳ経営モデルを検討するにあたっては、原則として自社株買いは実施しないというシナリオで議論を進める。

（２）配当予定利益

さて、これを前提に、**図表４・１**のＤＳ本体の説明に移る。ＤＳ経営モデルを考えるにあたっては、当年度の実績ではなく、１年前の予算策定段階において、将来の予定や経営戦略を検討しているという場面を想像すると理解しやすい。ＤＳ経営では、通常のＰＬ経営のように「当期純利益」を最大化するための経営は行わない。当期純利益に対置されるのは、合意された株主資本還元率（ＤＯＥ）を基礎に計算される「配当予定利益」である。「配当予定利益」は貸借対照表上の株主資本が例えば１，０００であって、これに対する還元率を５％と設定した場合には50となる。この還元率を何％にするかは、個々の企業の事情による。法的な権利義務ベースの議論をすれば株主総会の承認事項であるが、経営実務においては、取締役会が企業の中長期的な発展のために積極的に提案し、各ステークホルダーに合意を求める決議事項である。一般に誤解の多い部分であるが、米国では事実上、日本よりも、経営者や取締役会の意思決定において実行する場合が多い。本節では、ＤＳ経営モデルの全体を説明するために、とりあえず５％で合意されたものとして、説明を進める。

ＤＳの上部を注視してほしい。配当予定利益を確保するためには、ＰＬ経営と同じように、できるだけ多くの収益を獲得することが有利である。ＤＳのトップは「売上」および「売上原価」でＰＬの実務と同じである。

その下の部分は「費用」のセクションであるが、この内容がPLと多少異なる。DSにおいて費用は「最低限支払われるべき費用」である。これは例えば、役員や従業員の最低限の生活を保障するために必要な賃金給与である。法定の最低賃金（本書のシミュレーションでは1時間当たり1，000円）を利用してもよいし、企業ごとにもっと高い金額を設定してもよい。多くのケースでは現行の給与水準の8割程度を仮定することが多い。いずれにせよ、ここで最低限支払われるべき費用を指定するのは、収益から費用を差し引いて、仮に株主に対する支払となる「予定配当利益」を確保できなかったとしても、この最低限の費用は必ず確保して支払うべきものとして明示しておくためである。

次に、「売上」から「売上原価」と「最低限支払われるべき費用」を差し引いて「配当予定利益」を計算する。「配当予定利益」はこれをすべて株主に配当する。この配当として支払うだけの付加価値が生産されることを確認すれば、それを超える分は役員と従業員に分配する。ここで、「分配する」とは従来のPL経営で言えば、費用として計上するということにほかならない。すなわち、DS経営では、費用を最小化して、利益を最大化するのではなく、配当する分の利益が確保されれば、残りの付加価値は費用として関係者に分配する。これを、DSフォームを使って表示するときには、費用とは言わずに、「分配可能余剰額」とする。もう一度確認のために繰り返すが、法定書類として必要なPL上は、通常の費用に含めて表示し、「当期純利益」=「配当予定利益」となる。

(3) 分配可能余剰額

DS経営でその意義が最も顕著に表れるのは、この「分配可能余剰額」以下の分配の部分である。以下、

1つの例として説明するが、実際には個々の企業で様々なバリエーションが考えられる。最も基本的なモデルでは、株主に対する「配当予定利益」を超えて付加価値が生産される場合には、この「分配可能余剰額」を役員と従業員とに分配する。**図表4・1**の例では、10％を役員に分配することとし、残りの90％を従業員に分配する。役員は先に示した最低限支払われるべき役員への給与に加算して、この10％分も受領することとなる。

従業員に対する分配はもう少し複雑である。これはすでに何度もシミュレーションを繰り返した結果を反映しての制度設計であるが、実は、一般に90％もの分配を従業員に支給すると、①従業員への年間の給与が高すぎるし、②事業再投資に回す資金が不足する。

①については、90％すべてを従業員の年間の現金支給給与とすると、多くの場合、数年働いて、早期に退職することも可能になってしまう水準の給与が支給されてしまうケースが多い。ボーナスを含むすべての報酬がすべて現金支給されると「30歳になるころには退職して優雅に暮らす」という、個人的には満足だが、企業レベル、経済社会レベルでは不都合が生じうる。そこで給与の一部を（ケースによるが一般には「多く」を）年間フローの現金ではなく、「資産形成分」という形で支給する。「資産形成分」とは例えば、(a)従業員からの会社に対する長期貸付金や、(b)従業員持株制度を利用した会社に対する株式のことである。こうした仕組みは日本ではあまりなじみがないかもしれないが、例えばオックスフォード大学の卒業生が投資銀行に就職する際には、その多くが同様の雇用契約にサインするし、また日本でも一定数の外資系企業では同様の契約が存在する。

②について、そうしたアレンジメントをしないと、従来株主による利益剰余金の積み増しという形で事業再投資されていた分さえも企業に残らないことを意味するからである。そこで例えば、90％のうちの

10％分を年間フローの現金給与として通常給与に上乗せして支給し、残りの80％分については「資産形成分」という形式で支給する。わかりにくければ、一度、90％分すべてを現金支給し、10％の現金は実際に従業員に残し、所得税や住民税、法定福利費を差し引いた残りを(a)従業員からの企業への貸付とし、(b)従業員持株制度を利用した株式として従業員に還元するのである。

(a)については、例えば、従業員からの会社に対する長期貸付金の形式を採用し、退職時にのみ返還請求可能とする。例えば、毎年50万円の貸付が生じるとして、30年間勤めあげて退職する際には、通常の退職金に加え、1、500万円の加算金が得られるといったイメージである。公的な年金に対する不安が払拭できない現在の従業員や今後の就活生には極めてアピール度の高い設計である。また特別なケースとして、会社が事業に失敗し清算手続に着手したような場合に、従業員には債権者として一定の優先的な弁済の保護が与えられる点も、会社と従業員の双方にメリットがあるものと考える。もちろん、会社の側からすれば、長期借入金という安定資金として運用できるメリットがあることは言うまでもない。

(b)について、主として3つのメリットを説明する。まず、(b)を会社の側から見ると、これはもちろん資本金の増加である。従来、事業再投資として解釈されていた「利益剰余金」の増加は、「株主に属する付加価値」としての「当期純利益」を一時的に会社に留保しているに過ぎず、早晩株主に還元される。成熟経済社会においては、積み増しよりも、取崩しの圧力が高くなっていることはすでに指摘した。また自社株買いや赤字配当などの形式で経営危機に際しても現金支出が求められるようなリスクの高いものであることもすでに説明した。それに対し、DS経営上、従業員から資本金を受けるような形式で事業再投資が行われれば、これは基本的に払戻しの必要のない極めて安定した事業再投資資金となる。

次に、従業員に株式を支給するに先立って、市場から自社株式を取得すれば、これは現行の株主に対する株主還元にも値する。通常株価は上昇する。仮に、株主に嫌われ株価が下がるのであれば、その下落をカウンターするように自社株買いを実行することで、株価は安定的になる。

3点目は、これが最も重要な点であるが、従業員は徐々に自分が働く会社の株主となり、経営に深い関心を示すようになる。従業員は株主として安全性や成長性の観点から会社を見ることができるようになり、実質的なモニタリングやガバナンス機能を効かせるようになる。放漫な経営を許せば、投資資金を失うことになるし、成功すれば配当や株価向上のメリットも受領する。それよりも、一定のレベルで自己の意思が反映される経営にやりがいや士気、プライドを感じることができる（**第6章**のミクロの行動経済学的実験を参照）。

(b)に関してはもちろん、株主平等原則にのっとり、従業員が過度に有利な株主とならないように配慮する必要がある。しかし、これは法的な事務手続というよりも、本書が目的とする様々な事業関係者間の分配の公平性を交渉すること、そのものである。経営者と従業員と株主が分配の公平性を交渉し、事業の成長にとって最も有効な社内規程の設計や企業文化の醸成を進める作業そのものである。

7　付加価値の適正分配経営と「内からのガバナンス」

こうしたＤＳ経営モデルを検討する意義は次の４点で理解されたい。先に本書は「企業の第1段階における分配にこそ、これまでの政策が注目してこなかった潤沢な財源がある」と述べた。ＤＳ経営モデルを検討する最も大切な意義は、個々の企業における実装の可否はさておき、そのシミュレーションを通して、潤沢な財源の大きさを確認することである。**第5章**（マクロ・産業レベル）と**第6章**（ミクロ・個別企業レベル）双方のシミュレーションを通して、読者はこの付加価値の分配を有効利用して実施される政策や経営の可能性の大きさに驚かれるであろう。換言すれば、「失われた30年」と言われ続けて悲観的な雰囲気の漂う日本経済であるが、実は我々は毎年高い付加価値を生産し、多くの関係者に適正分配し、日本再生のトリガーとするだけの財源をすでに保有しているのである。ＤＳ経営モデルを個々の企業が実際に採用するか否かは次のステップとして、まずは、日本の長期停滞を打開するに十分な財源が政府ではなく企業に内在していることを実感することが大切である。

２つ目に、これまでのＰＬを中核に据えた事業運営が当期純利益、すなわち「株主に帰属する付加価値」の最大化に終始し、多くの関係者の士気を損なう経営であったことを反省する機会となることである。往々にして無批判に受け入れられている「ビジネスである以上、利益を追求しなければならない」という誤解は、「利益」と「付加価値」の異同を理解していないことにも一因がある。ある業界で独り勝ち状況を批判された企業の社長が「独り勝ちさえできない会社よりましである」と回答したのはその証左である。これはＰＬ経営が制度化されている環境において、個々の経営を推進する立場からは理解できる回答である。しかし、マクロ的には「合成の誤謬」につながる。ミクロ的な利益最大化、すなわち株主に帰属する付加価値の最大化が全体のパイ、ＧＤＰの成長を導いていないことは長期統計が明白に示している。

換言すれば、「利益」や「利益率」での測定が標準となっているために、浮かばれないが、多くの付加価値を生産し適正に分配することでマクロ経済社会に多大に貢献している企業がある。教科書やメディア等で取り上げられることは少ないが、適正分配を継続することで持続可能で長寿企業として市民に貢献している企業は数知れない。株主に分配する当期純利益を一定レベルに制限し、従業員のやりがいや給与、将来の生活保障を優先する企業は実在する。

「災害時に従業員と家族が頼るのは会社だと思うんです。だから、この新社屋は災害時にはすべての従業員の家族が寝泊まりできるように建てたんです」。前章でも紹介したが、本書執筆の過程で聞き取り調査した地方小規模会社の社長の説明である（２０２１年11月19日）。同社の従業員はやりがいを感じて定着率が高く、士気高く、温かい。給与も上場企業の地方工場レベルで十分に高い。もちろんこうした経営をすべての会社で実施すべきなどということを主張しているのではない。単に、利益最大化とは異なるモデルが、静かに実践され、市民のウェルビーイングに貢献しているケースが存在することを示しているに過ぎない。ビジネスが「利益」を追求しなければ成立しないという命題は一般に信じられているよりも真ではない。「利益」ではなく、高い「付加価値」を獲得し、適正に分配し続けることが、今後の持続的な発展のための条件である可能性を示唆している。これを国際的なＳＤＧｓの潮流の中で再解釈すれば、事業は株主資本のみならず、人的資本や社会的資本等、様々な種類の資本を基礎に成立しており、それらの資本に対し公平な還元を実現すべく転向することにほかならない。今日的な価値観に合致する進化である。

ＤＳ経営モデルは、行動経済学的な原理を応用して、事業を支える関係者に公平な分配を促進するように設計されている。理念的には「すべての関係者に公平に」ということであろうが、種々の制限や限界を鑑みて、まずは株主に加えて役員と従業員、会社法人（事業再投資）に対する分配を促進する。将来的には、もちろんこの関係者の範囲に下請企業や地域コミュニティ、地球環境など含めてモデルを開発することも可能であり、ＳＤＧｓ時代の新しいアカウンティングの基礎を築くことにもつながる。こうして、より多くの関係者に帰属する付加価値を「見える化」して協働体制を確立することで、成熟経済社会下でもう一度、全体のパイ、付加価値、ＧＤＰを向上させる環境が整えられる。これがミクロの事業のみならず、マクロの経済社会の厚生も向上させるための制度設計である。

DS経営の主たる意義の3つ目は、効果的・効率的なガバナンスの再生である。現行の経営が投資家・株主という「外部」からのモニタリングやガバナンスを想定しているのに対し、今後は役員や従業員という「内部」からのモニタリングやガバナンスに重点をシフトすることが大切である。本書は、教科書が想定する投資家・株主によるモニタリング・ガバナンス機能の低下（およびそれに見合わないレベルでの高い還元）を懸念する。投資の対象が、株式に限られず、例えば暗号資産や劣後ローン等の証券化・デジタル化された資産・負債に拡大され、情報技術の発達がそれらを高速かつ低価格で売買することを可能にし、しかも24時間、ボーダーレスで取引される市場で、投資家・株主に中長期的な事業価値を高めるモニタリングやガバナンス機能を期待することは困難である。

換言すれば、投資家には「金融資産としての会社」を中長期的にモニタリングしガバナンスを効かせるインセンティブがない（少なくとも逓減していく）。これに対し、役員や従業員には、毎日出社してやりがいのある仕事を追求し、毎月給与を支払ってくれる「実体経済としての会社」を注意深くモニタリングしガバナンスを効かせる動機がある。少なくともそのように制度を調整すれば、実効性あるガバナンスが機能する理由がある。そうしたモニタリングやガバナンスなどの成果として、より高い付加価値が生産され、これが自らの給与や報酬に反映されるのであれば、それは中長期に自律的で好循環を生むガバナンスの基礎となる。

上場企業の社員であれば、自問するとよい、「自分の会社の有価証券報告書を読んでいるか」と。ほとんどの社員が「一瞥したことがある」程度なのは、この報告書が自身の給与や将来性、やりがいとおよそ無関係だからである。そうした会社で一体感や責任、プライド、士気が感じられるはずもない。DS経営モデルは事業運営で最も大切な関係者である経営者と従業員に経営への関心を持たせ、参加の機会を与え、コミットメントとガバナンスの動機を回復するためのモデルである。

最後、4つ目に、これは次章のシミュレーションで詳しく見るが、企業が従業員の所得を増加させたとしても、これが銀行預金を増やすだけに終われば、乗数効果は期待できない。現在、家計の金融資産は約2、000兆円と推定され、中でも現金預金は1、000兆円を超えている。いくつもの理由は考えられるが、積極的な企業投資が推進されない状況は政府の懸念するところであり、民間の貯蓄性向が高く容易に解決の糸口が見つからない状況である。ここに、DS経営モデルによる所得増加は、これが直接的に企業に投資され、安定資金として利用されうる点も、マクロ経済政策に合致した仕組みであることを付言する。

第5章

シミュレーション❶
マクロ・経済社会へのインパクト

岸田政権は「分配政策」を梃子にした「令和版所得倍増計画」を掲げ、国民の所得向上期待を背負って成立した。もちろん「所得倍増」をそのまま鵜呑みにして即座に実現を期待する者は多くはあるまい。岸田総理もこれは政治的スローガンであり、長期的な目標であることを明言している。

それにしても、政府はどの程度の所得の増加を想定しているのか。仮に分配政策としてのDS経営が多くの上場企業で実践されるとすれば、①その役員や従業員にどれくらいの所得向上効果が生じうるのか、また、そうした増加所得は長年問題とされてきた「非投資・銀行預金化」を助長するに過ぎないのか、②従業員が増加した所得の一部を事業へ再投資するとすれば、どの程度の安定的なR&D・設備投資資金が確保されるのか、また、③役員や従業員の所得が増えることによって、政府への分配がどれくらい増えるのか。コロナ禍の影響を排除するために、2018年度の東京証券取引所第1部上場企業のデータを使ってシミュレーションしてみたい。

以下で説明する事項は、前章の再論が多い。提言の多くが独自のアイディアであり、一般になじみがないことから、繰り返しの説明が必要であると考えた。この点ご了解いただきたい。

1　配当を1ポイント下げるシナリオ

図表5・1はダイジェストにおいて掲載したシミュレーションの再掲である。例として、医薬品業界1社当たりの平均値を使い、株主還元を通常配当より1ポイント引き下げて、役員に対する報酬を1人当たり5、000万円に引き上げ、従業員給与は現行より100万円増額した上で、残りの付加価値については資産形成分として従業員に分配するシナリオである。このシミュレーションの意味・解釈について説明

図表5・1　医薬品業界　シミュレーション

医薬品業界　シミュレーション（1社当たり平均）	PL	DS	
株主資本還元率（DOE）　%	**5.9%**	**4.9%**	↓
（自社株買いを含むDOE　%	7.8%	4.9%）	
株主に対する分配（1株当たり配当額）	**81円**	**67円**	↓
役員に対する分配（役員1人当たり報酬）	**3,062万**	**5,013万**	↑ **5,000万円へ**
年間フロー従業員1人当たり給与	782万	882万	↑ **100万円増**
資産形成分（10%長期貸付；90%従業員持株）	0	397万	↑ **退職資金増**
従業員に対する分配（年間フロー＋資産形成分）	**782万**	**1,279万**	↑ **64%増加**
事業再投資（株主による剰余金積立額）	64億	16億	
事業再投資（従業員の資産形成分）《安定資金》	0	74億	
事業に対する分配（株主と従業員から）	**64億**	**90億**	↑ **質の向上と40%増加**
法人税等	36億	36億	
役員・従業員の支払う所得税・住民税	22億	39億	**従業員の所得の増加に伴う増加**
法定福利費	30億	63億	
配当に係る源泉徴収	39億	32億	
政府に対する分配	**127億**	**170億**	↑ **財政健全化**

分配可能付加価値を次の割合で分配したときのシミュレーション：役員：従業員：事業再投資=3.1%：58.3%：38.6%

（出所）スズキ研究室

する。

まず医薬品業界では自社株買いを含まない通常の配当だけの株主資本還元率（DOE）は約5・9％である。DOEとは、株主が企業に投下した資金額（貸借対照表上の株主資本）に対して、毎年いくらの還元（配当＋自社株買い額）がなされているかを示すものである。長期金利がほぼ0％状態、社債を発行しても0・5％程度の市場で5・9％は十分に高い。さらに、自社株買いを含めた株主資本還元率は7・8％であるから、企業側から見れば極めて高い還元を実行している。

DOEについてもう少し解説を加える。企業の側からすれば、投資家が投入した資金に対しどれくらい還元しているかを示すDOEはごく自然な指標である。これに対し投資家側からすると、株式の流通市場から購入した時の株価を基準にした「配当利回り」で投資の効率性を測ることが合理的であろう。しかし、後者の効率性指標を前者の経営上の指針とすることは事業の安定性を阻害しかねない。例えば、株価が高い時に株式を購入して株主となった者はそれに見合う株主還元を求めがちであるが、企業側にはその一時点の株価を基準とした配当を支払う合理性はない。そもそも株価が高いからといって、その分多くの資金が会社に投入されるということはない。株価は当該企業の業績のみならず、世界中のありとあらゆる事象によって左右される。よって、企業の安定的な運営のためには、企業が株主からいくら資金提供を受けたかという事実をベースとして計算されるＤＯＥを基準とするのが基本である。

これに対し、メディアは、**第2章9**「成熟経済社会における「利益」や金融資本効率性追求の帰結」で紹介したとおり、安易な日米比較を行って、日本企業の株主還元率の低さを批判する（日本経済新聞２０２２年1月7日・社説）。

これが誤りであることは、実体経済の長期的で安定的な成長を望む投資家も理解している。例えば、１８０４年に英国で設立されたマルチナショナル資産運用会社シュローダーのダンカン・ラモント（ヘッド・オブ リサーチ&アナリティクス）は「米国企業を対象に、１９７５年以降の平均的なＲＯＥの水準を前提とした、様々な株主還元率での長期的な持続可能成長率」を分析している（「自社株買いを懸念すべき6つの理由」２０１８年12月6日）。「企業が利益の約20%を株主還元に充てている場合、長期的な持続可能成長率は11%程度ということになります。一方、株主還元が長期間に亘りほぼ１００%という状況においては、長期的な持続可能成長率がほぼ0%に低下するということを示しており、懸念すべき結果を示しています」（**図表5・2**参照）との見方を示している。企業の持続的成長の観点から過剰な株主還元を戒めている。

シュローダーの調査の詳細は不明であるし、日本のコンテキストとも異なるものであろう。しかし、日本のコンテキストに置き換えればなおのこと、高ＲＯＥや高配当性向、高株主資本還元率に関しては慎重

図表5・2　持続可能成長率

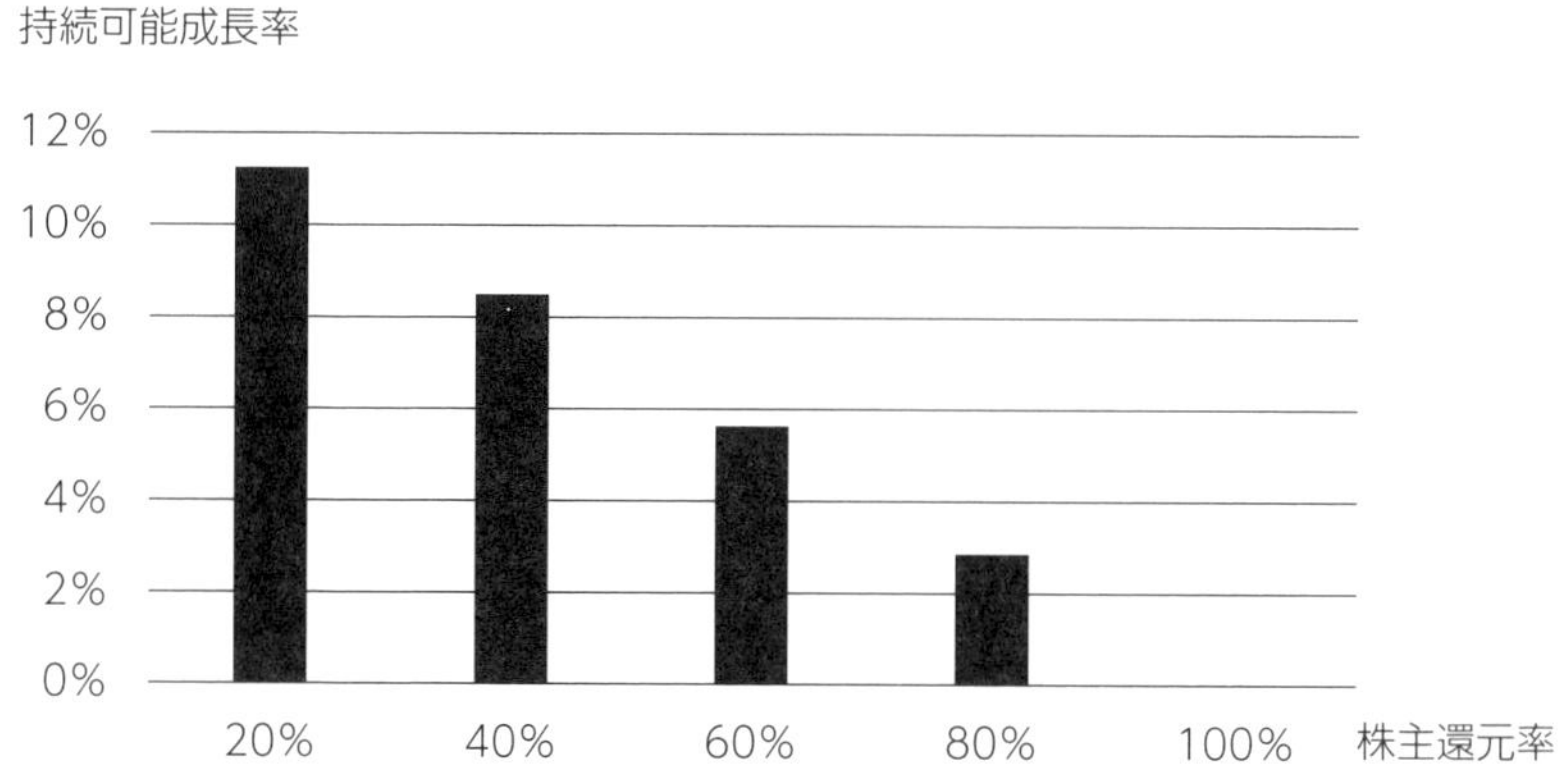

（出所）MSCI、シュローダー、ROEは1975年以降の平均値を利用。
ダンカン・ラモント「自社株買いを懸念すべき６つの理由」2018年12月６日、https://www.schroders.com/ja-jp/jp/asset-management/insights/special-reports/201812062/

に精査すべきである。

この問題の本質は、**第2章**および**第3章**の分析に見たように、現在の市場環境では、投資家にとってパッシブ化や短期利益最大化が合理的になってしまっていることであり、それにより実体経済が持続的に成長する条件を考慮することなく無理な配当を求める実務が横行しているのである。成熟経済社会化の進む日本で、企業の生産する付加価値を株主に偏重して分配すれば、資金は国内では所得格差を助長した上で金融資産・預金として滞留するか、海外に流出する。この資金の流れを変えて、もう一度日本企業の事業にイノベーションを起こさせるような資本政策を再設計する必要がある。

2　DS経営の効果

本題に戻り、**図表5・1**のシミュレーションが示す、DS経営の効果について、各ステークホルダーに与える影響をベースに読み解いていく。

（1）株主への影響

まず、株主に対する分配を説明する。1株当たり81円の配当であったものが、67円に減額される。株価の変化を加味せず、また単年度だけの損得を考えれば、17％減の損失である。確かに単年度で測れば大きなマイナスであるが、過去20年大幅に増加した株主還元という背景を考えれば妥当な修正とも解釈できよう。しかも、株価が上昇するか、あるいは長期的に安定的な配当が増加する可能性についても考慮すべきであり、これについては次節で詳述する。

（2）役員への影響

役員に対する分配については、単にシミュレーションのシナリオ上、筆者が、1人当たり約5、000万円の報酬を得ることができるよう分配率を設定している。もちろん5、000万円に代えて、1億円でもよいし、あるいは、現行よりも10％多く、というシナリオでもシミュレーションは可能である。

役員報酬を大幅に増額してシミュレーションを試みているのは、「役員の低報酬」が日本の経営が革新されない理由の1つと考えるからである。2020年時点で、有価証券報告書をベースに、年収1億円を超える役員を擁する上場企業は400社弱、人数にして800人弱である。上場企業は約4、000社であるから、約10％の会社で年収1億円を得る役員が存在する。そして、そうした会社には平均2人の1億円プレーヤーがいることになる。これが多いか少ないかを判断するには多種多様なコンテキストを勘案する必要があるが、一般に、日本の役員の報酬は米国上場企業の10分の1程度であるとの見方が多い。米国との比較であればまだしも、経営幹部の報酬に関する比較では、日本は中国、韓国、フィリピン、インドネシア、タイなどにも劣ることが指摘され、役員の責任に比してあまりにも低い報酬を表して「日本は出世するだけ損」といった見方すらある（ダイヤモンド、2021）。

この問題を危惧するのは、若い世代が上場企業に就職した後に、取締役に昇進することを望む割合が低下し続けているからである。様々なデータが公表されているが、一般には上場企業就職者の2割から3割程度しか、取締役クラスへの昇格を望まないとされる。筆者が早稲田大学の商学部で実施しているアンケートでは上場企業に就職して将来取締役クラスに昇進したいと思う学生は3～4割程度である。逆に言えば、6～7割程度の学生には企業をリードしていこうといったモチベーションが最初から存在しないのであり、そうした上場企業の将来性を危惧するものである。では、いかに就活生や若い従業員のモチベーションを高めるか、この点については、**第6章**で詳述する。

(3) 従業員への影響

次に、従業員の年間の給与所得については、現行よりも100万円高いレベルに改善することをデフォルトのシナリオとしている。医薬品業界の1人当たり給与は現行782万円であるからこれを882万円になるように設定する。もちろん100万円ではなく、200万円増額するシナリオも可能であるし、あるいは給与所得を1,000万円に設定するシナリオも考えられる。あるいは、現行より10%高いレベルというように割合を使ったシミュレーションをすることも可能である。

筆者は各業種や各企業ベースで様々なケースのシミュレーションを実施してきた。いずれにしても、DS経営方針の下では、年間ベースの給与所得を増やした後も、多くの場合で潤沢な分配可能余剰額が残るので、これも従業員に帰属する付加価値として分配する。ただし、その分配の方法・形態に工夫を加える必要がある。というのは、**第4章6（3）**「分配可能余剰額」の再論になるが、もし仮に分配可能余剰額のすべてを現金給付してしまうと、①年間の現金給付が多すぎて、これを得る従業員は数年のうちに退職してしまうような事態さえ想定される。これでは事業の継続的な発展に支障が生じかねない。また、②分配可能余剰額のすべてを現金給付してしまうと、社内に事業再投資する資金が残らない。現行、当期純利益のうち、配当として使われなかった残りが利益剰余金として内部留保され、これが一般には事業再投資と解釈されるが、この分の余剰さえ確保されない。また、マクロ的に見ても、仮にすべてを現金給付してしまうと、現在日本で問題とされている「銀行預金を増やすばかりで事業への投資が促進されない」という預金化問題が繰り返されてしまう。

そこで、本書では、例えば、次のような経営をシミュレーションしてみる。強調しておくが、これは「本書」におけるデフォルトの制度設計であり、個々・ミクロの企業で任意で実施する場合や、マクロ・経済的に一定の強制力をもって実施したりする場合には、「6W2H」を勘案して、柔軟に適用することが求められる。

ここでの工夫とは、現金給付される分を差し引いて残る分配可能余剰額については、例えばその1割を従業員から会社への長期貸付金とし、退職時（あるいは満70歳時）にのみ請求可能とする。さらに残りの9割については、例えば従業員持株制度を通じて、従業員に会社の株式を分配する。このアレンジメントを容易に理解するためには、一度すべて現金支給して、手取りが従来比10％増となるよう現金を手元に残した上で、（所得税や住民税、社会保障費を差し引いた）その残余の1割を会社に長期貸付金として貸し付け、9割は株式を購入して会社に資本金を投入するといったイメージをするとよい。DS上の「分配可能余剰額」の分配は役員・従業員への給与の支給であるから、それに伴う所得税・住民税や社会保障費を差し引いた後の金額が、(a)現金支給、(b)長期貸付金、および(c)株式の形で従業員へ分配される。

まとめると以下のとおりである。

(a)は年ごとの現金フローを潤沢にするものである。

(b)は例えば、**図表5・1**の医薬品業界の例で、1年当たり約40万円の貸付が行われ、これが退職までの30年間続けられたと仮定すれば、退職時に通常の退職給付金に1、200万円が加算される計算となり、老後の健全な生活に資する。公的年金の将来性に対する懸念が払拭できない本邦において、就活生や従業員にはアピール度の高い設計である。さらに、ここでは従業員は会社に対する債権者であるから、会社が倒産の危機に瀕しているような場合には、債権者として一定の優先的な弁済の保護を受ける。

(c)は日本ではなじみの薄い制度であるが、高額所得の発生する外資系企業では珍しくない。高額所得を現金給付しては、従業員は比較的早期に退職し、企業内に知識や技術が蓄積されにくい。そこで、従業員に株式という形で報酬を与える。こうして、従業員は株主としての地位も得ることになる。年々少しずつ株主としての地位が強化されることを想定している。

(a)が従業員の年ごとの「現金フロー」であるのに対し、(b)および(c)は「資産形成分」である。そして、この資産形成分は、会社の側から見れば、生み出した付加価値の事業への再投資である。この「資産形成分」については前章で説明済みであるが、本書独自のアイディアであることと、本章から読み始める読者のために、次の2点を再説する。

(4) 事業再投資への影響

1点目は、従来の「株主による利益剰余金の積立て」という形での事業再投資との比較である。先に述べたように、一般に利益剰余金は、積み立てられるときには事業再投資として経営・経済の持続的発展の原資のように好意的な評価を受けるが、それは成熟経済社会を前提とすれば、中長期の経営を危ういものにする逆機能を発現させる。まず、利益剰余金を積み増すときには、新たな現金が投入されるわけではなく、すでに当該原資は事業に供されているのである。一方で、利益剰余金を取り崩し、配当や自社株買いの原資とするときには、必ず現金支出が必要とされる。さらに、赤字配当の原資とされるような場合には、事業遂行上最悪の局面で現金支出を強要する。確かに投資家・株主の立場からは、高い水準の株主還元というグッドニュースである可能性はあるものの、それは超短期の計算であって中長期的に企業価値を増加させるような資本政策ではない。

これに対し、DS経営の下での従業員の資産形成分は、会社にとって極めて安定した事業再投資原資を形成する。長期貸付金分は、従業員へ返済すべき時期が合理的に見積りやすい。株式として分配された付加価値は、もちろん原則的に返済不要である。さらに、その株式に付帯する配当請求権は自らの事業の成長を阻害するような権利の濫用に陥る理由がない。株主たる従業員は、短期の配当よりも事業価値を高めることで個人としての利益の最大化を図ることができる。生活の基礎を置く自ら働く会社のためにモニタリングを行い、ガバナンスを有効に効かせる理由がある。近時、短期化やパッシブ化が著しく、機能不全が指摘されているグローバル化された外部の投資家・株主によるガバナンスに比べ、有効性の高い「内からのガバナンス」を構築することができる。

(5) その他のステークホルダーへの分配の可能性

さて、(a)の現金支給分は100万円増えて、合計で900万円ほどになる。こうした高いメリットに加えて、(b)および(c)の「資産形成分」も年間約400万円（税引前額）分配される計算である。こうした、高い、あるいは高すぎる分配に関して、これを減額して、他の事業関係者（下請業者や地域コミュニティ等）に還元すべきであるという考え方は当然あろう。実際、ＤＳモデルの中にこれを組み込むことは十分可能である。しかし、本書においては、まず、役員と従業員に対する還元を充実させることを政策上の前提としているので、これ以上の展開は差し控える。ただし、ＤＳの考え方は、こうした役員や従業員以外の他の事業関係者に対する分配も能動的に促進することができるものであることは強調しておきたい。要は現行のＰＬの「当期純利益（＝株主に帰属する付加価値）を最大化すればよい」という思考停止状態から脱却し、誰にどれだけの付加価値を分配することが、企業や経済、社会にとって有益であるかを主体的に考えることのできる計算構造となっていることが大切である。

（6）マクロ経済への影響

今回のシミュレーションのシナリオで、医薬品業界の従業員1人当たりの分配が782万円から1，279万円へと64％増加し、これが持続可能な所得を形成するとすれば、マクロ経済社会的な影響はどのようなものになろうか。経済社会における厚生の改善を企図する政策立案者や筆者にとって、この問いを追求する衝動に駆られるのは当然である。「新しい資本主義」政策が打ち出された当初に計画された「令和版所得倍増」との関係も興味深い。しかし、本書においては、この問いに答える十分な時間と他の資源が不足しているため、別稿に譲りたい。したがって、本書では、まず最も基本的な目標に限定し、企業の第1段階の分配を適正化するだけで、経済社会の変革を起こしうる潤沢な付加価値を捻出することができ、これを好循環させる制度を開発することで、経済社会における厚生の大きな改善を図りうることを示す。

次に、事業への分配・再投資を分析するに、金額だけ見ても、1社当たり64億円から90億円と40％の増加が期待される。しかし、ＤＳ経営のメリットはこの量的な改善にもまして、質の向上にある。すなわち、90億円のうち、74億円分は従業員からの安定資金の供給である。この資金と「内からのガバナンス」の有効性はすでに述べた。企業の第1段階の分配を適正化し、資金の確保とともにその運用に関するガバナンスを適正化することこそ、マクロ経済社会を改革するにあたっての堅強なミクロ・ファウンデーションである。

これを実務として実現するには、企業内の人事制度や経済社会制度としての「企業開示」に一定の工夫が必要となる。詳細は**第7章**で検討するが、ここではまず、本邦には、潤沢な資金（＝量）と、それを適切に運用する動機（＝質）が相乗効果を生み、成熟経済社会のアポリアに対処する「新しい資本主義」を創造できる可能性は十分に存在することだけは記憶にとどめられたい。

(7) 政府財政への影響

最後に、もう1つ、大切な事業関係者に対する影響を考察する。政府である。通常の経営実務において「政府の財政のために」という観点から付加価値の生産や分配を考える経営者は稀有であろう。しかし、経済社会の安定的な循環や改善をも視野に入れる経営学の観点からは、政府への分配が不足し財源が枯渇している状況があれば、これを市場や制度の失敗と捉え改善を図る試みも必要である。事業遂行のための日常的なインフラ整備や制度設計に加え、コロナ禍のような危機には政府に対し巨額の支援を求めるのが通常となっているにもかかわらず、租税回避目的のコンサルティングが花形の職業とされたり、政府への分配を最低限とすることが成功の証とされるプロフェッショナルが幅を利かせるような経営・経済環境は矛盾をはらんでいる。最新のウェルビーイング研究によると、こうした形での金儲けは主観的幸福感を増進しない。経済社会に役に立つ、利他的な貢献が所得の源泉となるような経営制度の確立が求められている。

近年は国際的な法人税率の引下げ競争が激化し、日本でも法人税収が減少し続けている。政府は大規模な多国籍企業に適用される国際的な法人税の最低税率を15％とする規制などを導入して対応を図る予定であるが効果は限定的であろう。これに対し、DS経営下のシミュレーションでは、法人課税による税収ではなく、従業員の所得を上げた上で、その増加に伴う所得税や住民税、社会保障費の増加を見込んでいる。所得税等が増加するといっても、所得が増加することに伴う負担増であるから、政治的な反対にあうリスクは低い。政府は現行の社会保障費や租税に関する規則を変更する必要もなく、収入を増やすことが可能である。また、これらは源泉徴収されるために、租税回避行為も限定的なものになるというメリットもある。

その効果は、例えば医薬品業界の1社当たり平均で見て127億円から170億円と34％の増収である。ただし、医薬品業界をはじめとして、特定の業種においては法人税の計算に関する特例が多く、それが強く影響することもあるので、政府への分配に関する影響は、総合的に**第6章**の**図表6・1**で、全体として確認されたい。

図表5・1に示されるシミュレーションを総括する。自社株買いを含まない通常配当による株主資本還元率を5・9％から4・9％に減額する。これは株主にとっては1株当たりの配当が81円から67円に減額されるというデメリットがある。しかしこれにより、役員、従業員、事業体そのもの（事業再投資）および政府に対する分配は大幅に改善する。上場全社を対象とする平均的なシミュレーションに基づいているので、読者によっては、細かな数字について違和感を覚える方もいるであろう。ただ、ここでのポイント

は、大枠において、株主還元を1ポイント下げるだけで、他の主要関係者の所得や、オペレーション、財源が大幅に改善される可能性があるということである。

3 配当を引き下げずとも一定の効果

では、投資家・株主はどのように反応・判断するであろうか。なお、投資家・株主は「もはや発行市場での役割を終えたから」とか「実体経済に役立つガバナンスやモニタリング機能を果たさないから」といった理由で、投資家・株主に一方的に損失を転嫁するような議論は慎むべきである。そもそも投資家・株主は、これまでに設計された制度に従って合理的に行動してきたに過ぎず、ここで突然に責任を帰するような方向転換は受け入れがたい。

そこで、**図表5・1**における想定を少しだけ変えて、株主に対する通常の配当を下げることなく、現行の配当レベルを維持した場合のシミュレーションを行う。**図表5・3**に見るように、株主資本還元率は5・9％のまま変わらない。自社株買い金額を株主還元額に含める場合の資本還元率は7・8％であるから、この場合は1・9ポイントの下落を意味するが、年間の通常配当は同じ1株当たり81円のままである。役員に対する分配も、**図表5・1**同様、5、000万円を確保し、従業員の年間フロー給与も100万円増加させるシナリオである。

そうすると、違いはまず、従業員に分配する「資産形成分」に現れる。**図表5・1**で397万円であったものが、**図表5・3**では238万円まで減額される。これを受けて、事業に対する分配も90億円から64億円に減額される。少し詳細を説明すると、**図表5・1**よりも多くの配当が支払われる分、それに見合っ

図表５・３　医薬品業界シミュレーション

医薬品業界　シミュレーション（1社当たり平均）	PL	DS	
株主資本還元率（DOE）　%	**5.9%**	**5.9%**	同率
（自社株買いを含むDOE　%	7.8%	5.9%）	自社株買いではなく、付加価値の再投資へ
株主に対する分配（1株当たり配当額）	**81円**	**81円**	同額
役員に対する分配（役員1人当たり報酬）	**3,062万**	**5,026万**	5,000万円へ
年間フロー従業員1人当たり給与	782万	882万	100万円増
資産形成分（10%長期貸付；90%従業員持株）	0	238万	退職資金増
従業員に対する分配（年間フロー＋資産形成分）	**782万**	**1,120万**	43%増加
事業再投資（株主による剰余金積立額）	64億	20億	
事業再投資（従業員の資産形成分）《安定資金》	0	44億	
事業に対する分配（株主と従業員から）	**64億**	**64億**	質の向上
法人税等	36億	43億	
役員・従業員の支払う所得税・住民税	22億	33億	従業員の所得の増加に伴う増加
法定福利費	30億	54億	従業員の所得の増加に伴う増加
配当に係る源泉徴収	39億	39億	
政府に対する分配	**127億**	**170億**	財政健全化へ

分配可能付加価値を次の割合で分配したときのシミュレーション：役員：従業員：事業再投資=3.7%：69.0%：27.3%

（出所）スズキ研究室

た法定利益準備金の積立てが求められ、利益準備金の積立額（株主による事業再投資）は16億円から20億円に増加する。しかし、従業員の資産形成分が74億円から44億円に大幅に減額される。合わせて、26億円の減額となる。しかし、それでも、通常のＰＬ経営をしている場合と比較すれば、事業に対する分配は64億円で変わらない（金額が64億円と同じなのは偶然である）。金額では不変であるが、質が著しく向上することはすでに説明した。従業員からの事業再投資44億円は極めて安定性の高い、質の良い事業再投資資金としてＲ＆Ｄや設備投資を推進する基盤となる。

なお、政府に対する分配は、その内訳の増減はあるものの、１７０億円と増加したままである。

以上、**図表５・３**のシミュレーションでわかることは、通常年間の配当を下げずとも、同配当額を当期純利益とするＤＳ経営を行えば、役員や従業員、事業そのもの、さらには政府に対しても多大なメリットがもたらされることである。このシミュレーションにはじめて接する者は誰しも「狐につままれたようだ」との感覚を抱く。配当を減額せずして、他の関係者に対する財務状況を改善することができる、その原資はどこにあるのか。この謎のカギは(1)自社株買いによる資本の減少を抑制することと、(2)会社法で要求される以上の利益剰余金(=株主に帰属する付加価値の内部留保)の積み増しを認めない点にある。

(1) 自社株買いによる資本の減少を抑制する

(1)については、先に医薬品業界における自社株買いを株主資本還元に含める場合の率は7・8%であり、含めない場合の率は5・9%であると説明したが、原資の多くはここからもたらされる。

自社株買いとは、手元資金を放出して、既発行の自社の株式を入手・回収する行為である。簡単に言えば過去に払い込まれた資本の払戻しである。平成13(2001)年改正前には、「資本の維持」、「株主相互間の公平」、「会社支配の公正」、「証券市場の公正」の観点から原則禁止されていたが、バブル崩壊後の株価対策の一環として、会社法では、①取得事由、②取得手続、③取得の財源規制に関する定めを置いた上で、上記の公正が維持される限り、原則として自社株式の取得を認めている。投資家・株主の観点からすると、企業が成長シナリオを提示することができず、資金が余剰している場合には、その余剰資金は株主に返還されるべきであるとの論理が主張される。また、その効果としては、残留株主の1株当たりの純資産価値が上がり、株価が上がるとの説明が一般的であり、株主還元や株価対策として件数も金額も増加している(**図表0・4**)。

ここで、本シミュレーションにおいて「自社株買いを行わない」という前提の正当性を説明する。一般的なファイナンスの教科書によると――アクティビストも同じようなことを言うが、自社株買いというのは、企業に適切な投資案件がなく、余剰資金があるのであれば、それを株主に返還すべきであるというロジックに基づき実行される。しかし、DS経営では、外部に適当な投資先が見当たらないからといって、余剰資金があるとは考えていない。役員や従業員に適切なレベルでの分配を施し、十分安定的な事業再投資資金を確保すれば、士気ややる気が向上し、革新的なイノベーションや新規開拓が起こりうる。または、そうした経営体制を構築していくという積極的な経営姿勢の下に分配政策を構築するのである。先の例で見たように、DS経営で想定する分配可能余剰額の多くは従業員から企業への長期貸付や資本金となり事業に再投資される。つまり、この新しい経営によって、資金が有効に利用され企業価値を向上させることが想定されている以上、自社株買いによる株主資本の返還を行う必要はない。

現在政府は、自社株買いについて一定の規制を検討しているが、2021年の秋、筆者もこれを政府に進言している。その理由は、まず第1に、2000年代初頭に新自由主義的政策で投資家や株主の保護・優遇を進めたのは、投資家から資金を企業に投入しサプライサイド（企業）の生産能力を高めるためであった。自社株買いはこの政策目標に背反する行為である。不効率な事業やプロジェクトから資金を回収して、将来性ある事業やプロジェクトに資金を回すのであれば、政策目標に合致するが、**図表0・4**が示すように、成熟経済社会においては投資家・株主は日本市場全体からの資金の回収を推進している。利益を原資とした株主還元であればまだしも、過去に投入した資本を現在の株主が回収し、成長機会の減退を促進し、会社債権者らの担保を減少させるような行為は推進されるべきではない。また、中長期的視点で経営をモニターし、ガバナンスを効かせ、革新的なイノベーションを後押しし、成長を促しているのであればともかく、短期化やパッシブ化が一般的なトレンドとして懸念されている投資家や株主に「成長機会のない余剰資金を株主に返還せよ」との主張を認めるのは、国民経済の健全な発展を企図する法の目的に背反する。また、事業関係者間で生じる不公平感も著しい（『成熟経済社会レポート』節3・2・2、4・4・1）。

（2）会社法で要求される以上の利益剰余金の積み増しを認めない

多くは再論となるが、本書の立場を以下のとおり明らかにする。一般に、利益剰余金は「配当として株主に還元されない利益」の事業への再投資であるとされるが、これが法的に株主に帰属する付加価値として確定されている以上いつかは株主に還元される。近年、利益準備金は余剰資金として標的となり、赤字配当や自社株買いの原資として取り崩されることが多くなっている。積み立てられる時点では何ら現金が追加投入されるわけではないのに、配当や自社株買いが実行されるときには現金支出を伴う。コロナ禍の下での赤字経営であったとしても、利益剰余金が存在すれば法的に配当は可能であるが、これは経営難に瀕する会社から株主が法的に現金支出を迫ることのできる極めて「非持続的」、「反成長的」な経営ともなりうる。「利益剰余金は事業への再投資である」というのであれば、より合理的な方法として従業員による事業再投資を提案したい。そのメリットについてはすでに述べたとおり、高い財務安定性と毎日その場で働く者による効果的なモニタリングとガバナンス機能が期待できることである。少なくともそうした組織設計が可能である。

こうした説明に合理性を認め、（1）自社株買いによる資本の減少を抑制し、（2）会社法で要求される以上の利益剰余金の積み増しを認めない方針で経営すれば、1株当たりの配当を下げずとも、役員や従業員、事業、政府に対する分配がかなりの程度改善されるのである。

ここで、勘のよい読者は気付くであろう。実は、1株当たり配当を増加しても同様の効果が期待できるケースがまま存在する。多額の自社株買いによる株主還元が実行されている場合には、これを制限し、一部配当を増やしても、まだ他の事業関係者への分配を増やすことも可能である。Ｗｅｂで公開されているシミュレーターで試していただきたい（２１２頁にあるＱＲコード参照）。

4　ＤＳ経営・経済モデルがもたらすマクロ経済的効果の総括

筆者は以上のようなシミュレーションをすべての業種、また大小５００程度の企業のケースで繰り返して、ミクロ的にもマクロ的にもどのような影響が生じうるかについて、全体的な把握に努めた。本書においてはそのすべてを示すことができないため、代表的な例として**図表５・４**を示す。

図表５・４の前提は、①自社株買いを中止して、通常配当より１ポイント低い値で株主還元を予定し、その額が当期純利益となるようなＤＳ経営を実施する。

②株主に還元される付加価値を超えて生産される付加価値は「Ａ役員」、「Ｂ従業員」、に分配する。

③「Ａ役員」の給与は現行比１５０％となるよう増額し、「Ｂ従業員」の年間フロー給与は１１０％となるよう増額する（Ｂ１）。残る余剰については従業員から会社への長期貸付金（退職時に返還請求可能）や従業員持株制度を利用した株式という形で分配する（Ｂ２資産形成分）。この結果「従業員（Ｂ１＋Ｂ２）」の列が示すように、従業員に対する分配は「倍増」とまではいかなくとも、67％増しになり、十分高い水準に到達する。

④ここで従業員の資産形成分（Ｂ２）は会社経営側から見れば「Ｃ事業再投資」に相当し、この金額も従来比で１４６％のレベルまで大幅に増加することがわかる。しかも、ＤＳ経営下の事業再投資はこの量

図表5・4　全業種シミュレーション

（通常配当1％⇩、役員50％⇧、給与10％⇧の場合）

業種	配当/株主資本	A役員	B1給与	B2資産形成	従業員(B1+B2)	C事業(再投資)	D政府
食品	7.4→6.4%			8%	118%	381%	115%
自動車・輸送機	6.7→5.7%			43%	153%	305%	128%
商社・卸売	6.3→5.3%			68%	178%	81%	163%
医薬品	5.9→4.9%	150%	110%	50%	160%	138%	148%
電機・精密	5.7→4.7%			12%	122%	88%	121%
機械	5.0→4.0%			34%	144%	92%	124%
情報通信・サービス	4.9→3.9%			100%	210%	128%	149%
化学・素材	4.9→3.9%			41%	151%	152%	126%
金融（除く銀行）	4.7→3.7%			96%	206%	104%	133%
建設・資材	4.4→3.4%			46%	156%	151%	117%
小売	3.8→2.8%			29%	139%	103%	119%
不動産	3.6→2.6%			193%	303%	128%	119%
鉄鋼・非鉄	3.2→2.2%			19%	129%	52%	137%
電力・ガス	2.9→1.9%			22%	132%	129%	116%
銀行	2.7→1.7%			80%	190%	207%	131%
運輸・物流	2.4→1.4%			56%	166%	104%	121%
エネルギー資源	1.9→0.9%			79%	189%	Err.（-7⇒56）	143%
業種平均	4.7→3.7%	150%	110%	57%	167%	146%⇧	130%

（出所）スズキ研究室

の意味だけでなく、質においても優れている。繰り返し説明したとおり、1つにはその資金の安定性であり、もう1つには効果的なモニタリングやガバナンス、「働く者のインセンティブ」を高める効果である。

⑤最後に「D政府」に対する分配も現行比130％レベルにまで増えるのは、主として従業員への分配が大幅に増えることに起因する。当期純利益は下がり法人税は減少するものの、従業員所得の増大に伴う所得税・住民税および社会保障費の増加がそれを補い余りあるからである。政府は国会において増税に伴う政治的なリスクを負う必要もなければ、法・規則・基準改定に伴う事務の労をとる必要もない。内訳の変化は伴うものの、総合的に政府への分配はおよそ自動的に増加する。

小括するに、PL経営からDS経営にシフトして、株主に対する分配を通常配当レベルから1ポイント下げて、分配可能付加価値を適正分配してやれば、役員にも、従業員にも、事業そのものにも、政府にも、これだけ多くの資金が確保される。その上、これを基礎に適切な動機づけシステムを構築すれば、大きな改革が成し遂げられる可能性がある。

5　下請業者や中小企業、その他の広い事業関係者への分配

以上が、本書が分析対象とした主たる関係者への影響であるが、このほかに、下請・納入業者や地域のコミュニティ、環境などに対する分配をどうすればよいかといった大きな問題点がある。こうしたステークホルダーに対する分配の可能性は先の2（5）「その他のステークホルダーへの分配の可能性」で触れた。ただ、この方法による分配政策は容易ではない。その理由は、端的に言えば、これらが会計単位の外に存在するからであり、現行の制度は会計単位内部の関係者の付加価値を多くする動機づけシステムとなっているからである。換言すれば、現行の企業システムは、一般には「当社」外部の関係者の付加価値を少なくすることで、「当社」の付加価値を大きくする、それを動機づけとして成長することを前提としている。どういうことか。以下、もう少し詳しく説明する。

株式会社を中心とする資本主義経済は過去4～500年、「当社」のPLを中心とした経営を当然の前提としてきた。PLは「当社」を会計単位としており、その中でも株主に帰属する付加価値である「利益」を最大化しようとする構造である。したがって一般には、会計単位の外にある関係者に対する支払を縮小することで、利益を拡大するインセンティブが働く。例えば仕入原価は、納入業者にとっての付加価値の源泉であるが、売上が頭打ちとなる中、「当社」の短期利益最大化を図るためには、これを抑制するのが会計構造上は自明の選択である。

もちろん、経済社会が成長期にあった時代には、下請・納入業者に対する支払を増やすことで協力関係を強化し、ともに成長の果実を最大化する戦略が機能した。これはかつて従業員給与を増やして、生産能力や効率を高めて増収を図るという経営戦略を採用していたのと同じである。しかし、「当社」の売上が頭打ちの成熟経済社会では、「当社」の利益最大化が優先されるために、下請・納入業者への付加価値の分配を縮小するのは必然であり、下請・納入業者は困窮する。

そこで、これまでのDSの議論やその構造を拡大して、「分配可能余剰額」のラインの下に、「下請・納入業者支援」や「中小企業支援」を追加挿入して、余剰の分配の促進を企図することは可能である。これが先の**2（5）**「その他のステークホルダーへの分配の可能性」の意味である。しかし、本書においては、これを積極的には追求しない。理由は主として次の2点である。そして、最後に一定の解決策も提案する。

まず第1に、「下請・納入業者」とひと括りにしても、その実態は実に多種多様な関係者であり、それらの関係者が特定の分配ポリシーに合意することは考えにくい。「役員」や「従業員」に関しては社内で情報が管理され、特定の分配ポリシーを通して適切なレベルで厚生を改善するとともに、動機や士気を高めることで、会社の持続可能な成長が期待できる。しかし、「下請・納入業者」に関しては、「社外」であり、コントロールの及ぶ範囲や強度が限定的である。ただし、これは程度の問題であるから、個々の企業の事情に応じて、「下請・納入業者」に対する分配を積極的に推進することは自由であり、好ましい。

第2の理由は、もしDSに「下請・納入業者支援」や「中小企業支援」の1行を追加するのであれば、「地域コミュニティ支援」や「将来世代支援」、「環境支援」等々、様々な事業関係者への付加価値分配も推進すべきであるとの議論が生じうる。論理的にも、社会倫理的にも正しい。本来は、株主、役員、従業員に帰属する付加価値の最大化にとどまらず、すべての関係者の付加価値を最大化するメカニズムが理想である。ただし、実務上は難しい。このことは読者も想像にかたくあるまい。「当社」や株式会社というユニットを経営上の計算単位として設定し、そのユニットの利益最大化や付加価値の最大化を是とする慣行や制度に生きる以上、そこには経済社会という全体の厚生改善に直結しない一定の限界が存在する。将来的には全く異なる企業・経営・経済情報体系を構築して、全く異次元の政策イノベーションが起こることを期待し得ても、それは今後10年、20年では起こるまい。

そこで、本書においては、一定の妥協策を提案する。すなわち、シミュレーション総括表（**図表5・4**）において明らかなように、DS経営を徹底し、「企業における第1段階の分配」を適正化すれば、政府への分配が増加する。この増加した分配を原資として、今度は政府による「再分配」のメカニズムに依拠して適正な分配が促進される。ここでは数多く存在する様々な関係者のうち、誰をどれくらい優先して保護すべきかという政府の判断と積極的な政策が求められる。

「下請・納入業者」や「中小企業」には不満の残る制度設計であることは間違いない。これは**第1章**で告白したように、筆者の提唱する制度設計の限界である。筆者は中小企業政策については学び始めたばかりであり、将来的にはより総合的な経済・社会制度設計を試みたい。しかし当座に、筆者の言い訳は、今、上場企業において株主への偏重した分配を少しでも修正し、役員や従業員への分配を強化する政策へ踏み出さない限り、本邦は今後10～20年で、その国富の多くが海外に流出し、今日までは高い水準の付加価値の生産を維持している企業システムが急激に衰退しかねないということである。

6　まとめ：DS経営・経済モデル―量と質における優越性

本章のポイントをまとめると2点に集約されよう。

第1に「量」の観点である。現行の通常配当レベルを1％（1ポイント）下げるだけで，役員や従業員，政府に対する分配を大幅に改善するための財源が確保される。ここで紹介した「適正分配モデル」そのものを採用するか否かは別として，日本はすでに高度成長を遂げ，継続して毎年高い水準の付加価値を生産し続けている。各産業や各企業がこのモデルに従った経営をするか否かは別として，その前に民間における潤沢な財源の存在を確認することが大切である。

2021年9月の自民党総裁選で「新しい資本主義」が話題に上がったときに，当時の岸田総裁選候補と側近議員らが分配政策に注力しようとしたのは，この潤沢な財源を活用しようとしたからであった。今日，分配政策の実装に向けた議論に入ろうとすると，成長なくして分配なしという「成長先行論」が主張される。本書は成長に反対するものではない。しかし，今後は仮に成長が先行しなくとも，すでに成長し，毎年高い生産レベルを保つ日本には，極めて潤沢な付加価値が存在している。この付加価値の適正分配を進めることで，次世代の自律的で持続的な成長が期待できる。仮に今後再び高い成長を迎えるとしても，適正分配メカニズムを内包した経営・経済システムを確立していなければ，成長の果実が海外に流出したり，一部の関係者に偏重して分配されることとなる。

そこで試案としてDS経営モデルを提案したわけだが，ここには実は1つ隠された工夫があった。それは「配当を1％程度下げただけで，どうしてここまで多くの資金が生まれるのか？」という疑問と関係する。答えは、制度設計上巧妙に仕組まれた「二重計上」「ダブル・カウンティング」が機能するからである。1度目は、従業員への分配である。そして2度目は従業員から事業への再投資である。そして、これらが1セットで受け入れられるよう設計されている。以下、簡単に説明する。

伝統的な経済モデルでは、従業員への分配があり、従業員が企業への投資をするか、銀行に預金するかを意思決定し、その投資が合理的であると判断された場合にのみ投資額が増える。しかし、成熟経済社会化の深化する日本ではこの投資額が増えずに、預金残高が増える一方であることが問題とされている。この難点を克服する工夫が、ＤＳ経営モデルによる「資産形成分」という形での所得の増加である。従業員に対して単に金銭的な還元を増やしても、さらに預金を増やすばかりであろう。しかし、その所得増加が、従業員による企業への長期貸付金化および株式保有化を条件として行われれば、増加した所得が直接企業への投資となり、次世代のイノベーション開発等に利用されることが期待される。これが実現すれば、数理的な意味で、経済学でいうところの「乗数効果」に弾みがつく。そしてこの仕組みは「金額」あるいは「量」に関する工夫にとどまらない。

第2に「質」についてである。高い水準の付加価値を適正に分配すれば、「カネ」に代わり希少な資本として価値が見直され始めた「ヒト」を動機づけすることができる。このヒトの動機づけに関連する「質」については次章で詳説する。ただし、「量」が確保された後の分配が「どれくらいの数の、どのような人たち」を動機づけするかという意味での「質」について、最後に簡単に触れておく。

アベノミクスにおいて期待されたトリクルダウンは確認されなかった。アベノミクスにおいては、高所得者層優先の成長論が容認され、実際に富裕層はその恩恵を受けていた。そこから期待されるトリクルダウン効果が発現しなかったのは、その恩恵を受ける人や機関の数が絶対的に少なかったこと、そうした人や機関の多くが日本に生産・消費の基盤を持つ者でなかったことが考えられる。この点、ＤＳ経営・経済モデルにおける分配の「質」は異なる。本書が対象とする上場約４，０００社の経営が変わるとすれば、数百万人単位の従業員の所得が恒常的に増え、それが恒常的に事業に再投資される。会社に対する債権者であり株主となる従業員は、さらなる所得の増加を求めて技術革新や新規の顧客開拓など、次世代につながる経営を推進する動機をも持ち合わせる。

こうした意味においてＤＳ経営による分配は、その量的な優越性のみならず、質においても自律的で持続的な成長を促進する可能性の高い政策である。こうしたＤＳ経営・経済モデルが日本再生のために有効であると判断される場合、政府において、そうしたモデルが実践されるよう具体的な支援策の策定が必要になる。というのは、**第7章**で詳述するように、マクロ的に望ましい制度であったとしても、個々の企業にとっては、その導入時においては採用しにくいという「(制度を含む) 市場の失敗」が存在するからである。その前に、次章では先に触れた、人の動機ややりがい、幸福に関連する「質」についてもう少し詳しい説明を加える。

第6章

シミュレーション❷
就活生－従業員・投資家・役員・事業の行動変化

前章のマクロ・産業レベルのシミュレーションに続き、本章ではDSモデルをミクロ・個別企業レベルでシミュレーションし、検討を加える。ここでの関心は、ある企業がDS経営を推進したとすると、その就活生（将来の従業員）や経営者、従業員、投資家、政府はどのような反応を示すであろうかという点である。本章ではこれらを行動経済学的な実験結果を交えて概観する。本来、こうした実験は十分な時間や要件を整えて繰り返し、学問上できるだけ正確性を期した上で公表すべきものと心得るが、コロナ禍で十分な実験を試行し得ないことと、政治的な進展に合わせて早急に本書を上梓する必要から、簡易な実験結果を当座の示唆として紹介する。

ここでの行動経済学的な実験とは、2020年と2021年に早稲田大学の学生を被験者として実施した体験型シミュレーション実験である。特に2021年の320人を対象とした実験では、政策策定のための情報提供に足るデータが得られているので、これを中心に紹介する。幸い早稲田大学の学生は多くの上場企業にとって魅力のある潜在的従業員であるから、学生の反応とはいえ重要な示唆に富む。最初に「学生（就活生と仮定）」、次いで「経営者」、「投資家・株主」、「政府」の順に各関係者がどのように付加価値分配計算書に反応するかを概説する。

1　学生・就活生・従業員の反応

図表6・1は実際のシミュレーション実験で使用されたコンピューター・スクリーンの写しである（現在までにWeb版を公開しているので詳細はそちらで確認されたい）。このシミュレーション実験では、まず被験者（320名）に就職希望業種を聞いた。次に1人ひとりに対し、希望業種に従い東京証券取引所1部上場

図表6・1　個別企業シミュレーター（Excel版・本田技研工業）

「データ」シートのB列から4桁の証券コードを入力➡　7267

社名　**本田技研工業**

決算期　2018年度

現行 損益計算書（PL）	（百万円）	**付加価値分配計算書（DS）**	（百万円）			
売上高	4,077,564	売上高	4,077,564			
売上原価	2,896,891	売上原価	2,896,891			
売上総利益	1,180,673	売上総利益	1,180,673			
…	…	…	…			
…	…	役員生活保障給与（時給1,000円を仮定）	49			
役員報酬	1,823	従業員生活保障賃金給与（時給1,000円を仮定）	39,840			
従業員給与	185,890	上記に付随する法定福利費	5,983			
法定福利費	28,157	(A) に付随する法定福利費	55,254			
税引前当期純利益	485,973	（当期純利益=予定配当額に対する）法人税等	66,371			
法人税等	123,770	当期純利益に見合う法定利益剰余金積立額	20,113		**DOE**	
当期純利益	**362,203**	**当期純利益＝予定配当額（e.g., DOE=□%）**	**201,125**	⇔	**9.5%**	⇐① ここを決める
		役員および従業員に分配可能な付加価値　(A)	**313,107**		**分配率**	
年間の配当金の総額	195,545	**役員変動賞与として分配（所得税 税引き前）　(B)**	**1,409**	⇔	**0.5%**	⇐② このバランス
自社株式買取り額	64,556	**従業員変動賞与として分配（所得税 税引き前）　(C)**	**151,544**	⇔	**48.4%**	⇐　を
合計（株主還元総額）	260,101	**従業員による事業再投資（所得税 税引き前）　(D)★**	**160,154**	⇔	**51.2%**	⇐　決める
		Check (A)−(B)−(C)−(D)=Zero	0		100.0%	⇐100%であること！
（自社株買い含まない配当金総額）/（株主資本）比率	9.3%					

(配当金総額+取得自己株式) / (株主資本) 比率=DOE	**12.3%**	**(合意配当) / (自己資本) 比率=DOE**	**9.5%**	差額%	
⇩1人/1株当たりデータ⇩		**⇩1人/1株当たりデータ⇩**			
株主・1株当たり配当額　(円)	111.00	株主・1株当たり配当額　(円)	111.03		
役員1人当たり報酬　(円)	65,107,143	役員1人当たり（保障給与+変動賞与）	52,077,751	−20.0%	**1人当たり合計**
従業員1人当たり給与　(円)	8,198,000	従業員1人当たり（保障賃金給与+変動賞与）	8,440,296	3.0%	14,443,871
	−	従業員1人当たり再投資（長期貸付10%+従業員持株90%）★	6,003,574	★「重要ノート」	
株主による事業再投資（=利益剰余金積立額という形式で）	102,102	株主による事業再投資（=法定利益剰余金積立額）	20,113		
−	−	従業員による事業再投資（長期貸付+従業員持株）税引き後★	136,131		
事業への再投資合計　(百万円)	**102,102**	**事業への再投資合計　(百万円)**	**156,244**	53.0%	
法人税等　(有報上実際値)	123,770	法人税等（新当期純利益＊実効税率30%を想定）	66,371		
役員および従業員の納める所得税・住民税（15%を想定）	28,157	役員および従業員の納める所得税・住民税（15%を想定）	52,949		
法定福利費合計（事業主負担15%+本人負担15%）	56,314	法定福利費合計（事業主負担15%+本人負担15%）	122,475		
配当に係る源泉徴収（所得税15%+住民税5%を想定）	39,109	配当に係る源泉徴収（所得税15%+住民税5%を想定）	40,225		
政府への分配合計　(百万円)	**247,350**	**政府への分配合計　(百万円)**	**282,021**	14.0%	

				差額	差額%
株主配当税引き後+株主還元としての自社株式買入額	220,992		160,900	−60,092	−27.2
役員（所得税引き後）	1,550		1,239	−310	−20.0
役員本人が負担する法定福利費	−273		−256	17	
従業員年間フロー給与（所得税引き後）	158,006		162,676	4,670	3.0
従業員本人が負担する法定福利費	−27,883		−60,982	−33,098	
事業再投資（=利益準備金積立という形式で）	102,102	（利益準備金+従業員による事業再投資の形式で）	156,244	54,142	53.0
政府（税+法定福利費）	247,350		282,021	34,671	14.0
合計	701,843		701,843	0	−

（出所）スズキ研究室

会社（合計162社）から、2社をA社とB社として割り当てた。例えば、被験者Xが自動車メーカーへの就職を希望しているとすれば、トヨタ自動車（証券コード：7203）をA社とし、本田技研工業（証券コード：7267）をB社として割り当てる。被験者Yが素材・化学業界への就職を希望しているとすれば、例えば旭化成（証券コード：3407）をA社とし、宇部興産（証券コード：4208）をB社として割り当てた。

多くのケースで、A社は業界大手の企業から割り当て、B社は準大手以下の企業を割り当てた。ここで「大手」と「準大手」を定義するのは難しいが、実験目的に照らして一定の曖昧さを残す程度が適切であると判断した。一般に「大手」、「準大手」はその業界内での売上や利益の大きさで規定されるが、もちろん年ごとに変化しうるし、売上で測るか、利益で測るかによっても判断は異なる。またブランドや知名度にも影響される。学生はそうした曖昧さを抱えたまま就職活動を行うし、また320を超える組み合わせがあるため、一般には特定のバイアスは相殺されるものと考えた。ただし、前年（2020年の実験）の経験から「大手」と「準大手」の差があまりにも大きいと実験に支障が生じるほどのバイアスが生ずるので、AとBの間の選好割合がおよそ6：4になるよう企業を割り当てた。実際、2021年の実験では、ステージ1では64％の学生がA社へ、36％の学生がB社への就職を希望した。

次に実験アドミニストレーターにより、事前に162社の有価証券報告書データが用意された。コロナ禍の影響を避けるために、2019年12月までの決算のうち最新の有価証券報告書を利用した。本書においては単純化のために、連結ではなく単体データを用いた実験のみ説明する。被験者が利用したのはすべて一般に公表されているデータであり、何ら秘匿性のあるものではない。**図表6・1**の左上に4桁の証券コードを入力するだけで、企業のPL情報や従業員数、1株当たり配当額などのデータが自動的に入力される。これは**図表6・1**の左側に現行のPL経営データとして表示される。例えば、被験者にとってB社である本田技研工業（以下「ホンダ」という）の4桁の証券コードは7267であるから、これを入力するだけで、売上高や売上原価、法人税のほか、役員や従業員1人当たりの給与データや1株当たりの配当データが自動入力される。A社であるトヨタ自動車（以下「トヨタ」という）のデータについても同様である。被験者は両社のデータを比較・分析し、Webや就活雑誌等も含めて入手可能な情報を勘案して、AかBのどちらの企業に就職したいかの選択が求められた。その選択理由についても、後に説明する**図表6・3**の24の理由から、重要なものを4つ選ぶことが要求された。

次に、実験の設定として、B社（この例ではホンダ）が、今後5年間をかけてDS経営にシフトすると宣言するものとする。ここにDS経営とは、従来の配当から1％（ポイント）下げた額が当期純利益となるような経営をすることである。役員給与と従業員給与に関しては競合企業たるA社にマッチさせる。すなわち、ホンダ（B社）とトヨタ（A社）の例で言えば、ホンダの役員給与と従業員給与はトヨタのそれに比べ低いが、DS経営にシフトすることにより、トヨタの役員給与と従業員給与と同じレベルにまで金額を引き上げる。さらに残った余剰については従業員の資産形成分として分配し、事業の再投資として使用されるものとする（**第4章**と**第5章**を参照）。ただし、ターゲット化された当期純利益が達成されない場合には、役員と従業員は最低生活保障レベルの給与・報酬に甘んじることとなる。被験者はそうしたリスクを自分で計算・判断することが求められる。すなわちDS経営によるメリットもデメリットも勘案して就職先を選択する。それぞれ自分が想定するシナリオを何度もシミュレーションし、従業員としての生活を、10年、20年単位で考えた上で、最終的に就職先をA社かB社に決定することが求められた。

ここに挙げたトヨタ（A社）とホンダ（B社）の例では結果は比較的予想しやすい。ホンダがDS経営を始めることにより、役員や従業員、事業、政府に分配する潤沢な付加価値を確保し、会社の持続可能な

図表6・2 実験結果

ステージ1：A社/B社ともに従来のPL経営＝利益最大化経営を行っている段階
ステージ2：B社がDS経営を公に宣言した段階（**DOE1％下げて、給与マッチ**）

A社を基準（100点）として B社は何点か？

	A社		B社		B社のポイント
ステージ1	197人	**64%**	112人	**36%**	95点
ステージ2	14人	**5%**	286人	**95%**	**149点**
本当は？*	38人	**11%**	236人	**89%**	**140点**

*ステージ3では、被験者が実験主催者（教授）に忖度し、あるいは課題レポートで高い点数を獲得するためにDS経営を支持するような回答をすることが想定された。そのため実験計画の段階から、これを修正するために課題レポートの得点を確定した後に、**「忖度することなく本当は？」と被験者の本心がより正確に反映されるよう工夫した段階でのデータ。**
（出所）スズキ研究室

成長を期待させる。また、年間給与のほかに資産形成分の分配も享受できるために、就活生による選好が高まるのは比較的容易に想像できる。

しかし、これを320名の被験者に当てはめ、各業界で、A社とB社、いろいろな会社を組み合わせて実験した場合の結果については必ずしも明らかではなかった。

というのは、AとBの組み合わせの中には、従業員の給与に関して、当初よりB社のほうが高く、A社にマッチさせるためには、B社はDS経営の導入により給与水準を下げないといけない場合がある。また、先に述べたように、A社が一般には大手で名声やブランドが確立されているのに対し、B社はともすると被験者に知られていない企業であるケースも珍しくない。そうした場合に、当初ステージ1で64：36で選好されていた割合はどう変化したであろうか。

結果は想像以上の変化であった（**図表6・2**）。被験者320名の平均値は5：95へと大幅な変化を見せた。もちろん、実験アドミニストレーターは一定のバイアスを想定していた。すなわち、この実験はDSの有効性を確かめるものであることが被験者にも自明で、DSの効果をシミュレーションを通じて一定レベルで体験できた就活生が、B社への選好を強めることは当然であった。また、履修科目の正式な評価を伴うコースにおいて、担当教授が学生に対しそうした実験を実施していることから、教授が望む実験結果を示したほうが講義の成績評価上有利であろうとの想像が働き、B社選好の表明をした者もいたであろう。こうしたバイアスを排除しきれないことは最初から想定されていた。

そこで、本実験では、実際に講義の成績評価を終え一番最後の授業の中で再度、「A社とB社から内定を得ていたら、諸君は本当にどちらの企業に就職するのか、正直に教えてほしい」として、できるだけ正直な選好結果を得られるよう工夫した。その最終結果は、11：89であり、やはり、B社、あるいはDS経営企業に対する強い選好が表明された。

追加的な、別の定量的データが存在する。ステージ1で、A社とB社を選択させているときに、仮にA社に対する評価ポイントが100ポイントであるとしたら、B社に何ポイントを与えるか、0~200のスケールで示すよう求めた。A社を第1志望とする被験者はB社に対し0以上99点以下の数値を付け、B社を選好するものは101以上200点以下の点数を付ける。ステージ2においても、DS経営シミュレーターでの体験を経て、B社が5年後をめどにDS経営を始めるとしたら、B社に何点を与えるか求めた。ステージ1においては、B社の点数は平均95点でA社との間に大差はなかったが、ステージ2ではB社は149点を獲得し、DS経営を採用する企業の人気の高さが確かめられた。

さらに、定性的なデータの確保と、その定量化にも努めた。被験者は就職先選択の理由を24項目のリストから選ぶよう求められた。**図表6・3**に挙げられている24の『理由・要因・基準』は、実験の際にはグルーピングや色分けされることなく、ランダムに被験者に提示された。被験者はその中から重要なもの4つを重みづけした上で選択し回答した。他方、実験アドミニストレーター側は事前に、これらの理由を「就

図表6・3　就職先選択の24の『理由・要因・基準』

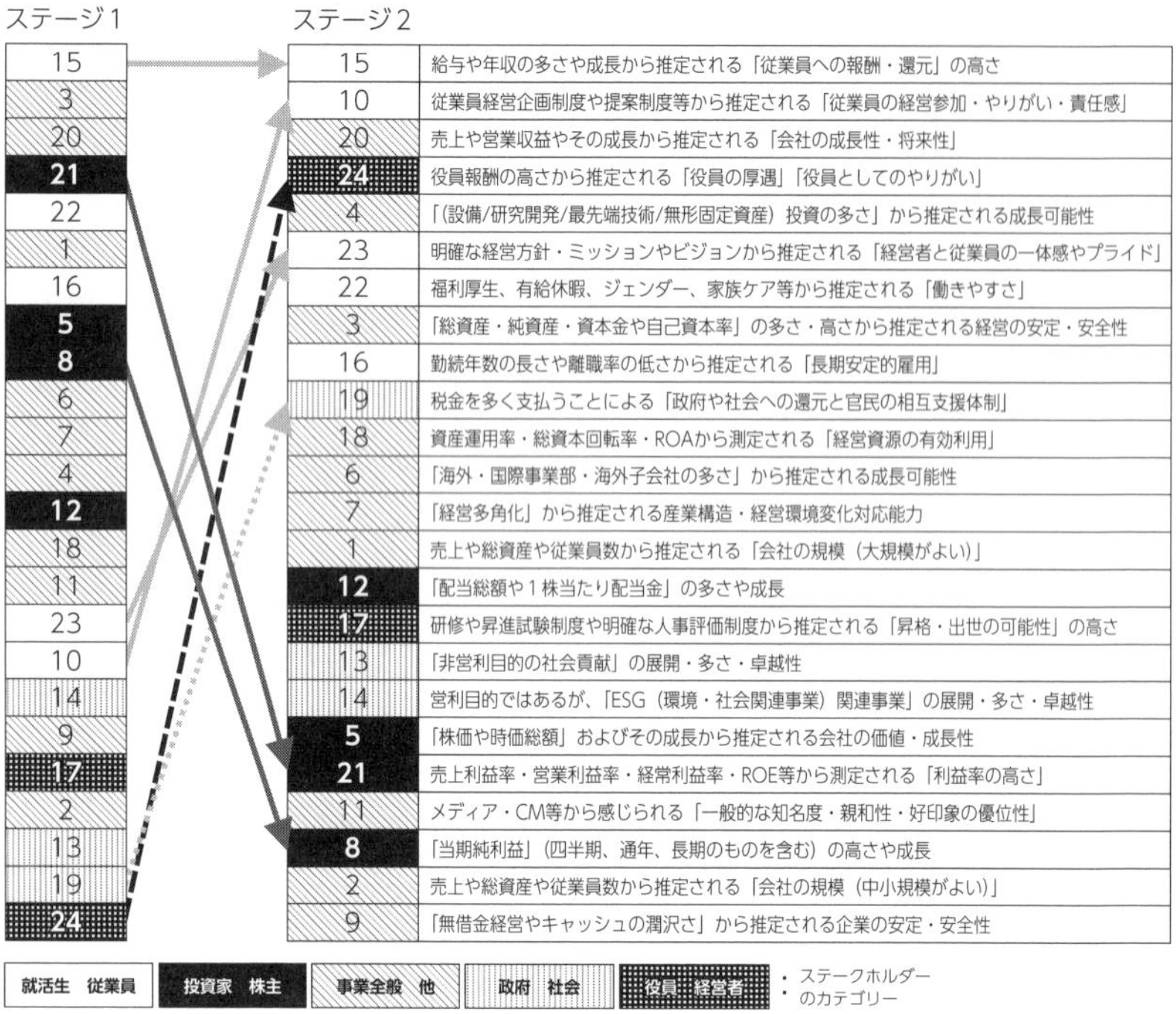

（出所）スズキ研究室

活生・従業員（の便益に直接的に関係するもの）」、「投資家・株主」、「事業全般」、「政府・社会」および「役員や経営者」に分類しており、これらのカテゴリーとの関係において被験者の就職先選定『理由・要因・基準』がステージ1とステージ2でどのように変化するか観察した。**図表6・3**の左側の部分はステージ1の選択結果、右側がステージ2の選択結果を示す。上部に位置すればするほど重要な『理由・要因・基準』となっている。

15番、「従業員への報酬・還元」はステージ1、ステージ2に共通して一番重要な『理由・要因・基準』であった。これは驚きに値しない。

興味深いのは、ＤＳ経営を学んだ後には、例えば8番や21番の「当期純利益」や「利益率の高さ」など投資家や株主に直接的なメリットの大きい『理由・要因・基準』が総じて順位を下げたことである。当期純利益や配当、株価などは一般には企業の価値や良さを代表する指標として支配的な地位を有している。しかし、ＤＳ経営の意味を学習し、大切なのは「利益」よりも「付加価値」の拡大であり、その適正な分配であることを理解した後は、利益指標が従業員のウェルビーイングには直接関係がないことを理解し、順位を下げたのである。ここでそのような解釈を断言できるのは、本シミュレーション実験では、被験者に心理的変化を７００~９００文字で説明させ、さらにそれを50字以内でまとめさせており、このデータから因果関係が確認できるからである。

10番や23番に見られる変化も重要である。就活生はやりがいやミッションを感じ、経営を仲間と一体になって進める「共感性」を求めている。19番に見るように、そうした経営が社会貢献につながっていることも重視している。さらに24番の変化も極めて興味深い。近年は若い従業員は会社役員に昇格することを望まなくなりつつある（第5章2（2）「役員への影響」参照）。さほど高くもない報酬で、株主のために利益率の高い仕事を遂行するとともに、コンプライアンスに縛られるといった役割を敬遠している。翻って、ＤＳ経営を実施している企業では、自らが株主としてやりがいのある仕事を選択する自由が広がり、その成否によって報酬が大きく変わることを好感している。従業員がモニタリングやガバナンスを効かせ、やりたい仕事ができるようになると、「そうした会社であれば、経営者となり、組織をリードしたい」というモチベーションが高まることが記録されている。

これは重要な点であるから繰り返す。就活生、そしておそらく従業員は、「利益」ではなく、「付加価値」

の増大と適正分配の大切さを学べば、「利益は善」との観念から解放される。すなわち「利益が上がれども上がれども、わが暮らしは豊かにならず」という過去20年の経営・経済環境を克服できる可能性がある。成熟経済社会では無理に利益を追求すれば、株主に帰属する付加価値は増大しても従業員の付加価値やウェルビーイングは損なわれる。逆に高い利益や利益率が達成されていなくとも、十分な付加価値が生産されていれば、それを適正に分配することで従業員の所得やウェルビーイングが改善される。これが士気を高め、イノベーションの可能性を高めることにもつながりうる。もちろん実際にそうした成果につなげるには細かな報酬制度や人事制度を築くことが条件となるが、DS経営には、日本企業がもう一度成長に向けて人的資本の価値を高め、必要な資金を循環させる基礎が存在する。

本実験では定量的なデータにもまして、丁寧な定性的なデータの確保に努めた。以下では約320名の被験者が、就職先選択のプロセスを通して、DS経営についてどのように理解したか、ステージ1とステージ2の間にどのような心理的な変化が生じたかを記述した700~900文字のデータや、それを50文字程度でまとめたデータを概観する（被験者は両データを提出することが求められた）。また、これは想定外であったが、こうした実験や講義の後にツイッターなどのSNSで表明されたコメントは、ある意味、最もバイアスを排した正直な感想として有益なデータとなったので、これも併せて紹介する。まず、700~900文字での説明の例である。

被験者1

ステージ1…においては、私は、人件費削減を行ってでも会社の当期純利益を伸ばすべきであるという認識でいた。というのも、「企業価値＝株価総額」という考えのもとで、利益を伸ばすことで生じる余剰を配当に回し、株価を上昇させることが、企業価値を上げることに直結すると思い込んでいた。…しかし、…成熟経済社会の困難を学び、個人としてのキャリアおよび、将来設計に想いを馳せたとき、株主第一主義に強い違和感を覚えた。大企業の従業員として、どれだけ働いても、そこで得た企業の売上の多くが株主にわたる。それならいっそう、やりがいや責任感を重視したいという心境の変化があった。そうした状況において、〇〇〇社がＤＳ経営を行うならば、Excel シミュレーターからもわかるとおり、従業員による活発な事業再投資や報酬・還元率の高さを実現することができる。さらに、従業員による自身のためのモニタリングや、株主第一主義を改正（原文ママ）したステークホルダー利益のためのガバナンス等が行える。こうした従業員の経営参加は、一般投資家や株主によるモニタリングやガバナンスよりも強固な動機づけが働き、やりがいや責任感、それに伴う幸福感を生み出すものであるだろう。このようなイノベーションによって、短期的な利益に着目するのではなく、サステナビリティに重点を置いた付加価値の適切な分配を目指すＤＳ経営に大きな将来性を感じた。行き詰まった現代の成熟経済社会に対して、このような制度設計は、現状を打開する新しい資本主義であるといえるだろう。現状では、会社の規模では負けている〇〇〇社だが、ＤＳ経営をすることによってあらゆる面で△△△グループより就職するに値する会社に成長するだろう。以上の理由で、私は△△△グループではなく、〇〇〇を第１志望の就職先とする。（注：会社名のみ修正している）

この被験者は、50文字以内のまとめで「忖度なしでやりがいや責任感を持って仕事ができることが人生

において の幸福につながると考えている」とも回答している。

被験者2

ステージ1…では、営業利益、配当、資産・資本、当期純利益の項目に関して、額が大きい企業ほど安全だと考え、A社を選択した。しかしこれ以上の成長が見込めない「成熟経済社会」下で「株主第一主義」経営を行う企業においては、それらの額が大きければ良い、とは言えないと知った。具体的には、営業利益、配当額が大きいことには、給与や「R＆D」の削減がある。また、いくら資産・資本、当期純利益の額が大きいとしても、「株主第一主義」経営の下では、その多くが「株主」に還元され、事業再投資は確実な存在でない。これらのことから、B社がDS経営を行う企業だと仮定したとき、私は「付加価値の適切な分配制度」の下で経営するB社に就職したいと考える。以下がその理由である。

従業員として働く上で、最も重視するのは15番である。DS経営に切り替えたB社は、「株主」に必要以上の配当をしないことでPL経営時より多くの給与を確保する。また、従業員に事業再投資を付与し従業員持株制度を取り入れることで、従業員が「株主」になり、「従業員によるモニタリングやガバナンス」が実現する。これまで以上に企業の経営活動に関心を持ち、「やりがい」を感じながら仕事ができる理想の経営だ。「やりがい」を持った従業員が増えれば、企業の成長も期待できる。「やりがい」という意味では、24番も注目したい。給与の高い役員になるという目標があれば、「やりがい」も大きくなる。加えて、「株主第一主義」経営をやめることで、より多くの額が望める4番も大切だと考える。PL経営のA社とDS経営時点のB社の事業への再投資合計を比較すると、経営規模は異なるとはいえど、大幅な差があると見受けられる。また、ＰＬ経営時点とＤＳ経営時点のＢ社を比較すると、額だけ見ればＰＬ経営時点のほうが大きい。しかしＰＬ経営ではこれを「赤字配当」や「自社株買い」に利用するため、確実な事業再投資が望めないのだ。その点、ＤＳ経営に転換したＢ社は確実に事業再投資を行うため、理想的な経営だといえる。日本の安定的な財政を考えて19番にも着目すると、ＤＳ経営とともに政府の税収は増えていることがわかる。ここにもＤＳ経営を支持する理由がある。

企業の「株主第一主義」経営下の日本の経済では「労働」の対価を得ることができない人が多く存在し、所得格差の広がりが危惧されている。そこで、多くの企業がＤＳ経営に転換すれば、1人ひとりが適切な分配を受けられる社会が期待できると考える。

この被験者の50文字以内のまとめは「会社の規模を考えると、Ｂ社にA社と比べてかなり大きな点数を付けることができませんでした［被験者2はA社の１００点を基準として、Ｂ社には１２０点を付けた］。しかし、やはり自分が従業員として働くことを考えると、株主第一経営をしているA社よりも、従業員や役員、会社の将来のための再投資をしっかりと確保する意思のあるＢ社に入社したいです」であった。

本書において、こうした３００以上の被験者の説明をすべて掲載できないのは残念である。残念であると言うのは、このデータにこそ、就活生や若い従業員の本質的な労働心理が体現されていると確信しているからである。当初のＢ社の総合評価は95点であったが、最終ステージでは１４０点にまで上昇したことも思い出されたい。そうした大きな変化を起こした心理的変化の理由や思考プロセスの詳細が記されている。先に述べたように、この実験では、被験者（学生）と実験アドミニストレーター（教員）の関係性に基づくバイアスが不可避であることを前提に、できる限りその影響を排除するよう努力した。当該科目の最終評価を終え、学生がいかなる回答をしようとも評価には影響しないことを明白にして、最終授業の最後の時間を使って調査を実施しても、この高い点数が確認された。

とはいえ、それでも、教員に忖度する学生によるバイアスを完全に消去することはできない。それでも、この初期のシミュレーション実験を読者に提示することには相当の理由がある。それはバイアスが存在したとしても、それを凌駕する就活生の希望の存在が明らかに見て取れるからである。学生は、こうした新しい経営・経済構造への変化を強く望んでおり、これこそが日本を再生するカギであり、新たに開発されるべき人的資本の本質であると感じたからである。

こうした確信には、図らずも、2つの間接的な証拠がある。自画自賛のようで気恥ずかしいが、1つには、本講義シリーズの学生による総合評価は、定量的には6点満点中5・74であり、定性的にはDS経営に関する好意的なコメントにあふれていたことである。こうした調査自体も、教員と学生間の関係によるバイアスに侵されていないわけではないが、このレベルの評価は講義で学んだ内容に対する期待を反映していると考えられよう。バイアスを差し引いても強い支持があることはまず間違いない。

また、DS経営に関する講義の後に、筆者と直接的なつながりのない学生等により多くの好意的なSNSメッセージが多数発信されていたことも、DS経営モデルに対する学生の支持を物語っている。伝統的な科学でこうしたSNSデータにどれほど証拠力を認めるかは議論のあるところであるが、シミュレーション実験におけるB社の定量的評価、700~900文字の回答、50文字以内のまとめ、講義の学生評価等と合わせて、DS経営を推進する会社に対する就活生の強い選好が示されていたことは疑いない。

もちろん、本実験で被験者となったのは「就活生」であって「従業員」ではない。「就活生」が将来の従業員であったとしても、そこには明確な差異がある。それでも、ここまでの実験で得られた知見は今後の経営・経済制度設計において十分に注意を払うべき示唆に富んでいる。

本章の目的は、このシミュレーション実験の学術的正確性を分析、改善することではない。それは今後の課題とし、現時点で大切なのは、実験上の瑕疵や不正確性を差し引いても十分に知覚される、次世代のDS経営に対する期待や支持を、日本の経営・経済環境の改善の兆しとして共有し、その可能性を高める方策を検討することである。

2 投資家・株主の反応

次に主たる関係者として「投資家・株主」がどのように反応するか、あるいは「投資家・株主」にどのような影響が及びうるかを検討する。DS経営モデルの関係者の中で、直接的に減収のリスクに直面するのは「投資家・株主」である。仮に当初の通常の株主資本還元率が4％でそこから1ポイント下げれば、株主の得る配当所得は単純計算で25％減となり、短期的な利益を最大化しようとする株主にはバッド・ニュースであることは間違いない。主たる事業関係者の中でこうした損を直接的に被る可能性が高いのは「投資家・株主」だけである。

もし、この「投資家・株主」に対する損失の可能性が、理由のない不合理なものであれば、DS経営というナッジや制度設計は不完全であり、失策である。そもそも、効果的で効率的な完成度の高い制度設計とは、すべての主要関係者の心理が突き動かされ、自発的インセンティブに基づく新たな行動を誘発し、その行動の束が全体として合意された社会目標を達成するような仕組みである。そうした制度設計の評価基準の中で、ＤＳ経営が「投資家・株主」に一定の負荷をかける理由を説明する。

第1に、本書の「公式に表明されたバイアス」、すなわち「社会科学や政策上のポジションの表明」は、「成熟経済社会の深化する日本という行政単位において、資本提供機能やモニタリング・ガバナンス機能の低下している投資家・株主に過大な分配がなされており、これが持続的成長のために他の関係者の得るべき適正分配を阻害している」というものである。長期金利0％に象徴的に表されるように、一般的に利益機会の低減した日本経済全体の中で、投資家・株主に配分される付加価値が過大であるとの判断で「通常の配当を1％引き下げる経営が実施されたら、他の関係者に対する分配ややりがい、ウェルビーイングが改善され、全体として持続可能な成長が促進される基礎が醸成されるか」、という問いを出発点とする制度設計を検討している。よって、ここで投資家・株主に一定の負荷をかけることは方法論上の仮定であり、法的に強制されるものではない。

第2に、そもそも、株主が、経済社会的に合理的であると解されるのは、求めるものが長期的な企業価値の最大化である場合である。実際、投資家・株主自身、その目的のためであるとして制度の改正を求める。政府もそれが社会的な厚生改善につながるとの前提で、投資家・株主の主張を認め、投資家・株主の保護・優遇策を推進してきた。社会の役に立たない短期の投機的な利益を求めるためだとして制度の改正を求める者はいない。しかし現実には、そうした投機家まがいの投資家の影響力が高まり、投資の超高速化、短期化、パッシブ化やモニタリング・ガバナンス機能の不全が問題となっていることは論をまたない（『成熟経済社会レポート』節3・2・2～4）。

しかし、ここで見誤ってはならないのは、投資家とて投資対象の企業の成長を望み、その企業が社会的な貢献を通じて企業価値や付加価値を高め、そのシェアの一部を投資のプロとして分配されることを望んでいることである。これは純朴に過ぎる見立てではない。知性が高くプライドある多くの投資家は、適切な社会的貢献を実感できる投資に起因する利益を望んでいる（『成熟経済社会レポート』節3・2・4）。すでに客観的幸福度が高まった成熟経済社会においては、金銭的効用はその源泉として社会貢献へのつながりが感じられない限り向上しがたい。この点についての追加的な証言は次章で述べる。

ここでのポイントは、知性とプライドある投資のプロにとって、短期の投機的な取引でしか利益を稼ぎ出せない環境は不幸であり、市場構造上の問題だということである。そもそも、長期的な企業価値の拡大とそれに伴う付加価値の分配を求めながら、短期の配当の多寡に一喜一憂せざるを得ない市場環境を作り出す会計上の認識や測定のフレームワークに歪みがある。DS経営によって短期的に配当が1ポイント下がることは必ずしも投資家・株主の効用の悪化を意味しない。逆に、それによって企業価値の増進が予見され、投資家本来の実体経済への貢献を感じられ、それによって長期的に安定的な経済的利益が確保されるのであれば、そのほうが投資家・株主の効用は高まりうる。

第3に、もし、DS経営による長期的な投資を嫌悪するのであれば、投資家・株主には不測の損失を避けるための制度が十分に整備されている。DS経営推進の方針が公開情報となった時点で、それに反対するのであれば投資を回避し、あるいは株主でなくなることを選択する自由、権利、機会、手続が十分に用意されている。既得権を駆使してモニタリング機能を十分に働かせ、DS経営推進に関する情報を収集・分析した上で株主となることを選択し、結果として損をしたということであれば、それは投資家・株主の投資行動の失敗であって、DS経営や制度設計の失敗ではない。不作為のまま高い配当や株価による利益を得られない、あるいは損失を被ったとの主張は投資家・株主の怠慢に過ぎず、法や社会制度にはこれを保護する理由がない。

「そうではない。長期投資を実行したくとも、短期的な投資で利益を稼ぎ出していかなければならない投資環境に悩まされているのだ」との反応が起ころう。まさにこれこそ筆者が「情報―価格の成熟化に伴うアポリア」として説明した問題である（『成熟経済社会レポート』節4・5）。端的に言えば、効率的な投資市場形成のために開発した、財務諸表体系、情報技術、国際化、証券化、デジタル化は、低コストで瞬時により優位な投資案件に乗り換えることを可能にし、結果として責任あるモニタリングやガバナンス機能を果たすことなく、多額の利益を獲得することを可能としている。しかも、これは株式市場だけでない。現在の市場は異なる種類の資産・負債が証券化され、デジタル化され、クロスボーダー化された「情報―価格」で高速にトレードされており、特定企業に対する長期投資やコミットメントどころか、株式にさえコミットする必要はない。

すなわち、「情報―価格の成熟化に伴うアポリア」が生じている現代は、伝統的にビジネス界で大切にされてきたガバナンスメカニズムとしての「コミットメント」や「トラスト」、「責任」、「共生関係」が希薄化する構造を内包している。近年になって「責任ある投資家」の概念が議論・主張され、投資家に「エンゲージメント」や「コミットメント」を求めるが、上記の効率的な「情報―価格の成熟化に伴うアポリア」が支配的な世界では、投資家・株主にはそのような長期的な責任を負うインセンティブがない。そもそも会社法の原則は、株主はその拠出額を超えては義務を負わないとする有限責任制であり、このフレームワークの下で、かつ「情報―価格」が成熟化した現代、投資家に経済社会の持続的な発展に寄与するような責任を求める政策には限界がある。この限界こそ、本書が伝統的な政策に代わり、DS経営的な発想で乗り越えようと試みる所以である。

さて、DS経営が一般化してその意味内容が十分に市場に理解されたと仮定したら、投資家はどのような反応を示すであろうか。本書執筆の時点（２０２２年５月）においては、この問いに対し十分な回答を提示するだけのデータが蓄積されていない。それでも、以下の２つの報告を行い、ＤＳ経営が成立する条件が整う可能性を示したい。

第1に、以下の実験は極めて初期のトライアルの域を出ないものであるが、投資家のＤＳ経営推進企業に対する反応の定量化を試みた。被験者は先ほどと同じ約３２０名の学生である。彼女・彼らに今度は投資家の役割を担わせた。すなわち、この３２０名は、今度は大手証券会社に勤務する40～50代のファンド・マネージャーとして「ファンドＡ」と「ファンドＢ」をあずかっている。双方ともに、国内株式対象のオープン型投資信託であり、配当収入や株価の上昇によるリターンを見込むものとする。ファンドＡは先のＡ群企業50社から構成され、純資産５００億円である。Ｂも同様にＢ群企業から構成され、50社、５００億円である。当初ファンド・マネージャーは50：50で保有しているが、日本の経済社会でＤＳ経営に関する知見が一般化し、就活生が先の実験で見られたような行動をすることも一般的な知識として周知されるようになった場合に、ファンド・マネージャーは今後ＡとＢの割合をどのように変化させるかという問いに答えさせる。

結果は、当初の［Ａ 50：Ｂ 50］から［Ａ 37：Ｂ 63］へ変化した。伝統的な経済学・ファイナンスの知見で言えば、当期純利益を制限し、配当を制限すれば、株式が売られ、株価も下がることが予想されよう。しかし、ここで起こったことは逆である。この実験では正式にこの変化に関する理由の聴取が行われなかったが、一部の被験者からは、「従業員の満足度や士気」の高揚に伴う「中長期的な成長」や「安定性」、「安定配当」が好感され、Ｂファンドへのシフトが起こった。中には「煩雑な四半期ごとの分析やモニタリングの役割を担わずとも、従業員が、自身が働く企業のモニタリングやガバナンスを図り、企業価値を上げていくであろうことへの期待」と回答する者もいた。

もちろん実験上、学生・就活生に投資家の役割を担わせることには問題がある。投資家と同じ行動をするか否かについての疑義は存在する。ただし、この疑義や批判の一部は、実験経済学的手法に、現実の忠実な反映を求める方法論上の誤解から生じるものもある。実験は現実の忠実な再現を目的とするのではなく、現実の複雑性をコントロールした上で、観察される事実を確認する作業である。こうした実験で学生に投資家の役割を担わせるのは通常の手続の範囲内である。もっとも、それでも筆者は、被験者として実際のファンド・マネージャーを採用できればそれに越したことはないとの立場であり、この不完全性については十分認識している。

ただし、学生を被験者として採用したことには大きなメリットもあった。今回の実験では、ＤＳ経営を「学習」した学生に、就活生としての役割を与えた後で、今度は投資家としての役割を担わせたことがカギであった。これらの被験者は、ＤＳ経営が実際どのように経営に影響を与えうるかについて、講義の中で真剣に考えた経験を持ち合わせている。中長期的にそうした企業がどう成長しうるか、「就活生」になることで、自身の所得ややりがい、士気との関係で一定の考えを整理する。その感覚を持ったまま、「投資家」がＤＳ経営推進企業をどのように見るかを想像して回答した実験結果なのである。

そうすると、この実験結果を総合的に評価すると、市場がＤＳ経営のメリットを十分に「学習」している環境では、主要関係者すべてのベクトルの束が同方向に向かい、「適正分配による成長」、すなわちサステナブルな発展に向かう可能性を示している。このことは、昨今のＳＤＧｓ投資を考えれば理解しやすい。本来、ＳＤＧｓへの投資はＰＬ経営上の費用であり、利益や配当を抑制するから、株式が売られ、株価が低下することが予想される。しかし、現実には低下していない。むしろ、現在よく観察されている事実は、世界的にCSRやSDGs、サステナブルな経営への支持が高まり、一種の流行りも手伝って株価が上昇しているものと考えられる。同様の例は**第1章**で紹介したOne Additional Lineにおいても確認された。現在の費用が多くなっても、中長期に安定した成長が期待され、それを支持する市民や投資家が優勢になると期待される場合には、投資家・株主から強い選好が示され、株価も上昇する。

とするならば、DS経営を推進する企業はさらに多くの支持を期待しうる。なぜなら、SDGsやCSRがビジネスの本業からは遠い広範な社会関連事項を対象とし、焦点を絞りきれていない（分散してしまっている）のに対し、DS経営は主として役員や従業員に対する適正分配や士気、やりがい、ウェルビーイングの向上にその目的をフォーカスしており、前者よりも事業経営や付加価値の生産に直接的な作用をもたらしうるからである。岸田政権が行き過ぎた株主第一主義の修正を謳い、人財資本主義を推進してサステナブルな成長の実現を政策の根本とするとき、官民共同でこうした経営を推進すれば、投資家・株主も含めてウィン・ウィン（Win-Win）な関係を構築できる可能性が高い。

3 政府の反応

通常の経営学や経営実務において、政府への適正分配を経営目標に置くことはまずあり得ない。一般に、法人税、事業税、従業員らの源泉所得税、住民税、および法定福利費は、主たる経営目的たる利益行動の結果として、既定の法に従って自動的に支払が発生する。もっとも、これは建前であって事実上は節税対策や租税回避・脱税行為も頻繁に行われており、近年はタックスヘイブンの利用や国際的な法人税の低率化競争が政府の税収不足を助長している。日本は慢性的な税収不足と財政赤字、さらには少子化・高齢化が深刻化し、政府に対する適正分配の新しい方法が求められている。しかし、増税は、選挙との兼ね合いで政治的に導入が難しい解決方法である。政府は往々にして国債発行などを伴う問題の先延ばしに解決を求めがちである。そして、国債残高の拡大が危機的に感じられるまでになると、MMT理論が注目を集める。本書ではMMT理論の正当性や現実性には触れないが、そうした方法によらずに、財政を健全化する方法を探ることが経済の規律を確保する原則である。

このようなコンテキストにおいて、DS経営のシミュレーション結果は有望なオプションを提示する。まず第1には、政府への分配を大幅に増加しうる。第2に、財源が法人所得ではなく個人所得であるために税収が安定的になる。第3に、源泉徴収を主たる方法としているために租税回避のリスクが少ない。第4に、特に増税のための政治的・行政的なアクションが必要とされず、導入が容易である。第5に、従業員にとっては所得の増加に伴う負担増であるため、通常の増税ほどに反発されることはなく、消費の低減も起こりにくい。

第6に、増加する収入の大きさに鑑みて、企業の会計単位外にある利害関係者に対する「再分配」を企図することができる。**第4章2**「政府による『再分配』ではなく、企業の第1段階での『分配』」で述べたように、本書における「分配政策」は企業における第1段階の分配の適正化を基本としている。しかし、会計単位外に存在する利害関係者に対しても十分に分配するための制度設計を行うことは難しい。よって、この分野においては一度政府の収入を増やし、そこから「再分配」することで市場の歪みを修正することが合理的である。

これまで、DS経営に伴う政府財政への影響を、官庁職員が正式に検討したことはない。もちろん実際に詳細な影響を分析するためには、筆者の実施するシミュレーションよりも精緻で注意深い検査が必要である。それでも、こうしたスキームの全体像や増収の可能性、実施方法、制度化にあたっての政治・行政的な簡易さを把握した政府関係者からは好意的な感想が寄せられている。今後は他の利害関係者の反応を見ながら精査を進め、より正確なインパクト・アセスメントが求められる。合計で増収が見込まれても、多種類の税の間で収入の増減が激しいので、収入のタイミングや税の使途などに悪影響が出ないか調査と調整が必要となろう。

4　すべての主要関係者のインセンティブのベクトルの統合

本シミュレーションが示そうとしたのは、ＤＳ経営が大規模に実施されれば、経営者、従業員、事業そのもの（再投資）、政府といった主要ステークホルダーの厚生は直接的に大きく改善されることであった。投資家の中でも、中長期的に成長する可能性の高い企業を支持することで、安定配当と株価向上のメリットを期待しうるのであれば、ＤＳ経営を支持する者は一定数存在しよう。あるいは、そのように投資スキームを開発し、新しい金融商品として展開することが国民経済の健全な発展にも資するのであり、このような投資にこそ本来、金融商品取引法が想定した真の投資家とその得るべき報酬を見出す。また会計単位の外に存する利害関係者に関しても、政府に対する分配が十分に増えた上で、政府が保護救済に値すると判断した場合には、ＤＳ経営によるメリットを享受することができる。すなわち経営に関する主たるステークホルダーすべてのメリットが向上する可能性が高いという意味において、インセンティブ・コンパティビリティが成立し、効果的・効率的な制度設計となる可能性がある。

以上のシミュレーションによる好循環の予想は、従来の経済学や経済政策上の「予想」ではない。応用制度設計上の予想とは、「好ましい予想」を主要関係者で共有し、それが達成されるようなメカニズムを示すことにより、実際にそのような好ましい結果が達成される循環性を伴う予想である。従来の経済学等が単に過去の実証データから予想する（そして多くの場合は想定外の結果に終わる）のとは異なり、応用制度設計上の予想とは、皆がそう望み、そのように行動するから、そのような将来が実現する、という逆算的な予想である。

5 ユニリーバ：1つのケースから象徴的モデルへ

では実際にそのような制度設計で成功した企業経営の例は存在するのか。日本ではこうした例はあまり知られていないが、欧州ではユニリーバがそうした経営を進め、従業員の士気の向上に伴い業績の改善が見られ、これを好感した投資家も同社の株を買い増し、株価が順調に上昇した例として知られている。

ユニリーバは19世紀末の英国に起源を持つ、P&G（プロクター&ギャンブル）やネスレと並び称される世界的な一般消費財総合メーカーである。ポール・ポールマンはP&Gで財務関係を中心に活躍した後、ネスレでCFOとして登用され、2009年から2019年までユニリーバのCEOを務めた。2019年からはオックスフォード大学のビジネススクールのチェアマンを務めて、同スクールのミッションたるサステナブル・ビジネスを推進している。筆者は同校で「アカウンティングとサステナビリティ・マネジメント」教授を務めていた関係でポールマンがCFOを務めていたネスレのアニュアルレポートを講義の主要教材として使用することから始め、ユニリーバをMBA講義のケース・スタディーとして使用するために詳細な情報を収集していた経緯がある。

ポールマンのCEO就任を直前に控えた2008年12月の記者会見やアナリストとの対話は有名である。それは、今日でいう株主資本主義に基づく短期利益主義との決別宣言であった。これは2019年に米国ビジネス・ラウンドテーブル（BRT）が主要企業経営者181人で共同署名した「株主第一主義の見直しと従業員配慮」の宣言をもっと具体的に、10年先んじて1社で断行したケースであった。

その宣言の具体的な内容の1つが、業績予想の公表や四半期開示の中止（あるいは最小化）であった。就任直前に、アナリストを前に「あなた方は私から四半期のデータを得ることはなくなるでしょう」と宣言したのである。その直後、2009年の第1クオーターにはユニリーバの株価は8％も下落し（**図表6・4**の株価グラフの中央の下落）、主要株主たるヘッジファンドの割合は15％から5％へと減少した。ポールマンによれば、これは事前におおよそ予想されたことであったが、それをあえて就任に合わせて宣言したのは、「彼らがどれだけ私を嫌っても、就任初日からは、さすがに解雇できないであろう」という読みであったという。また、それよりも大切なのは、就任時にそうした思い切った宣言をすることは、内外に対するポールマンの強い意思の表明であり、その後に続く従業員重視の経営に対するコミットメントの表れであった。

ポールマンは後に、米国会計学会の機関誌アカウンティング・レビュー（The Accounting Review）の中で四半期開示を取りやめた理由について説明している（要諦は“inc.com”2018に再掲されている）。米国では詳細な企業情報の四半期開示どころか日次あるいは分ごとのレポーティング、すなわちリアル・タイム・ファイナンシャル・レポーティング（RTFFR：Real Time Financial Reporting）の導入圧力があることを伝えられると、ポールマンはそれはナンセンスの極みだとし、投資家による投資家のためのミクロマネジメントの始まりを危惧する。公開（上場）会社の経営判断に必要なのはそうした投資家ではなく、長期と短期のバランスを取るべく行動する経営者の自律性だとする。四半期開示制度をやめ、短期利益最大化を強要される圧力を取り除き、もっと成熟した投資家との対話を実現したとする。

当然ながら、この宣言は、ユニリーバが投資家や株主を不要であるとしたものではない。不要ではないが、重要性の序列を再考し、従業員を第1と捉えなおし、そうした経営に理解のある投資家を選択したのである。ポールマンは次々と社内のコミュニティ改革プログラムを打ち出し、従業員の連帯感と士気を高めていく努力を重ねた。その結果、社内で使われる従業員のエンゲージメント指数が劇的に改善するとともに、業績も急成長を遂げた。いわば投資家や株主といった外からのガバナンス、モニタリングやプレッシャーによる成長モデルを排し、日常ベースで事業を推進する従業員自身が自身の事業を育てる内生・自律モデルへ脱皮したのである。

このケース・スタディーに関しては、例えばC・バートレットとP・ビーミッシュの著作（Bartlett & Beamish, 2013）に詳しい（ユニリーバの改革は国際的にビジネススクールにおける標準ケース・スタディーとなっており、多くのケース・スタディーが存在する）。参考までにユニリーバの長期の株価の変化を**図表6・4**に示す。２００９年当時の株価急落を超えて順調な伸びを見せているのは、一般には、ポールマンの新しい経営に対する評価であると考えられている。

確かに、上記、ユニリーバのケースは、1つの成功物語に過ぎない。経営学や戦略論、組織論も含めて、特定の経営手法やモデルには、ほとんどの場合で成功例と失敗例が両立しうる。したがって、このケースをもって四半期開示制度を廃止すべきといった証拠を示しているものではない。

とはいうものの、日本、あるいは世界の証券市場論を概観してみれば、「投資家によるモニタリング」、「株主を中心としたガバナンス」、「資本効率の追求」、「資本の流動性の確保」、「グローバル・スタンダード」、

図表6・4　ユニリーバ：四半期報告書の廃止と持続的な成長

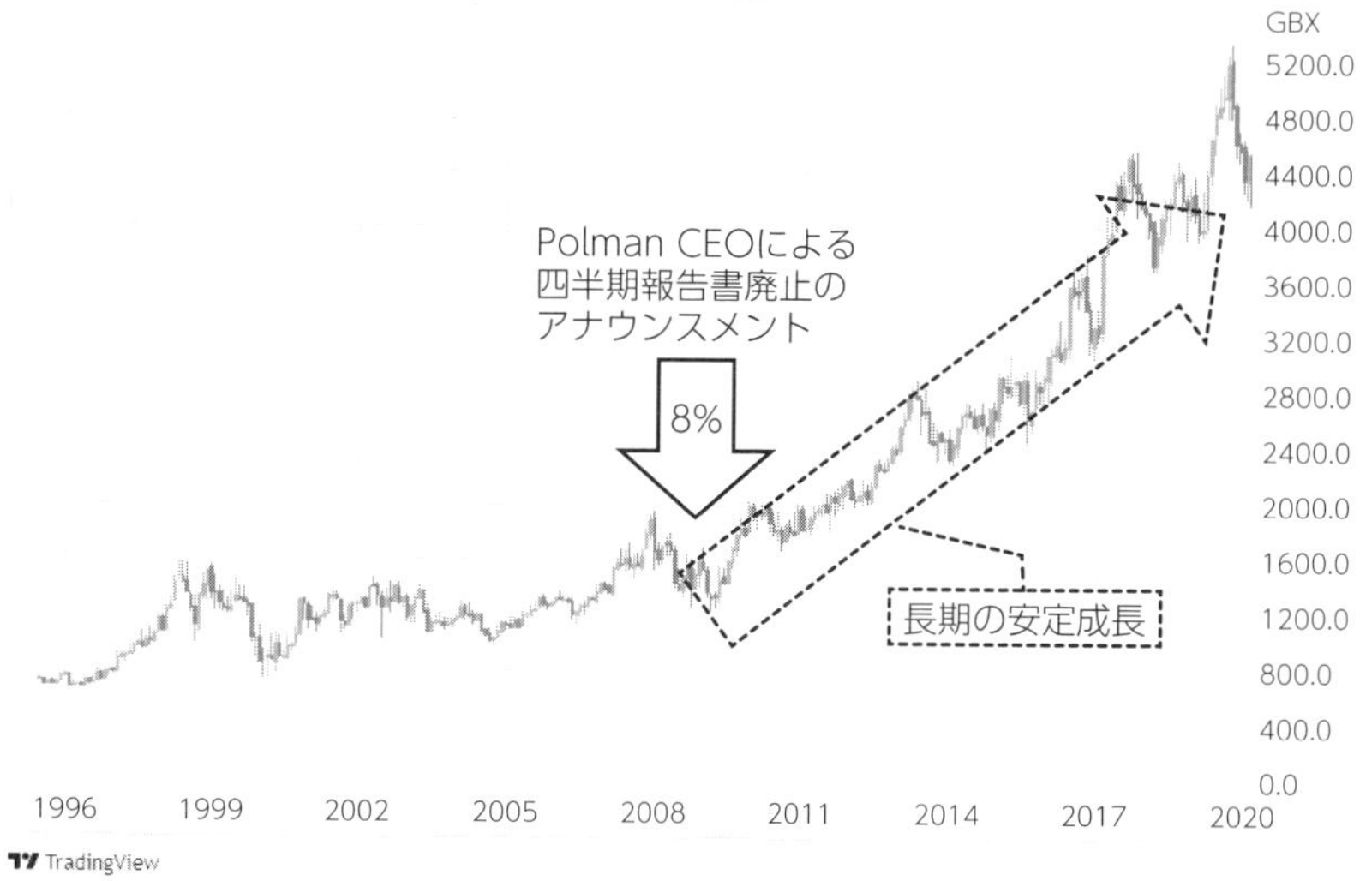

（出所）TradingView 提供のチャート

「より早く、より正確で、より透明性の高い情報」といった考え方が利益最大化を生み、国民経済の発展に寄与するのだという論調が前提になっている。この大前提が真実かどうか、その社会的合理性をより批判的に検討するために、ユニリーバの例を反証として挙げたのである。2019年、ポールマンがユニリーバCEOから退くと同時にオックスフォード大学のビジネススクールのチェアマンに就任したことは、こうした新しい経営が社会的に認知されたことの象徴として捉えられている。

ユニリーバのケースは、従業員のインセンティブのベクトルをもう一度統制しなおすという点が最も興味深い。なぜなら近年の日本市場において、上場を目指す会社、あるいは上場を維持しようとする会社が最も重視しているのは資金調達の機会ではなく、社会あるいは取引上の信頼の確保であり優秀な人材の確保であるからだ。**図表6・3**で触れたように、従業員の側から企業に求められている最も重要な要因や基準は「給与」のほか、「従業員の経営参加」や「働きがい」であり、「仕事へのプライド」、「同僚との協調」である（『成熟経済社会レポート』節4・4も参照）。

本章では、ROE経営が推奨され、利益最大化と高配当を是とする市場に、ある種逆行するように見えるDS経営による適正分配モデルの可能性を検討した。

先の実験結果を生み出した学生自身が驚き、喜びと希望を胸にSNS等を通してその推進運動を展開している。経営者や政治家にも呼びかけ、こうした適正分配がもたらしうる社会全体のメリットを紹介している。「優れた学生・就活生はDS経営を推進する企業への就職を希望する」と、「そうした政策を推進する政治家を支持する」とのメッセージを打ち出している。そうしたメッセージの周知が企業行動を変え、政策を変え、それを好感する投資家の行動も変える。このような連鎖が好循環を生み、次世代の経済社会がサステナブルなものに進化することを期待している。これが当初の「新しい資本主義」政策が期待した「分配と成長の好循環」である。

次章では、こうしたDS経営モデルを実装するために問題となりうる現実的な課題を検討する。

第7章

DS経営の実践に向けて：関係者の役割・動向

「…こうした制度設計に誰か反対する人がいるのですか?」とは、衆議院議員会館における勉強会（2021年7月）における有力議員の発言であり、多くの参加者がうなずいた共通の疑問であった。あるいは、この発言は、すべてのステークホルダーが恩恵を受けるにもかかわらず、実際には実施されていないのは何かしらの不備があるからであろう、というある種の懐疑の表れである。誰が反対するのか。

投資家ではない。投資家や株主は一応反対の意思を示すことはあっても、別の投資機会のほうが有利とみれば乗り換えることができ、投資リスクは高くない。近時流行りのSDG投資が17ものゴールを標榜して目標が広く分散されているのに対し、DS経営は従業員の厚生と士気を高め、企業の持続的成長に直結するように資源を集中投下できる分、SDG投資よりも高いパフォーマンスを期待する向きもある。DS経営企業群を中核に据えるファンドやオルタナティブ・マーケットの創生を通じて、長期安定配当を好感する年金基金や政府系投資家も存在する。

答えは経営者である。経営者は一般に、DSが推奨する減配に伴う短期的な株価下落や買収等のリスクを懸念する。中長期的には事業の持続的成長に貢献する可能性を期待し得ても、あと数年自らの任期中に大きなリスクを取るインセンティブがない。それよりは短期的に利益を最大化し、株価を高め、業績連動型の報酬を最大化するほうが合理的である。また、複数の機関投資家が連携したり、株主総会の電子投票が一般化しつつあることも手伝って、「ここ2～3年で、株主総会で役員再任が否決されたり買収されるリスクはリアル」になったという。であるとすれば、こうした経営者の言い分や消極的な選択はもっともである。そして、少なくともこの意味で、DS実装のための制度設計は完成していない。経営者の懸念を払拭する工夫や施策が必要である。

そうした課題の検討を含めて、いくつかの啓蒙活動を進めるとともに、（2022年3月31日時点で）

東京証券取引所1部上場企業10社や証券会社、公認会計士等と協働し、DS経営の実装までの道標を検討した。以下では、そうした活動を経て得られた知見を、DS経営を推進する上で想定される様々な困難や改善の方法として共有したい。また、各種民間団体や政府における活動がどのようなものか触れ、今後のDS経営モデルの発展の可能性を探ってみたい。

以下**1**～**3**は各企業がDS経営を実践するか否かを検討するコンテキストで、シミュレーターを使用する意義について再確認する。**4**～**6**は各企業における従業員と経営者の感想や問題意識、そこで検討されている解決方法についてまとめる。最後に**7**～**9**は民間団体や学界、政府がどのような取組みを行っているかをまとめる。特に終盤にかけては現在「新しい資本主義実現会議」の下で進められている「ヒト」への投資を推進するディスクロージャー制度について建設的批判を試みる。

1　Web版シミュレーターの公開

まずはじめに、個々の企業における適正なDOEや分配割合を実感してもらうために、DSシミュレーターをWeb上で公開した。**図表7・1**のQRコードを読み込むことで同サイトにつながる。ただしシミュレーションの実施にあたっては極力デスクトップPCの使用を推奨する（https://researchmap.jp/tomo.suzuki）。上場企業であれば、4桁の証券コードを入力すればほとんどの必要項目が自動入力される（ただし、大量データを取り扱っているために、情報が完全でない場合がある）。自動入力されない部分については、有価証券報告書等を参考に、マニュアル（手入力・上書き）入力することも可能である。あとは、適切なDOE（株主資本還元率＝［配当＋自社株買い］÷株主資本）と適切な分配割合をトライアル・アンド・エラー（試

図表7・1　Web版シミュレーター（無料）

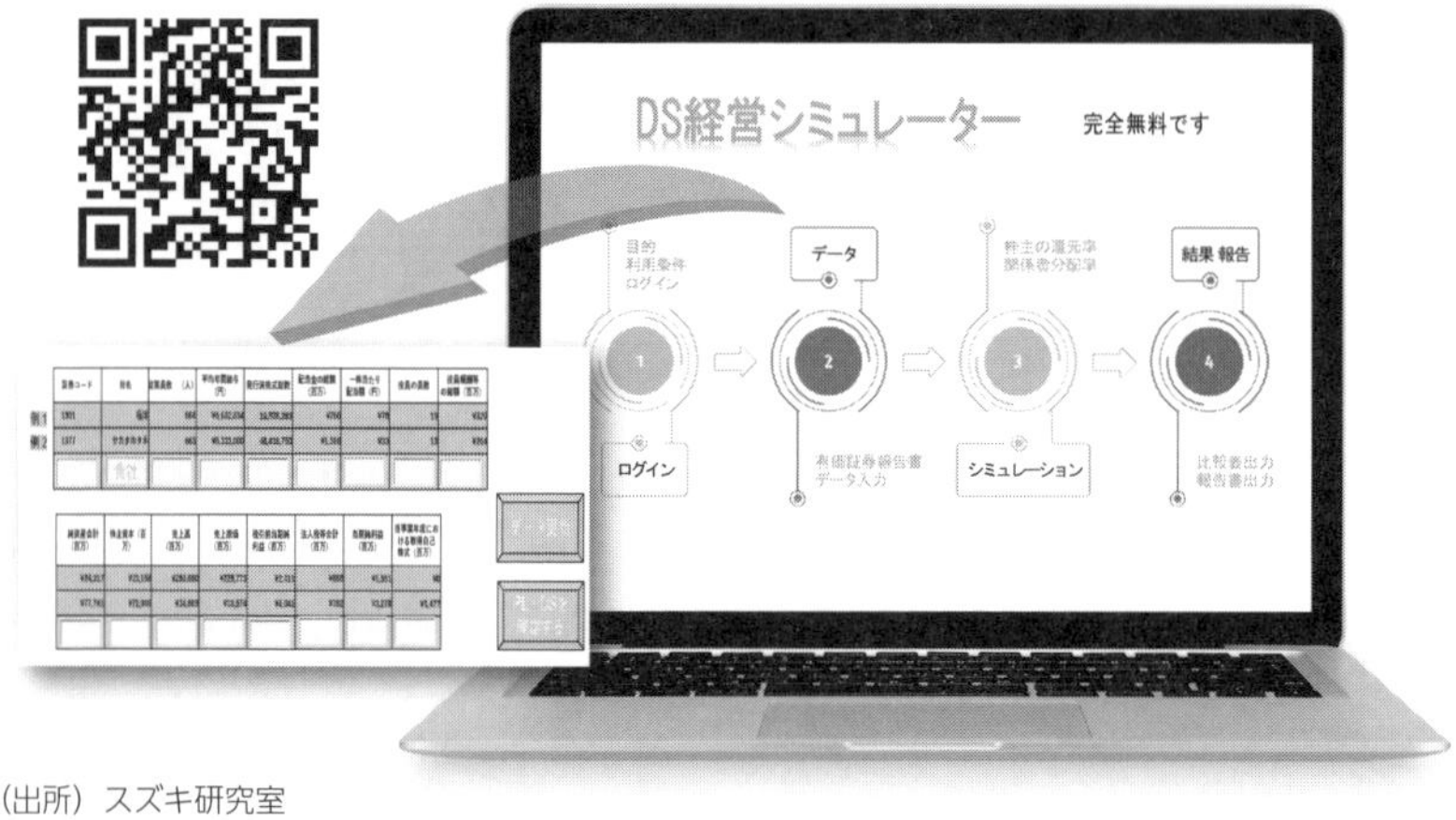

（出所）スズキ研究室

行錯誤法）で試し、役員や従業員、事業に適切な水準の付加価値が行きわたる方法を検討すればよい（1人当たりデータも表示される）。多数の企業で、このシミュレーターが活用され、短期の利益最大化や高配当経営が過度の資金流出を招き、役員や従業員の士気やウェルビーイングを損なったりR&D費用の抑制を招いていたことが明らかになっている。とはいえ、このシミュレーターは汎用性の高いデフォルト（原型）に過ぎないので、企業によってはうまく適合しない場合もありうるが、無料で利用できるように開放したので、まずは多くの関係者に試用していただきたい。

デフォルト入力されるデータはコロナ禍の影響を避けるために、2019年12月までの決算のうち、最新の有価証券報告書を使用している。連結ではなく、単体データが入力されるのは多くの企業で配当政策は単体を前提としているためである。しかし、手動で連結データを上書きすれば、連結ベースでのシミュレーションも可能である。未上場企業に関しても、類似の上場企業のデータを入力した上で、手動でデータを上書きすれば同じように分析ができる。ただし、ホールディングス化した企業などで極端に従業員数が少ないような場合には、このシミュレーターは有効ではない。その場合には社内で管理されている、社内の状況を適切に反映するデータをマニュアル入力することで対応されたい。

データを入力し終わると、現行のPL（損益計算書）が示される。次に、DS（付加価値分配計算書）に、現行のDOEを記入する。あとは試行錯誤して、DS上の「役員」と「従業員」に対する分配額が現行のPLの数値と（ほぼ）一致するような数値（％）を見つければ、それが現行のPL経営における「付加価値分配割合」である。

次に、**第5章**と**第6章**のシミュレーションで説明したように、役員（1人当たり）にどれだけ還元したいのか（例えば5，000万円）、また従業員（1人当たり）にどれだけ還元したいのか（例えば1，000万円）、希望の金額が達成されるような分配割合を見出す作業に移る。これも試行錯誤して微調整をしながら進め、「適正分配割合」を見つける。

このとき、現行のDOE（例えば5％）では十分な分配可能余剰額が存在しない場合が多いであろう。なぜなら現行のPL経営では、役員や従業員に帰属させたい付加価値までも、「株主に帰属する付加価値」である「利益」として確定してしまうからである。そこで、DOEを現行よりも1ポイント引き下げて、例えば4％に変更してトライアルする。それでも付加価値が足りなければ、少しずつ下げ、役員や従業員に対する分配割合も調整して、最終的に「適正分配割合」を見つけ出す。

ここまで所用時間はおそらく15分程度であろう。この後は、いろいろなシナリオを想定して、数値や割合を自由に変えてシミュレーションを「楽しむ」ことができる。過年度の経営や資本政策を反省したり、将来を設計したり、競合他社との比較をしたりと用途は様々である。これにより、優れた従業員を維持し一流の学生（就活生）をひきつけることができるような適切な分配、ガバナンスメカニズムをデザインするための基礎としていただきたい。なお、Ｗｅｂ版シミュレーターには操作マニュアルも用意されている。

また、シミュレーションの最後には、現行ＰＬ経営と、望まれるＤＳ経営の下での付加価値の分配状況の相違や、新しい経営がもたらすメリットについてまとめた『分析報告書』が出力される。シミュレーターにはすべての業種業態に適用可能な汎用性が求められるため、洗練された報告書といえるものではないが、ワード（MS-Word）フォーマットでダウンロード（無料）することができるため、企業の事情に応じて自由に加除して社内での基礎資料作成にも活用可能である。

2　ＤＳ経営モデルの意義の再確認

以下では、実際の東証1部上場企業10社との間で執り行われたシミュレーションとその後の分析や討議を紹介するが、詳細に立ち入る前に、本節ではもう一度、このようなシミュレーターをＷｅｂで公開する意義を再確認しておく。この特定のモデルやシミュレーションに依拠し過ぎることで誤った心証を形成してしまい、「適正分配」政策の一般的な意義や可能性を毀損しないためである。

ＤＳモデルをＷｅｂで公開するのは、できるだけ多くの関係者に、日本企業は短期的な意味合いで現状のままでも（＝成長しなくても）十分な付加価値を生産しており、これを適正分配することにより役員や従業員の所得を増やし、動機づけ、優れた人財を確保し、安定した事業再投資資金をも確保して、自律的で持続可能な成長へ踏み出せることに気付いてもらいたいからである。換言すれば、従来の利益（＝株主に帰属する付加価値）の最大化経営から、事業全体の付加価値を高めて適正分配することによるサステナブル経営への進化の可能性を探ることである。これは役員や従業員という働く者のやりがいやプライド、ウェルビーイングを高めて自律的な経営・経済を構築しようという試みにほかならない。

これまでは、会計期間ごとの「利益の最大化」を責務や行動規範と捉え、配当を高め、株価を高めることが事業の成功と認識されがちであった。確かに1991年までの経済成長期には、そうした利益最大化が従業員の生活の基盤となり、持続的な成長の基礎を構成していた側面はある。しかし、これは利益（＝株主に帰属する付加価値）を最大化するという目的のために、役員や従業員への分配を増やすことが合理的であったからである。今日のように、マクロ構造的に成熟経済社会が深化して、収益の増加が容易に期待できなくなった状態で短期に利益の最大化を図れば、役員や従業員、事業に対する分配が抑制される。英米のように100年後まで人口成長が期待され、資金を投入すれば投資拡大成長モデルが機能する経済環境とは異なる。成熟経済社会の先端を走る日本の経済環境においては、利益最大化は株主以外のステークホルダーの付加価値を犠牲とし、事業の自律的な成長に必要な資金の流出を招く可能性が高い。これを正し、「付加価値の適正分配」を規範とした経営にシフトしていくことこそ、持続可能な成長を実現する「新しい資本主義」下の経営である。

こうした主張に違和感を覚える読者が多いことは承知している。短期的な配当や株価の下落を懸念する投資家・株主からの反論も予想される。近年の英米の経営・経済の常識に従えば、ミルトン・フリードマンを引用して「経営者は株主のために利益最大化と高配当を目指すことが責務である」といった主張が繰り返されるのであろう。我々は「利益」を疑い批判することに慣れていない。そうした知性や創造的批判精神を醸成してこなかった。グローバルな規模で起こりうる成熟経済社会化の最先端を走る日本が抱える構造的変化に気付くことなく、従前の投資拡大、利益最大化モデルを信じて疑わなかったのである。研究者も教育家も英米主体のトップジャーナルが掲載する論文の輸入に終始し、大多数のメディアもそうしたファッションに同調して、日本の経営者マインドを支配してしまった。

そこで、上のグラフ（**図表7・2**）を参照されたい。これは、東証第1部に上場（2022年3月31日現在）する、国際的に業界トップの名声を得ている企業の株主還元の推移である（匿名性を確保するため、グラフのメモリを省略した）。株価もこの業績推移を反映して、リーマン・ショック以降に5倍以上も跳ね上がっている。企業開示書類も充実し、ビジネス・メディアにおいて賞賛が絶えない企業である。

図表7・2　ある優良企業の株主還元の推移

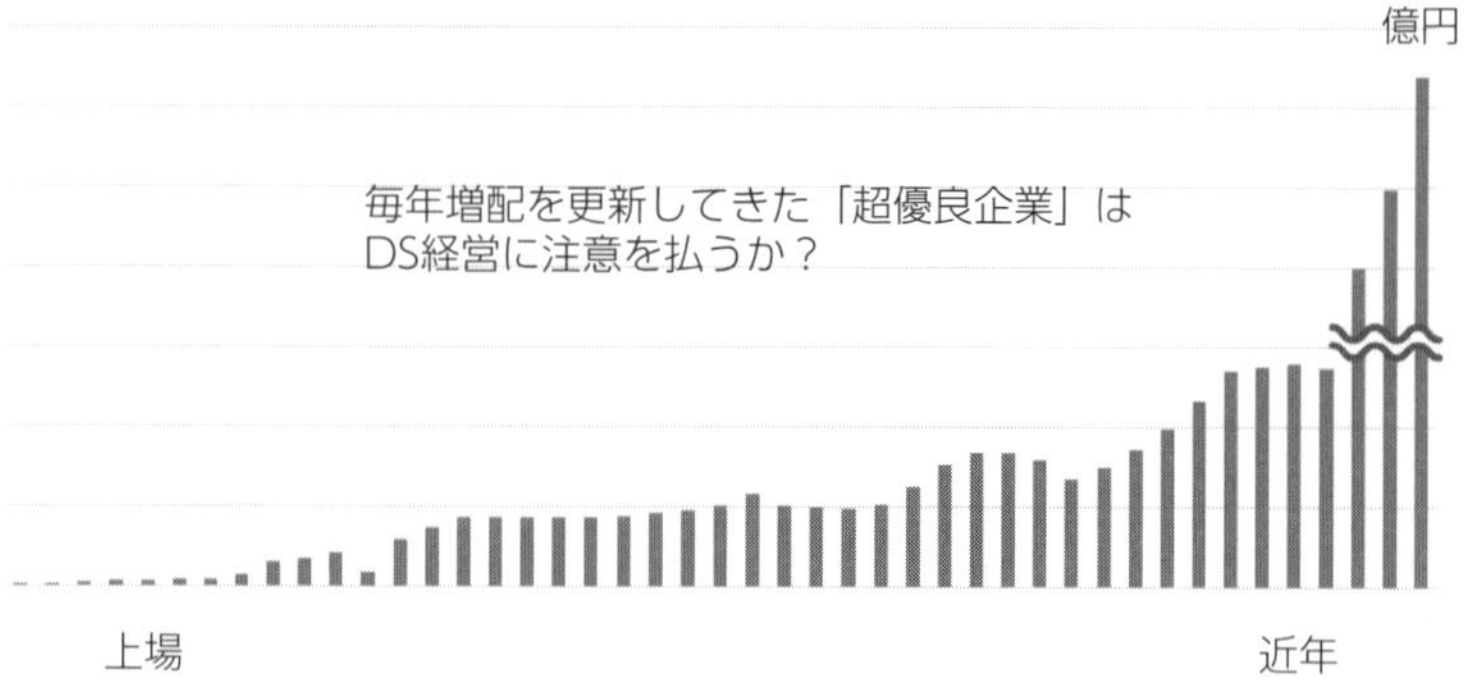

（出所）スズキ研究室

さて、このような企業が利益最大化・高配当を反省し、我々が提案しているようなＤＳ経営に少しでも関心を示すであろうか。配当を制限し、役員や従業員、事業そのものに対する適正分配を促すことで士気を高め、研究開発能力を高める新しい経営について真摯に耳を傾けてくれるだろうか。ＤＳ経営はＰＬ経営で勝てない負け組企業群の言い訳ではなかろうか。

この企業は真摯に話を聞き、討議に参加してくれた。実は、ＤＳ経営に関する問い合わせやコンサルティングのために筆者の研究室にコンタクトを取ってきた10社のうち、４社はこうした経営成績を示す優良企業である（残りは、コロナ禍の下で経営成績が低下したにもかかわらず、高配当要求が高まる一方の市場に危機感を覚える企業群である）。すなわち、ここで観察されるのは、現在、教科書やメディアで推奨されている経営・資本政策でハイパフォーマンスを見せる経営者とて、必ずしもそれに満足しているわけではないということである。利益最大化や高配当経営が「成功」であるなどという保証はない。それどころか、このような経営を続けていれば、中長期的に事業の継続が難しくなって、様々な意味で社会的責任を全うできず、結果として企業価値が下落する可能性さえある。彼らはそれを危惧しているのである。一見ＰＬ経営で成功しているように見える企業でも、水面下では大きな問題を抱えている可能性がある。企業単位でそのような状態であれば、日本経済全体の体力が消耗している可能性もある。

伝統的には「企業価値の下落（端的には株価の下落）」は株主の損失を意味するから、投資家・株主がそのような経営を推進するはずがないという論理が成り立つ。しかし、時代は変わった。今日、情報量や情報技術の進展により、グローバルなレベルで多種多様な投資機会に恵まれている投資家は、特定の企業や国（市場）の株式にコミットする必要がない。それは経済合理的ではない。短期的な利益を最大化し、株価の下落の前に売り抜けることが合理的である。これが、いわゆる「骨の髄までしゃぶる」投資実務である（91頁参照）。しかし、投資家とて、アプリオリにそのような投資で稼ぎたいと考えているわけではない。プライドあるプロフェッショナルとして企業の中長期の成長に貢献したいと願っているのである。ただ、市場環境がそうした投資実務を強要するアポリアに苛《さいな》まれているのである。

何とか、経営者と投資家の間に共通の目標、「新しい資本主義」を確立する方法はないものか。確かに利益最大化やＰＬに代わるＤＳ経営モデルに、戸惑いを覚える経営者や投資家・株主は多かろう。トライアル段階では、一定の知性と発想の転換も要求される。しかし、ここは多少の忍耐をもって十分な理解と実践の可能性を探ってほしい。

このＤＳ経営は、大きなパラダイムシフトである。「会社は株主のもの」という認識の下でＰＬ利益最大化や高配当・自社株買いが支配的になってしまった市場で、「会社は社会の公器」という認識の下に、生産される付加価値を民主的に適正分配する仕組みを創造する試みである。かつて「三方良し」とか「八方良し」などと呼ばれたものへの回帰、あるいは近時「ステークホルダー主義」とか「公益資本主義」と呼ばれる経営哲学への進化である。特に「カネ」以外の資本として重要性を認識されつつある「ヒト」という資本へのリターンを適正化するための新しい制度や経営実務の創造である。

換言すれば、経営や経済社会を、働く者の手の内に取り戻す努力にほかならない。岸田政権で掲げられた「新しい資本主義」とはこうした自由で民主的な経済社会への進化である。筆者は、２０２０年秋ごろより、現政権で要職にある幾人かの有力議員らに『成熟経済社会レポート』の内容を説明する機会に恵まれた。そこで提言した経済政策の意味はまさにそのようなものであった。『新たな資本主義を創る議員連盟　設立趣旨』（図表２・12）に示される目標はそのような意図を反映したものであると信じたい。

3　デフォルト性と（原則的）非強制性

この金融資本中心の経済社会から、人財資本中心の経済社会への進化あるいは回帰には、経済社会規範の修正が必要とされる。本来、法や規制・規則の根本的な見直しや改正が望まれよう（上村、２０２１）。しかし、そのためには相当の年月を要する。そうした根本的な改革をじっくりと腰を据えて行っていくのが王道であるが、筆者はそうした時間的な猶予さえ感じられないくらい新自由主義的政策の弊害の拡大を危惧している。本書で示されるＤＳ経営モデルは、法や規則に抵触することなく、比較的早期に実践できるプラグマティックなモデルとして提案しているものである。現行のＰＬは法定開示書類であり、諸制度と密接に絡み合っているから、これを保持し開示義務も継続する必要がある。一定の妥協としてＰＬを保持しながらも、それを組み替えるだけで作成可能なＤＳを活用することで、投資家・株主とともに主たる事業関係者に対する付加価値の分配状況を戦略的に「可視化」し、適正化する経営に可能性を見出したいのである。

しかし、ここで示されるＤＳは１つの例、モデルの原型に過ぎない。上記の目的や原則さえ理解すれば、個々の企業の事情に応じて、事業関係者の分類を変えたり、増やしたり、可視化の方法を変えたり、分配割合も変えて、自由に付加価値の適正分配をものさしとした経営を進めればよい。したがって、原則としてこの特定のＤＳモデルを標準化したり、法や規則で強制することは想定していない。もしそのようなことがあるとすれば、株主第一主義的な分配が、社会正義や公正の観点からあまりにも不公平であることが社会的に合意され、少なくとも一時的に政府の介入により修正する必要があるときであろう。そうしたときには、時限的に規則やガイドラインを用いて、多くの企業の経営を指南することに社会的なメリットがあるかもしれない。また、これまで王道と考えられてきたエクイティ・ファイナンスを活用した投資拡大モデルを選択する企業も多数存在しよう。本書は、もちろん、そうしたビジネスが間違ったものだというつもりは一切ない。ＤＳはアンチテーゼではなく、企業や産業の置かれた事情に応じた経営モデルの選択肢の拡大である。

再論になるが、かつて高度成長を続けていた時代には、多くの企業が投資家からの資金調達を伴う投資拡大モデルで利益の追求を図り、これが給与等の増加も伴い事業関係者全体のウェルビーイングを改善した。しかし、成熟経済社会が深化し、投資家や株主の資金提供者としての役割が逓減した業種や企業においては、付加価値の分配を再設計する必要が生じている。今度はそうした修正を施した上で新たな成長モデルの確立を支援することが望まれている。これまでの資本主義の追求と何ら矛盾することではなく、むしろその進化に過ぎない。ここで示されるDSが設定上のデフォルトであることを認識し、業種、業態、個々の企業の事情に応じて自由にこの初期設定を修正し、デザインして、民主的な分配制度に基づく自律的で持続可能な企業制度の創造に貢献することを期待したい。

4 協働してくれた企業との出会いと「想い」

次に、上記のDSモデルに興味を持ち、あるいはDSモデルをすでにトライアルした上で、さらなる知見を求めて協働してくれた東京証券取引所1部上場会社10社（6業種）の例をまとめて、読者と共有する。期間は2021年7月より2022年4月までである（なお、協働を申し出てくれている企業の数は、本書原稿を入稿した後も増え続けている）。

筆者に協働を申し出てくれたのは主に企業の社長室や経営戦略室、IR部門や経理部門の担当者であった。しかし、最初から正式にオファーがあったわけではなく、半ば個人的に興味を持ってDSシミュレーターを試し、その結果を受けて組織に相談し、最終的に正式な問い合わせに発展するケースが多かった。翻って、筆者は企業の個々の事情をできるだけ詳しく知るために企業を訪問することを基本とし、担当者らと実際に企業の実情に即したシミュレーションを繰り返しながら、最適分配政策を提案するよう努力してきた。会合は部長・課長クラスの担当者2名と2時間ほど自由に討議することもあれば、社長以下全役員を含む約30名に対して4時間以上集中討議をするケース、戦略室長と課長を中心に継続的に協議を続けているケースと様々である。

先に触れたように、筆者の研究室と協働を申し出てくれた企業は大別して2つのグループに分かれる。一群は、特にコロナ禍で業績が悪化しているにもかかわらず、投資家・株主から高配当要求を受け、矛盾を感じたり、困窮している会社である。もう一群は、全く逆に、一般には株主資本主義的な経営で成功し、名声をほしいままにしているような企業であった。いずれにしても、すべての企業が２０２２年3月31日現在、東証第1部に上場しており、一般に有名あるいは優良企業として認知されている。

こうした企業の役員らによると、彼らとて投資家・株主が一番大切だと思って、高配当政策を続けているわけではない。所与の法的関係性、基準規則の解釈、あるいは主要メディア等における支配的な評価基準が株主第一主義的な経済・経営指標である以上そのルールに従って競争せざるを得ないのである。それ自体にもどかしさを感じ、大切な従業員や関連するコミュニティに対する優先度が低くなっていることに対する矛盾を感じながらも、そうした経営を推進せざるを得ないという。今回、ＤＳ経営が経済紙やＳＮＳ、官邸に近い議員らのブログ等を通じて紹介されているのを発見して、新しい経営に踏み出せる可能性を探るためにコンタクトをとってきたという。

もちろん、彼らが投資家や株主と会話するときには、真逆の発言をしている可能性も否定しない。しかし、どちらが正しいとか、どちらがより現実に近いとか、そうしたことに重要な意味はない。現実の経営は、両者の混在であり、揺らぎであり、またサイクルでもある。そうした矛盾を含む複雑性の中での進化のプロセスである。本書が重視するのは、そうした両面性や複雑性の中で、企業自らが「６Ｗ２Ｈ」を明らかにし、どのような経営方針で事業を運営していくつもりであるのかを適切に表明することで、関係者の理解と協力を得て民主的な経営・経済を発展させていくプロセスそのものである。1つの経営方針や資本政策を、絶対的な答えとして推奨することを目的としていない。

しかし、筆者のこうした「多様性の許容」とは裏腹に、企業からの質問や討議の内容は極めて標準化され、明確な「答え」が求められているように感じた。端的には、従来の利益最大化行動に対する強い不信感と、オルタナティブへの想いが感じられた。これまで最大化しようとしてきた利益をいかなる方法で制限するのか。これまで安定的に向上させようとしてきた配当性向をどのように制御すべきか。また、仮にそうしたコントロールによって、他の関係者に分配可能な付加価値が確保されうるとしても、今度はその付加価値をどの関係者にどれだけ分配したらよいのか。こうした問いに関心が集中していた。

答えは個々の企業の抱える事情によって全く異なりうる。実際にどのような経営が必要となるのか、可能となるのか、実装できるのか、経営幹部と部課長レベルの実務担当者が試行錯誤で進めていかざるを得ない。実はどの企業も、この答えを知っていた。それでも、筆者に協働を申し込んできてくれたのは、彼女・彼らの「想い」が誤っていないことを確認したかったということであろう。こうした大きな方針転換、パラダイムシフトに臨むにあたって「背中を押す言葉」を求めていたように感じられた。筆者の役割は、企業とともにこうした問いを考え、討議し、企業ごとの判断を詰めてゆくコンサルテーションにあった。

5 企業の抱える悩み

多くの企業に共通の悩みは、主として次の3点であった。

(1) まず、明らかにコロナ禍に関係して経営が悪化（あるいは赤字化）しているにもかかわらず、投資家・

株主からの協力が得られず高配当が要求されているという点であった。投資家・株主が事業の安定化や成長を支援する存在から、逆に脅かす存在になっているという危機感から、付加価値の適正分配メカニズムを勉強したいと考えている。アクティビストを含む株主による自社株買い要求や高配当要求に一定の歯止めをかけ、従業員の生活の質の改善や、安定した事業再投資資金の確保、不測の経営危機に備えるための資金確保を希望している。一般にSDGsを重視する社会的風潮が高まり、投資家・株主以外のステークホルダーに対するケアの必要性が叫ばれる一方で、主要経済メディアや公的なガイドライン、各種のコードの類が、投資家・株主のための経営を推奨するものになっており、両者の間のジレンマに苦しんでいる。そうした複雑な環境の中で、いかに幅広いステークホルダーのための経営にシフトしていけるか、判断を下しかねている。

安易に「すべてのステークホルダーと建設的な対話を進め、バランスのとれた経営を推進することが投資家・株主のための企業価値の向上にもつながる」などというリップサービスで問題を先延ばしにしている余裕はない。配当を引き下げて、付加価値を他のステークホルダーにも回す必要があるときに、株価下落や株主総会決議における否決リスクをいかに回避できるかという具体的で、喫緊の課題がある。これらはすべて「短期利益最大化と高配当政策」と「サステナブルな成長・持続的成長政策」の間の相克である。

(2)高ROE経営や高配当と同時に、安定配当も要求される中、不測の事態に備えて、利益剰余金の積立てを続けてきたが、近時はそれさえも取り崩せとの要求が高まり、資金繰りが苦しい。将来の危機対応のための余裕がない。従業員の生活向上が図れず、士気が低下し、離職者も増加する中、従業員給与や事業再投資資金を向上させるための十分な資金がない。中には、非上場化を選択肢として検討した企業もあるが、それを可能にする法規則の整備がない。また一般的な取引上の信用確保と優れた人財の確保のために非上場化は採用されなかった。とはいうものの、プライム市場選択後は一層上場維持コストが上昇することが予想されるので、思い切った経営判断を迫られている。こうしたジレンマの中に置かれている。

(3)ポストコロナを見据えると、当面エクイティ・ファイナンスの予定はない。特に、投資家・株主との信頼関係・協働性が希薄化している以上、資金確保のために投資家・株主には頼りたくない。にもかかわらず、永遠に株主に高い配当や自社株買いを続けなければならないのであれば、事業の目的はそもそも何なのかと自問せざるを得ない。現況の日本経済で、通常のビジネスが展開できれば、十分な付加価値が生産され、再投資することができる状態にあるにもかかわらず、多くの資金が社外に流出して、「働けど働けどわが暮らしは楽にならず」を感じられるとの感想も聞かれた。中には、過去に投入してもらった資本を超える配当をすでに支払っているが、今後も高い配当の支払が永久に続くのは経営陣や従業員の士気を損なうと表明した企業もある。こうした点に言及すると、「株式会社である以上仕方がない」とか、「上場廃止すればよい」といったコメントで迎え撃ちされるが、法的にも実務的にも現実味のある解決が見当たらない（「非上場化論の無責任性」については『成熟経済社会レポート』106～108、157～160頁を参照）。

こうした企業の悩みの中でも、経営者の最も重大な懸念は何であろうか。あくまでも筆者の主観的な見解でかつ、定量的な表現の難しい部分であるが、資金の流出というよりも、役員や従業員の士気の低下、やりがい、ウェルビーイングの低下を懸念しているように思われる。株式保有の短期化、パッシブ化が進み、本邦の事情を考慮しない外国人投資家が支配的な勢力となったにもかかわらず、未だに投資家重視の経営が推奨され、役員や従業員の生活の改善に資するような経営ができないのであれば、事業は何のためにあるのか、このまま事業を続けていけるのか、というサステナビリティに関する懸念である。

行政が「人への投資を推進せよ」、「ステークホルダーとの対話を重視せよ」とコードで謳っても、それが最終的に「投資家のため」である構造に矛盾を感じている。こうした不満が蓄積しているにもかかわらず、株価下落リスクを恐れ、企業側からはこうした懸念は表明しにくい。そのような構造に非民主的な不公平感や諦めさえ感じている。DS経営に一縷の望みを見出し、協働を申し出てくれた企業はまだ改革の可能性を諦めていない企業である。しかし、多くの企業においてはすでに、過度に金融経済優先の市場環境に無反応になり、そうした企業の経営者は「静かに退職の日を待っている」状態にあるかもしれない。この点については後に再論する。

6　従業員の熱意と経営トップの躊躇

これらの懸念や問題に対し、DS経営がどれほどの解決を与えられるかは未知である。個々の企業の事情にもよるし、DS経営採用後の対応次第で大きく異なろう。

それでも、こうして筆者らと協働したすべての企業で、通常の経営状態を前提にすれば、付加価値を適正分配するだけで、大きな経営変革を成し遂げるだけの資金が確保できることを実感したのはまず間違いない。また、その資金の大きさとともに主要関係者の改革のベクトルが一方向にまとめ上げられ、仕事に意味ややりがいが生まれる可能性も理解していただいた。これが、これまでの企業との協働で得られた最も重要な発見、確認事項であった。

その内容の詳細は**第4章**から**第7章**で述べたとおりであるから繰り返さない。通常こうした検討会の後にはメールで感想や今後の予定が伝えられるが、ある製薬会社の経営戦略担当役員は、部門メンバーがDS経営の可能性に興奮している様子を伝えてくれた。ある日のDS経営検討会の後のメールは以下のとおりであった。「戦略部門のメンバーは、先生の学生さん同様、お話しに強く感銘を受けておりました。素直に彼らの感想をお伝えすると、マジ、めちゃくちゃ面白い！　だそうです」。これまでの経験上、DS経営を検討した部課長レベルの従業員の熱意は極めて高い。役員、従業員レベルからは、継続的に問い合わせが続き、他社の紹介にもつながることが多い。この点は、非常に手ごたえを感じている。

しかし他方で、すべてのケースにおいて、特に経営トップから、次の2点に関する懸念や躊躇が表明された。

第1点目は、導入初期の市場の反応についてである。これは、DS経営が短期的には配当を抑制する方向に作用することに対する懸念であり、端的には株価下落リスクである。第2点目は「内からのガバナンス」体制の確立についてである。分配可能な付加価値が十分に確保されうるとしても、それを企業内部でどのように分配するかについて、社内の制度設計が必要であり、ここには一定の時間と労力の投入が必要である。分配そのものよりも、その分配を基に自律的で持続的な成長を遂げるための「内からのガバナンス」を確立する必要があり、この作業には社内の交渉や規程類の改正が求められ、相当の工数と時間、エネルギーが要求される。

後者に関しては本書は詳細な検討を加える余裕がない。本書の主たる分析対象は、「利益最大化」から「適正分配」へのシフトの必要性を説くことと、それが実現した場合に得られる潤沢な資金によるシミュレーションを提示することであるから、「内からのガバナンス」体制の確立については別稿に譲る。ただし、「内からのガバナンス」体制の構築について、この段階で明らかにしておきたいのは、個々の企業の事情によるところが大きいことから、社内で横断的なプロジェクトチームを立ち上げ、試行錯誤を経て各社に最適な制度を確立することが重要であるという点である。初期に人事制度の専門家やコンサルタントに助言を求めることは有用でありうるが、高額なフィーを支払ったり、システムを構築するよりは、経営目的を確認し、社員が一丸となって目標に向かっていくための組織づくりに時間やエネルギーを費やす、そのプロセスこそが経営改革の本質であろう。筆者の研究室では、そうしたプロセスに関する研究に重点をシフトしているので相談されたい。

第1点目の、導入初期の市場の反応をいかにコントロールするかという点については、多くの経営トップから熱い想いが語られ、詳細な討議を行った。以下3点にまとめ、読者の参考に供する。

(1) 短期的な株価懸念

ＤＳ経営の推進のために利益最大化を改め、配当に一層の規律を持たせると宣言すれば、市場がネガティブな反応を示すことは想像できる。興味深いのは、普段は「私は株価なんか気にしませんよ」と話す経営トップが、議論を重ねるにつれ、突如株価下落のリスクを語り出し、心理的な不安を吐露する。エクイティ・ファイナンスが予定されていない限り、株価の上下は経営実務に直接大きな影響を及ぼさない。あるいは株価が高ければ、その値段で買った投資家はその買った値段に見合ったリターンを求めて高配当要求をするから経営にはマイナスでさえある。連結売上約2兆円の業界大手の副社長は「先生、株価なんて高くなくていいですよね。下がったっていいんだ。株価が高いからって、何になるのか。そのために自社株買いをするって本末転倒じゃないですか」と言い、連結売上約3兆円超の別業界大手の会長は「新株発行する予定ないのに、株価、株価って、どうして気にしなきゃいけないんですか」と話す。

経営トップは論理的に考えて、通常は株価の下落を気にしないと表明する。しかし、実際は「世間体」を気にして、弱気になる。新自由主義政策に移行してから、学界やメディアにおいて支配的な株価至上主義的な論調が、暗黙裡に経営者行動を左右していることが見て取れる。毎朝、自社の株価を一応、念のために確認する。株価が高ければ、明確な理由はわからなかったとしても、それを良いことととして安心し、株価が低ければ、その原因を求め改善策を模索する。「…いつも、株価なんて気にしないとおっしゃってたじゃないですか」とただすと、ニヤニヤとばつが悪そうに「まあ、基本はそうなんですけど、あまりね、リスクは取れないですよ」と言う（本書の初稿を入稿した後の5月にも、別会社の副社長が全社経営会議で同じ現象が起こっていると懸念を共有してくれた）。オーナー企業のトップが当初ＤＳへの関心を示しながらも、徐々にスローダウンして現在は様子見となっているケースが2件ある。

経営者が株価下落のリスクを警戒し、高配当政策や自社株買いの可能性をシグナリングするのは難しくない。真に尊敬される経営者に求められるのは、中長期的な戦略を立て、短期的には利害の対立する関係者と交渉し、長期的なＤＳ経営のメリットに理解を求め、戦略的なＩＲとＰＲを計画し実行することである。こうした戦略については例えばユニリーバのケーススタディが有効である。「短期的な株価懸念」は障害物競走における第1ハードルのようなものである。誰もがすぐに認識して心配になるが、実は終わってみればさほど苦労も実害もないということがわかる。中長期的なシナリオが確立され、役員間で内諾されており、株主総会などのタイミングを勘案して、戦略的にＩＲ活動を展開すれば、一時的な株価の下落は気にならないし、実は、その前に下落が起こるとも限らない。

ＤＳ経営を進めるにあたっては、付加価値の適正分配だけではなく、それを梃子とする成長シナリオを確立し、社内改革をすすめ、対外的にも説明できるようにする体制が必要である。本書でこう記載している以上、投資家は公表情報を鵜呑みにはしない。懐疑的に精査する。しかし、だからこそ、実体を伴う整合的な成長戦略策定がカギとなる。短期的でパッシブ化した投資家・株主の無理な要求に屈することなく、中長期の投資家・株主と建設的な関係を構築するために、必要なリスクを取り解決することにこそ経営者の手腕が試される。それが優れた経営者の役割であり、成功の折には長きにわたる名声が約束される。逆に経営トップがこのリスクを避けたり、整合的なシナリオを公開できないのであれば、その企業の価値や株価は、ＤＳ経営を採用するか否かにかかわらず、すでにこの時点からおぼつかない。

ただし、これは社長や担当取締役が１人で対処するような問題ではない。ＩＲ部門、ＰＲ部門、取締役会、さらには社員で一丸となって、新体制を支えることが、適正分配を可能にし、自律的で持続可能な会社を育てる。優れた経営者としての真価が問われるのは、この体制作りにおけるリーダーシップであろう。また、就活生、従業員、役員は、そうした経営者を所属する組織のリーダーとして選ぶことが必要である。

(2) 買収懸念

２つ目には「買収懸念」がある。株価が大幅に下落した場合には、買収リスクが懸念される。特に「うちは外国人株主が多いからねぇ（それなりの確率はある）」と懸念の深さが垣間見える企業が存在する。実際の確率について問うと「まずあり得ないと思いますけどね」との見解を示す企業が多い。また、経営者は「この会社を経営できるのは我々しかいない」との自負ものぞかせて、買収リスクは低いとの見方も提示する。すなわち、この問題は、実際に市場がどのように反応するかという事実よりも、そうした疑問を抱く経営者がどの程度市場の反応を恐れるかという「心理」が問題である場合が多い。大手証券会社関係者に、こうした買収の可能性について問い合わせると、事実上買収が生じるようなケースは極めて稀であるとの判断である（それにもかかわらず、証券会社関係者が高配当を続けるよう仕向けるケースも想定された）。

それでも買収懸念は払拭しきれない。心理的な不安は無視できない。グローバルな市場を前提とすれば、株価のみならず、為替レート（円安）との関連で、急激に買収の可能性が高まるという側面もある。実際の投資家や株主でなく、メディアやエコノミストが買収の可能性などに触れようものなら、経営上の一大懸念となり、責任問題ともなりかねない。

さらに、この問題は、買収懸念とまで言わずとも、株主総会における取締役の選任や再任議案に関する投票との関連で懸念が広がっている。この取締役選任議案の否決リスクは、ここ2、3年で急激に多くの企業で共有されるようになった。コーポレートガバナンス・コードやスチュワードシップ・コードの遵守が強調され、投資家による株主総会における投票行動が注目されるようになった。その上、インターネット上の投資情報や、コロナ禍で急激に導入が進んだ電子投票など、株主総会決議に関する技術上の進歩がさらに拍車をかける。例えば、近年広く推奨されるＲＯＥ経営をモニター・推進するとの名目で、「ＲＯＥ5％以上であること」などの単純化された判断基準を利用し、情報メディアを通じてプロキシーファイトを有利に進める手助けをするビジネスが存在する。特定の個人や団体によって統制されていないとしても、インターネットを通じて株主間で情報が共有され、減配を予想させる経営方針が流布されると、電子的に投票が取りまとめられ、特定の案件や役員の再任に関する反対票が支配的になるという可能性が現実に存在するという。数年前まで、株主総会決議での賛成票が95％程度であったものが、年を追うごとに90％、85％、70％になっていくと、経営陣はもういつ50％を切ってもおかしくないという心理状態で経営をせざるを得ないという。

確かに「買収」や「株主総会における議案否決」といったリスクは存在する。しかし、これらは「株価下落」への対応と同様に、事前に将来の成長戦略・シナリオを策定しておくこと、そして適切なタイミングでの公表を考えておくことで対応すべきである。これができた上でなお「買収」や「株主総会における議案否決」リスクが存在するのであれば，それはDSモデルへの方針転換が災いしているというよりは，新しい経営モデル下で計画されている経営自体に問題があると判断すべきであり，これを改善する必要がある。

それでも市場の短期的でネガティブな反応に，より積極的に対処するための施策としては，以下の(a)〜(d)が検討された。

(a)メディアと共同して，DS経営の中でも優れた努力や結果を残した企業を表彰したり，ケーススタディとして公表し，DS経営の正当性を徐々に周知するような取組みが要望された。いくつかの企業からは，DS経営を推進する企業間で一定の協定や「持ち合い」を回復する案も提示された。近時，持ち合い株の解消は，投資家や株主還元の最大化のために正当化され，推進されてきた。しかし，パッシブ化し短期化して実質的なモニタリングやガバナンス機能を果たすことなく，高配当要求を続ける投資家・株主に対抗する措置として，「新しい資本主義」の下で新たなガバナンスを醸成するのであれば，DS経営に理解のある企業同士で，株式の持ち合いを回復することは合理的な選択肢の1つである。

(b)そうした企業間の会議体やクラブ，仲間を構築する努力のほかに，証券会社が中心となって，「DS経営ファンド」を創設することも考えられる。ここでいう「DS経営ファンド」とは，**第6章**で見たような，DS経営を推進する企業を中心に集めた投資信託である。近時のSDGファンドと同様の発想で，企業群全体としての成長シナリオがアピールできる。SDGファンド下の企業グループの取組みの焦点が分散しているのに比べ，従業員への分配と動機づけにフォーカスされた企業グループのファンドには一定の高い需要が存在しよう。

(c)筆者自身、当初はラディカルな発想であると感じたが、一時的な株価下落に伴う買収リスクを回避するために、敵対的買収規制法の整備を検討してはどうかという提案があった。あるいは、現在の機関投資家等が株式の売却を申し出たときに、政府が一時的に株式の買上げを行い、株価の下落を回避するといった制度も検討された。DS経営推進に関連して株価の下落や買収懸念が浮上した場合に、政府に一定の介入を求める案は論外であるとも言いきれない。コロナ禍のような国難においても高配当や自社株買い要求を突きつけるアクティビスト・ファンドなどに適切に対抗することは、日本政府の責務であり、国益に適う。実際、近年、日本銀行が日本の上場企業の最大株主として支配力を強めていることに鑑みても、こうしたアイディアは一瞥して除外すべき提案ではない。諸外国のモデルの模倣を超えて、『新しい資本主義』を日本発の資本主義として世界に発信してゆく」とする岸田政権においては検討に値する提案であろう。

(d)最後に、成長企業群とは別に成熟企業群を集めた「新しい資本主義市場」の創設も考えられる（**図表7・3**）。無理な短期利益最大化と高配当が求め続けられる市場を脱し、安定した経営と一定の配当を約束した上でステークホルダー間の適正分配を目指す企業で構成される新しい市場の制度設計が求められる。新しい上場市場の創設による投資のオルタナティブ化と経済社会のサステナビリティ推進に関する構想については『成熟経済社会レポート』の補論を参照されたい。もっとも、そうしたアイディアについては実現までに相当の時間を要するので、本書ではこれ以上詳述せず、別の機会に譲る。

(3) 経営トップの個人的利益

最後に、「経営トップの躊躇」について、役員や部課長が表明したのは、経営トップは自己の利益や効用の最大化を考えるのであれば、企業の長期的な成長のためにリスクをとるよりも、残りの任期を無事に

図表7・3　DS 経営企業の「新しい市場」の設計

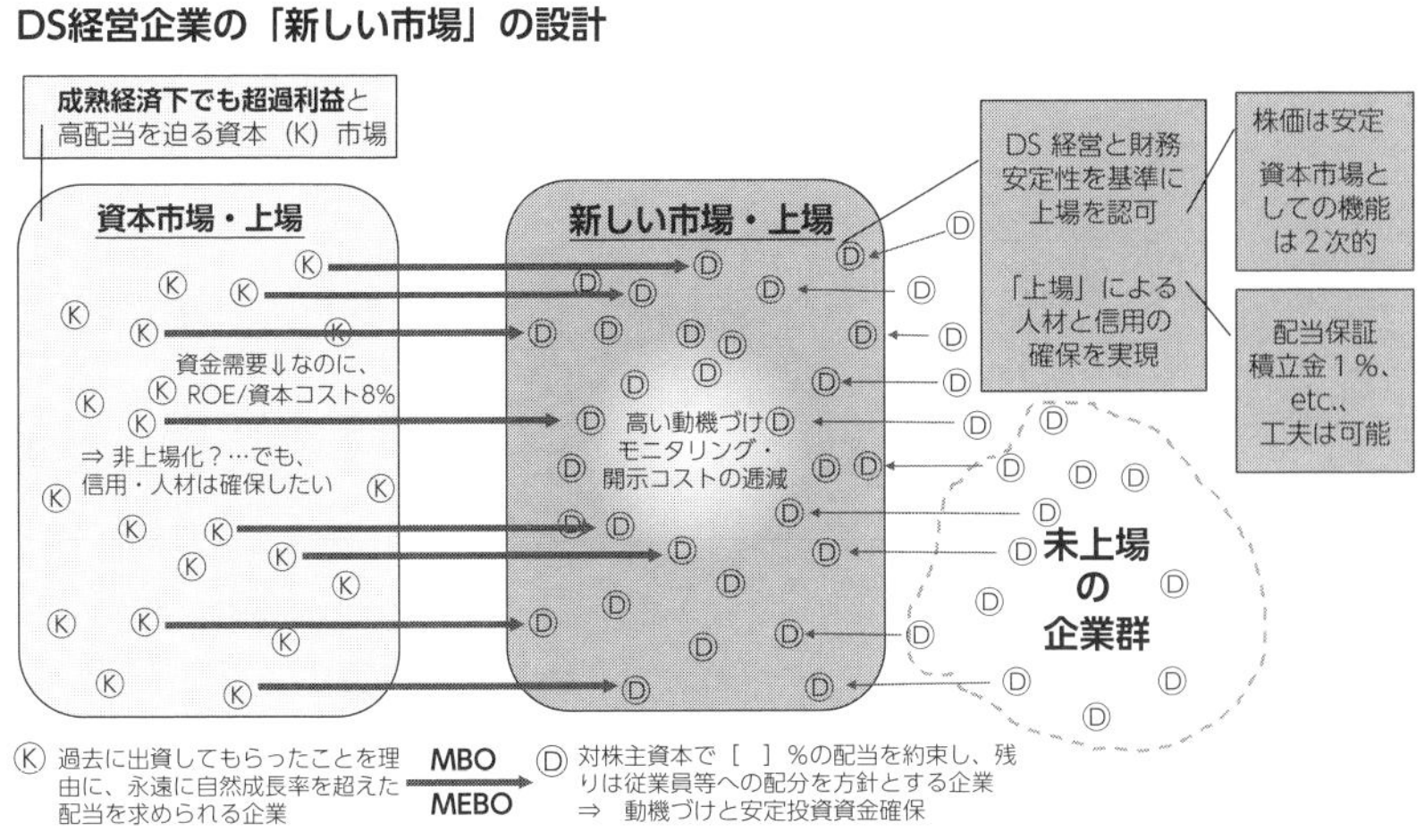

（出所）スズキ研究室

乗り切ることを優先するであろうという点である。あと数年、順調に株価が伸びる政策をとることが個人的な効用の最大化であって、そのためには株価を（一時的であれ）下落させるようなDS経営を検討するインセンティブは小さい。近年は役員に対する株価連動型の報酬制度も整備されつつある。株主本位の経営とかコーポレート・ガバナンスの強化という名目で正当性が付与されている。こうした経営環境においては、多くの経営者は「静かに退任の日を待つ」ことが合理的であり、積極的なアクションをとらないであろうとの懸念が示された。

以上の「経営トップの躊躇」はもっと一般的に、役員レベルの重責を担う者が皆抱く、何か見知らぬもの、大きな変化に対する不安とも関係する。古今東西500年以上、PLを中心とした利益最大化経営を行動規範としてきた企業が突然、方針を変更し、DSを用いた適正分配モデルを採用せよと言われても、理解・想定しきれていない問題点がないかと不安に陥る。企業内部で知識をいくら蓄積しても、外部市場の反応は読みきれないという不確実性にさらされる。日本人に特徴的と言われる横並び意識も影響する。有名企業が数社始めれば他国よりも早く広まる可能性が高いが、逆に、1社では実践しにくい。「ファースト・ペンギン」になりたいとアプローチしてきた企業のトップも、最後は「何かもっと、緩やかな方法はないですか」とばつが悪そうに、他社や政府の動向を注視し、ペースを落としたケースがある。

筆者はこうした経営トップや役員の躊躇について十分理解する。至極当然であり、これらは皆、筆者の制度設計の不完全さに起因するものである。経営者に無理な責任を負わせることはできない。

そのため、特定企業に過大なリスクを課す「ファースト・ペンギン」の出現に期待するのではなく、集団で見張りをし、助走し、最後には飛翔する「フラミンゴ行動」が発現するよう、官民を挙げて、関係者のベクトルを調整して正しい方向に踏み出す、そうした制度設計に修正していくことが急務である。ここには、個々の企業の努力を超えた、民間経済団体や政府の役割が必要である。この点については次節で詳述する。

その前に、ここで再度経営トップにお願いしたい。官民挙げての体制が整い、社内で熟慮し、合意が得られ、「おそらくこれで行ける」という判断に至ったら、静かに退任の日を待つのではなく、強い意思で組織をリードし、自律的で持続可能な成長のために決断していただきたい。暗澹たる若者の将来を憂えて、従業員にもう一度夢を与え、所得とウェルビーイングを改善し、士気を高め、イノベーションを推進し、「新しい資本主義」をその手で築いていただきたい。本書で経営トップにこうしたお願いを記すのは、青臭く常識はずれに映るであろう。しかし、これが日本の経営・経済の課題の核心であり、解決すべき課題であり、どうしても経営トップにご英断いただきたい経営戦略である。

7　民間組織や機関に期待される役割・動向

「赤字配当、みんなでやめれば怖くない」。

２０２０年の後半に、東証1部に上場するある会社（行楽・観光業）の財務部長が口にした冗談である。言わずもがな、１９８０年代に流行した「赤信号みんなで渡れば怖くない」をもじった言葉である。裏返せば「赤字配当、1人でやめるのは、とても怖い」が本音であろう。エクイティ・ファイナンスの予定はなく、赤字であるにもかかわらず、「他社は高配当要求に応じるであろうから」という想定や懐疑心で、健全な事業運営を阻害しかねない赤字配当を続けている（図表2・7、図表2・8）。PL経営からDS経営へという大きな変化はおろか、赤字配当の取りやめにさえ踏み出せない。

論理的に考えても、ダイバーシティを推進し、所得の適正分配に貢献するDS経営は、企業の中長期的で自律的な発展に寄与する可能性も高く、時代に適合的な施策といえる。やや抽象的な言い方をすれば、資本主義の根源的な問題として指摘されてきた「不安定性」を緩和する修正であり進化である。しかし、現在の資本市場は、情報が不完全で、情報を理解・分析する真の投資家が少なく、長期利益を目指すよりも世界中の多品種商品間の「短期利益ショッピング」を行うほうが資本効率的であるという「（制度を含む）市場の失敗」に陥っている。そこでは、経営者がDS経営を起動するための十分なインセンティブがない。

多くの企業と検討会を重ねるにつれて、こうした「（制度を含む）市場の失敗」あるいは成熟情報市場のアポリアを強く感じるとともに、6（3）でも述べた個々の企業レベルでの対応の限界が浮き彫りになった。では、6（3）でも指摘した民間組織・団体や政府が果たすべき役割とは何か。どのような具体的方策がありうるのか。以下では、「新しい資本主義」関連の有識者や政治家および官僚らと意見交換を重ね、見えてきた課題や改善すべき事項をまとめる。

関西経済連合会は、民間の中でも、過度の短期利益最大化と高配当を戒め、ステークホルダー主義を推進する主要経済団体の1つである。特に2017年より住友電気工業出身の松本正義氏が会長に就任すると、近江商人の商業哲学として知られる「三方良し」、あるいは住友家法である「浮利にはしり軽進すべからず」という関西経済界の原点に立ち返った意見発信や提言が行われている。株主第一主義的な経営を「1人でやめるのは怖い」わけであるから、こうした民間経済団体の意見発信は非常に重要であり、かつPL経営からDS経営への進化の土台ともなるものである。

そもそも本書の原点となった『成熟経済社会レポート』自体が同会による委託研究である。当初は、その政策導入目的とは真逆の効果の発現が疑われる「四半期開示制度」を批判的に検討するための委託研究であったが、調査を進めていく中で、その問題の根底には「成熟経済社会のアポリア」が存在することを発見し、このアポリアを乗り越えるための新しいディスクロージャー、企業統治制度を論じるレポートへと拡張拡大されたのである。本書の中核をなすDS経営の原型は、同報告書の「補論」として収録されている。

関西経済連合会と同様にステークホルダー（あるいは「社中」）経営を推進しているのが、一般財団法人アライアンス・フォーラム財団（原丈人会長）である。DS経営は同財団の主催するカンファレンスで幾度となく紹介され、また同財団を通じて上場企業や労働組合等にも紹介されている。こうした機会を通して、DS経営の支援の輪が広がっている。日本生産性本部や経済同友会や日本青年会議所、G1サミットでも話題に上り、徐々に検討される機会が増えている。

メディアは、こうした民間の声を拾い上げて、広く大衆に知らしめる役割を持つ。そしてそれが政治を動かすこともありうる。しかし、日本の主要経済メディアは、「岸田ショック」などと揶揄して「新しい資本主義」政策を進めれば外国人投資家が日本を見捨てるかのような報道を行う。危険なのは既存の法令、基準、ガイドライン等を所与のものとしたり、絶対的な正義のように考えて、特定のステークホルダーが持つ既得権の保護にエネルギーを注ぐことであり、メディアがそれに踊らされて偏った報道を続けることである。メディアによる言論は、実体経済にも金融経済にも強い影響を及ぼしうるものであり、安定的で建設的な証券市場と価格形成への貢献が求められている。「岸田ショック」などといったセンセーショナルな報道を無責任に繰り返せば、それこそ不安定で実態を反映しない価格形成の原因となる。

この点、あまり周知されていないが、投資家サイドにも「新しい資本主義」を支持する向きがある。2022年3月末時点で運用総資産約1、300兆円を擁するブラックロックは世界最大の資産運用会社である。ブラックロックは、ステークホルダー主義を掲げ、行き過ぎた株主第一主義と持続不可能なレベルの高配当政策、自社株買いに警鐘を鳴らしている。2022年4月4日の午後、本社CEOのラリー・フィンク氏はバイデン政権の経済ミッションとしての役割を携えて岸田総理を訪ね、日本政府の進める「新しい資本主義」政策に対する支持を表明した。また、同社はCenter for Stakeholder Capitalismの設立も表明しており、これは投資家サイドも含めてステークホルダー主義や適正分配制度に対する理解が進んでいる一例ともいえる。

以上、民間におけるこうした多様なイニシアチブは極めて重要である。後に述べる政府・省庁における検討が、既存の法令、基準、ガイドライン、さらに海外の動向から制約を受けるのに対し、民間では時代の要請に応じて自由に議論し、意見発信することができる。国会議員や官僚と協働したり、彼らに陳情したりする前に、民間が十分な議論をして必要な政策をまとめておくことが重要である。我々は経済政策の失敗をすべて政府のせいにするが、本来民間こそ自由なのであり、ここで土台となる議論が行われなければ、市民のための民主的な経営・経済の実現は遠のく。

もちろん、民間での議論を政治に結び付ける努力も必要である。前述の『成熟経済社会レポート』の暫定版は、２０２０年の10月19日に「関西経済連合会東京シンポジウム」で発表され、岸田文雄・現総理の選挙対策本部顧問を務めた甘利明議員に上程された。その後も岸田総理をはじめ、同政権で重職を担う森まさこ参議院議員、木原誠二衆議院議員、小倉將信衆議院議員らに説明する機会を得た。２０２２年には自由民主党の「日本 Well-being 計画推進特命委員会」（下村博文顧問・上野通子委員長）が、従業員らの所得増加とウェルビーイング推進のために、「新しい資本主義」政策の中で付加価値分配計算書やＤＳ経営を積極的に検討することも盛り込んだ提言書を取りまとめている。政府の役割については、後述**9**にて詳述する。

その前に次節では民間の自由な議論をリードしたり、体系的にまとめたりする学術・研究者の役割を述べておきたい。

8　研究者に期待される役割・動向

特定のステークホルダーの既得権に縛られず自由な研究を行い、意見を発信することのできる立場にある大学等の研究者の役割は極めて重要である。民間の広範な動向をまとめ、批判的に分析し、市民に周知した上で、政策提言を取りまとめる作業は、本来独立性の高い高等研究教育機関によって進められるべきである。にもかかわらず、英・米の議論や方法の模倣に終始しがちで、日本の成熟経済社会化という構造的な変化の省察を怠り、適切な政策評価や改善策の提言をしてこなかった我々研究者の責任は重い。

筆者は『成熟経済社会レポート』にまとめられた内容を、日本会計研究学会や会計理論学会にて、統一論題や年次総会のテーマとして講演する機会を得た。しかし、残念なのは、近年の学会で推奨されるのは論文の被引用状況等から算出されるインパクトファクターの高い欧米のトップジャーナルへの投稿であり、日本特有のテーマや政策レポートに対する評価は高くない。これは、極めて憂慮すべき傾向である。現在、日本は、欧米と全く異なる経営・経済環境を深化させ、社会倫理や新しい制度設計を含めて独自の議論が必要になっている。それにもかかわらず、ローカルなコンテキストをほとんど捨象して、英米のテーマや方法論に媚びる形でトップジャーナルへの掲載を目指す合理性は希薄である。それよりは、日本で伝統的に行われてきた制度の解釈論のほうがまだ実用性があり社会の役に立つ。

例えば、2022年2月18日、「新しい資本主義」下における四半期開示制度の見直しを行うにあたって、金融審議会のディスクロージャー・ワーキング・グループの学術委員は、主として欧米のトップジャーナルに掲載された論文を取りまとめた中立的な研究結果であるとして、四半期開示制度の見直しに疑義を呈した。しかし、ここでの議論は「6W2H」を十分に考慮せず、表面的な統計上の有意差に根拠を求める適正性を欠く内容であった。英国において「四半期開示任意化に伴い、実際、四半期開示を取りやめたのは8・7%に留まる」というデータが示されたが、明白にミスリーディングであった。ここでの「四半期開示」とは、PLやBSを伴わないほんの数頁の経営者によるナラティブで、財務諸表とその注記、さらにレビューが求められる日本の四半期報告書とは質においても量においても似ても似つかないものである。

後日、筆者との会合で「新しい資本主義」政策のために、日本の四半期報告書制度の改廃が議論されている文脈で「（四半期開示が任意化された）イギリスで四半期開示を取りやめたのは８％（ママ）に留まる、という言い方は（無知や誤解でなければ）虚偽に近い」とコメントしたのは自由民主党の有力議員であった（日刊工業新聞２０２２年5月7日参照）。筆者の研究室で、２０２２年の正月休みを返上して、欧州上場企業約１、０００社のホームページを調査したところ、ＰＬとＢＳを伴う四半期開示を継続しているのはロンドン市場で８％程度（すなわち92％程度は廃止）、パリ市場では４％程度に過ぎなかった（96％程度廃止）。四半期レビューや監査報告書を伴うものに至ってはほとんど存在しない。トップジャーナルに引用されている数値を鵜呑みにして、英国や欧州でどれくらいの企業が日本と同等の水準の四半期開示を行っているか、という基本的な確認もないままに、国際比較を行い、その結果に基づき日本の制度を作ろうとしているのである。

そもそも「欧米のトップジャーナルに掲載された論文を取りまとめた」という時点で極めて重大なバイアスが生じうるし、そこで得られた知見を日本に応用するのであれば一層の注意を要する。社会的な文脈を見逃しがちな統計的実証研究に依拠するのであれば、それ以上に国内関係者の声を拾い上げ、地道にデータを積み上げる努力が必要となる。欧米の経済社会や証券市場と日本のそれはあまりにも異なる。この事実を胸に「６Ｗ２Ｈ」を意識して、現場を歩き「汗をかく」研究調査を行うことが求められている。少なくとも、『成熟経済社会レポート』や本書を取りまとめるにあたってはそれを意識した。

十分な実務データを収集し分析した後に、政策を設計・提案するにあたっては、学術が得意とする様々な立場・ケースによる多面的な理解や、抽象化、対立、止揚、再構築が重要となる。市民にわかりやすく説明する努力も必要となる。ここで、あたかも中立的・客観的であるかのように装うことは慎むべきである。いかなる研究も絶対的な中立性や客観性を保証し得ない。むしろ自らのポジションを含む「６Ｗ２Ｈ」

を明らかにした上で、研究者自身の分析や見立て、提言を明らかにすべきである。近代の科学方法論はこうした方法を単なる「意見」として捨象しがちであったが、それは誤りである。掲載された論文やデータではなく、多くの研究者が自由に意見できる「場所やプロセス」にこそ科学的客観性が求められる（こうした方法論についての詳細は『成熟経済社会レポート』20～49頁参照）。

「新しい資本主義」を創造する制度設計の中で、筆者の考える最も根本的な考え方のシフトは、次の2点である。企業や政治家、官僚との検討会を通じて、こうしたシフトについて、学術的に一般化してまとめるよう進言されることが多かった。中長期的にはこうした基本事項のシフトを周知していくことこそが、新しい政策のベースとなり、実務にもフィードバックされていくものと考える。

(1) 主たる情報利用者のシフト：「投資家・株主」➡「役員・従業員・就活生」

上場企業の従業員のどれくらいの割合が、自社の有価証券報告書に目を配るであろうか。おそらく10％にも満たないであろう。当然である。有価証券報告書の内容は大多数の従業員の関心とは無関係だからである。有価証券報告書、あるいは国際的なコンテキストで言えば国際財務報告基準（ＩＦＲＳ）は、投資家・株主のための情報体系として基準化され、発展してきた。

そこには経済社会政策上の合理性があった。本書で何度も説明してきたように、人口増加を根本的な理由として、潜在的経済成長率が十分高く見積られ、あとは「カネ」を投下すれば成長が合理的に期待される経済環境にあったからである。そうした経済環境を前提とすれば、希少財としての「カネ」を提供してくれる投資家・株主に対して、優先的に情報を提供することは公共の利益に適っていた。しかし、成熟経済社会が深化し、もはや「カネ」の希少性が大幅に低減した環境において、開示情報の主たる利用者として投資家を想定する合理性も大きく低減した。投資家・株主の保護を「既得権の保護」や「金融資産の適正価格の算定」の観点から擁護する論理は成り立ちうるものの、日本の将来世代のことを考えれば、優先度の高い政策ではあり得ない。岸田総理が、総裁選前から、「新たな資本主義を創る議員連盟」などで過剰な四半期開示実務の見直しを訴えていたのはこの理由による。

代わって重要性を増したのが、「ヒト」であり、その動機、つまりやりがいやプライドである。旧態依然と「カネ」を希少資源として、その提供者としての投資家を主たる情報利用者として想定するのは、「新しい資本主義」のコンテキストや政策理由を理解していない証拠である。もちろん、これまでの会計の慣習や法制度を即座に全面改定することは不可能である。また、カネの役割が全面的に消滅したわけでもなければ、永遠に逓減し続けるわけでもない。しかし、今後5～10年の単位の経済政策の中で「ヒト」を新しくアカウンティングする必要があるときに、主たる情報利用者として「投資家・株主」ではなく「役員・従業員・就活生」を想定することは当然の成り行きである。「従業員・就活生」とは、毎日事業を遂行する働く者であり、消費者でもある。こうした多くの人たちをリードする役員も含めて、徐々に企業情報の主たる利用者としての地位を確立すべきである。

不確実性の高い経済社会環境でイノベーションを生むには、ケインズがいう「アニマルスピリット」が必要になるが、その前提として働く者の士気ややりがいの確保が求められる。モチベーションなきアニマルスピリットなど存在し得ないからである。このような経済社会において、ナッジとしての情報の役割は、「ヒト」を突き動かし、それが個人の利益（所得や付加価値、ウェルビーイング）になるとともに、全体の利益（付加価値の合計としてのＧＤＰ）にもなるよう、個人と組織のベクトルを合わせることである。すなわち、そのような経済社会において情報は、投資家・株主に対してというよりも、役員や従業員、就活生に向けて発せられるものとなる。そこで働くことにより十分な所得が得られ（役員・従業員への十分な分配）、やりがいのある仕事を追求し続けることができ（事業への十分な分配［再投資］）、その成功や貢献度に応じてさらなる報酬や役職が与えられる。また、そこでの努力・貢献により、家庭やコミュニティ、社会からも尊敬を受けることで、個人としての幸福度が高まる。そうした個人で構成される集団としての組織、すなわち会社も持続的な発展を実現することができる。さらに、そうした組織の集合体としての国民経済は再び成長へと歩み出すことができる。このような好循環を生み出す情報体系として、ディスクロージャーや企業統治に関する制度が再設計されることが望ましい。

先に触れたインドにおけるOne Additional Lineは、損益計算書上の追加的な「1行」をナッジとして、個と集団の間の好循環を創造する政策イノベーションであった。インドとは異なり、経済社会が成熟化し事情が複雑な日本においては、「1行」程度のナッジではうまく機能しない。それでも少なくともそうした「制度設計上の原理」を理解した上で、新しい政策は立案されねばならない。DSとその下での人事・組織管理システムは、すべての従業員に直接的に「成功や利益」を保証するものではない。そうではなく、従業員自らが働くべき場を見定められるように企業を「見える化」する情報提供装置であり、それによって「成功や利益の機会」を与えているのである。この「見える化」により、企業間で従業員のモビリティが高まり、人材獲得競争が生じ、資本としての「ヒト」の価値がより高まることが期待される。

この情報体系の下では、投資家は情報の第1次ユーザーではない。投資家は、DSが従業員をどのように動機づけ、彼らの士気ややりがいを高めるのか、それによって生産性、持続可能性がどのように変化するのかを予想して投資を決定する、第2次ユーザーである。欧州の例を挙げれば、四半期報告書や業績予想を率先して中止して、従業員のモチベーションを高めることに専心したユニリーバで安定的な株価の上昇が観察された。

財務会計情報の主たる利用者を投資家・株主から、役員や従業員といった普段から経営や事業運営をつかさどる「ヒト」へシフトするのは、大きな変化である。この根本的な変化を社会実装していくにあたっては、研究だけではなく、教育上も教材の準備が必要である。大学レベルの教科書だけではない。最近は高校の教科書ですら「会社は株主のものである」といった誤解を招く単純化された記述が散見されており、これでは従業員や就活生のモチベーションが上がるはずもなく、士気も上がり得ない。広くビジネスや経済を民主的に発展させるためには、研究上も教育上もさらなる議論が望まれる。

(2) 主たる指標のシフト：「利益」➡「付加価値」

私事になるが、筆者は英国で教鞭をとっていたが特殊疾病を罹患し、唯一手術の可能であった日本に帰国して命脈をつないだ。復職後に著した最初の小論の1つが「会計と幸福：準需要飽和・準完全競争下の〈経済〉社会のアカウンティング」（スズキ，2019）であった。研究者として書き残しておきたかったのは、市民が求めるものは「利益」ではなく「幸福」であり、ビジネスをこの幸福実現のための制度として設計するためには、ビジネスの計算目的を「利益」から「付加価値」にシフトする必要があるということであった。要点を簡単に繰り返すと、一般に経済社会（マクロ）レベルで目標として定められるのは「付加価値の合計」（＝ＧＤＰ）である。ビジネスを通じて生成される付加価値は、「幸福」を支える重要な経済的要素として受容されてきた。しかし、翻って、個々の企業経営（ミクロ）で追求されるのは「利益」であり、これは「株主に帰属する付加価値」に過ぎない。利益はビジネスを支える多くのステークホルダーに帰属する付加価値ではなく、株主に帰属するそれである。

成熟経済社会の深化した日本で、付加価値全体が伸び悩むマクロ的な構造を所与とすれば、「株主に帰属する付加価値」の最大化は、他の関係者に帰属する付加価値の減少を引き起こす（**第2章**参照）。利益最大化行動は全体の付加価値の総和であるＧＤＰの成長を約束しないばかりか、所得格差の拡大を促進する可能性が高い。短期的に「利益」を最大化しようとすれば、大多数の従業員に配分されるべき付加価値（すなわち所得）は減少し、士気やウェルビーイングは低下する。この見方は最近になって、内閣府でも共有されるようになってきた（内閣府，２０２２）。２０００年代の初めから現在まで観察されている、統計上の事実である。このような傾向が支配的になり、市民に十分な理解が浸透すれば、社会制度として「利益」の最大化を促進する財務諸表は改定される必要がある。

この点は、先に述べた様々な検討会、意見交換の中で多くの参加者から賛同を得た。しかし、古今東西５００年以上にわたり続けられてきた「利益をインセンティブとして運営する事業活動」から、「付加価値をインセンティブとして運営する事業活動」にシフトするための条件や制度を理解するためには、さらに多くの研究者を募って大規模な研究を行い、それを周知・普及すべく教材開発を含めた教育面でも努力を積み重ねていく必要がある。根本的な対策として、学界（研究書、教科書も含む）や政府の研究会、各種の報告書、企業研修資料などにおいて「利益」と「付加価値」の関係性を明らかにする必要がある。その上で、付加価値の合計を増加させるような制度研究や教育を進めることが必要である。学校教育においても特定のステークホルダーを重視するような説明を戒め、会社経営には人財資本も含めた色々な資本が貢献していることを明らかにすべきである。そして、それぞれの貢献に応じた適正な分配がなされ、それをモチベーションに転じて、イノベーションや効率化を推進するフレームワークを開発する必要がある。

そうした新しいフレームワークを定着させる方法の私案として、本書では企業の生産と分配を「付加価値」を用いて説明するＤＳ、付加価値分配計算書を紹介した（**第4章**）。しかし、「付加価値」経営へのシフトは、必ずしもこの特定の付加価値分配計算書による必要はない。企業における付加価値がどれくらい生産され、誰にどれくらい分配されているか、民主的なアカウンティングを開発するという方向性が大切である。ゼロから学び独自のアカウンティングを開発することが困難であれば、本書で示されたモデルを出発点として、各社の状況に合わせて修正することが現実的かもしれない。

9　政府に期待される役割・動向

本章が長くなったので、ここで議論の流れを確認しておく。企業は短期の無理な利益最大化、高配当経営を見直し、ステークホルダー間でバランスのとれた分配を促進する経営を模索している。「負け組」ではない、高利益・高配当のいわゆる「勝ち組」企業が、持続的な成長のために、そうした新しい経営モデルを必要としている。欧米の経営モデル・資本主義モデルとは異なる、日本発の資本主義の必要性を理解し始めている。こうした大きな方向性は「新たな資本主義を創る議員連盟」の設立趣旨（**図表2・12**、２０２１年6月）に明白に反映されており、岸田政権はこうした政治姿勢や経済政策を評価され、信任を受けた。

これを受け、日を追うごとに各種民間団体がＤＳ経営の支持・支援を表明し、このモデルの普及に向けた一層の取組みが求められている。「新しい資本主義」下の新しい経営の実現のためには、企業情報開示の対象を「投資家」から「役員・従業員」へシフトしたり、計算対象を「利益」から「付加価値」にシフトしたりする、根本的な変化が必要とされている。ここには学術界の継続的な研究・教育活動が必要である。

ただ、その過程で株価下落や買収リスク、株主総会における議案否決リスクが懸念され、その解決には官民挙げて十分な手当てが望まれる。さらに、成熟経済社会化の深化の進む日本で、付加価値が、過度に、一方的に企業から株主に、それも海外に流出し続ける現状をいち早く修正する必要がある。欧州投資家等の間でささやかれる「suck Japan to the very marrow（日本が本格的に沈没してしまう前に、骨の髄までしゃぶりつくす）」が現実のものとなる前に、過度の新自由主義傾向を修正する必要もある。このような観点から、政府、「新しい資本主義実現会議」や各省庁におけるアジャイルで具体的な政策の実現が期待されている。

２０２２年3月末時点で、「新しい資本主義実現会議」で喫緊の課題とされているのは、短期利益最大化・高配当政策を見直すとともに、「ヒト」への投資を促進し、イノベーションを生み、生産性を高め、所得や消費を回復させるような好循環を創る企業情報の開示制度を考案することである。拙著『成熟経済社会レポート』（２０２０／２０２１）をはじめ、雑誌や新聞など様々な媒体で、ＤＳモデルが紹介されるようになった。本書もその延長線上にある。しかし、これはあくまでも自由な一研究者からの発案・提案であって、既存の法規則や国際動向との整合性やすり合わせを必要とする立法・行政の立場からの検討が重要である。

ここで、先に紹介したインドの One Additional Line がどのような政治過程を通じてインドの企業法（2013：セクション135（GN (A) 34, Presentation and Disclosure in Financial Statements, 2015）の中に取り入れられたか、簡単に説明する（スズキ、２０１３：本書の**終章**も参照）。巨大新興国としてのインドでも資本市場のグローバル化の波を受けて環境破壊や児童労働を伴う短期利益最大化行動が問題となっていた。ここで政府が強力にＣＳＲを法制化することは可能であったが、本来市場の持つ自律性を損なう可能性を危惧した。そこで筆者は「1行表示」という、政府による強制性を最小限に抑えたナッジを提案した。通常ＣＳＲ項目は費用として利益のマイナス項目であり、投資家・株主にはバッドニュースである。しかし筆者は、適切なレベルのCSR費用を適切に開示すれば、グッドニュースとして認識されると考え、そのための「戦略的見える化」を提案したのである。本来多様で捉えどころのないCSRという概念や実践を、あえて損益計算書に「1行」で表示させるデザインを採用したのは、株主への分配である「利益」との関係・バランスを明らかにしようとしたからである。株主とその他のステークホルダーへの分配を比較できるようにした。また、容易に企業のランキング化が行えるよう「1行」とすることで、経営者は「社会の目」を気にせざるを得ない。さらに、この制度が失敗に終わった場合に備え、高い「キャンセラビリティ」（第1章2（5））を確保しようと、企業法セクション135に対するガイダンス・ノート（Guidance Note）という形での強制にとどめた（Suzuki & Gaur, 2015；スズキ、２０１３、２０１８）。ここでの会計・ディスクロージャーの哲学は「客観的で疑いのない真実の表象」ではなく、「政策的に望まれる新しい経営・経済の構築」である。前者は会計学上、伝統的な表象主義であり、後者は１９８０年代に登場した社会構築主義である。学術の成果と、市場本来の自律性と、政府による強制力を適切に結びつける努力の結果であった。

日本においても、そうした戦略的思考の下に、効果的なディスクロージャーや投資スキームを開発すべきである。ここでの「効果」とは、「利益（株主に帰属する付加価値）」の増幅ではない。時代の変遷を反映して、多様な事業関係者のための付加価値の増幅と適正な分配を意味している。欧米基準の無批判な輸入を繰り返してはならない。今般、岸田総理が、「日本発の新しい資本主義として世界に発信してゆく」と表明した経緯を想起されたい。その実現のために「新しい資本主義実現会議」や内閣府、金融庁、経済産業省には、国際協調に配慮しながらも、世界をリードする政策イノベーションを遂行することが期待されている。

こうした中、政府で実際に討議されているディスクロージャーは、岸田総理の施政方針演説（２０２２年1月17日、**図表7・4**）を反映したものとなっており、「ヒトへの投資」が強調されている。総理は「私が目指す『新しい資本主義』のグランドデザイン」（岸田、２０２２、98〜99頁）の中で「新しい資本主義の時代は、費用としての人件費から、資産としての人的投資に変わる時代です」とし、有価証券報告書をはじめとする企業ディスクロージャーの改革が必要である旨を強調している。以下では、そうした大きな方向性がどの程度具体性を持ち、実際に企業行動の変容を発現させるものに仕上がってきているか、まさに今、現在進行形の行政の取組みを概観する。

(1)「ヒトへの投資」の開示：BSオン・バランス開示

「新しい資本主義実現会議」のワーキング・グループ「非財務情報可視化研究会」が重要論点として議論しているのも「人的投資に関する情報開示が企業価値の向上につながるとともに、社員のエンゲージメントや生産性の向上に寄与し、更には中長期的な企業競争力の向上につながるような、『人的投資を起点とした好循環』を生み出す情報開示の在り方」である。**第4章**で説明したように、現行の会計・財務諸表において、人件費を増やせば、それは費用であり、少なくとも短期的には利益を減少させるから、ヒトへの投資が進みにくい。投資家・株主にしてみれば、短期的な費用の上昇が中長期的な利益の向上に結び付くシナリオが実感されない限り、ヒトへの投資を支持しにくい。これを何とか新しい財務諸表で改善したいという発想である。

短絡的な発想としては、従業員らへの支払を損益計算書の「借方（給与費用）」ではなく、貸借対照表の「借方（ヒトへの投資資産）」として処理するという案がある。確かに即効性がありインパクトは強いものの、軽率な発想である。「給与・報酬を費用としてではなく、ヒトへの投資（資産）として考える」という主張は、経営者や政治家が文学的表現として採用することは可能であるが、会計の実務指針としては（国難に際する緊急避難措置でもない限り）許されない。多少の説明を要しよう。

会計処理上は同じ「借方（左側）」でも、人件費を損益計算書の費用（借方）ではなく、貸借対照表の資産（借方）と計上すれば利益は増加するから、ヒトへの投資が促進される可能性はある。すでに実務となっている類似の例で言えば「のれん」である。M＆A買収にかかる費用を損益計算書上の費用とせずに「のれん」という貸借対照表上の資産として計上することでM＆A活動が促進されている。

簿記や会計を多少学んだ政治家やジャーナリストの中にはこうした提案を支持する者がいる。しかし、大きな問題はヒトへの投資という資産の「測定」の問題である。従業員に１００億円支払ったときに、まるで自社が１００億円の資産を得たかのように貸借対照表に資産を計上してよいかという問題である。貸借対照表上でヒトは１００億円であるとするアカウンティングの提案であるが、問題が噴出することは明白である。これは公正価値会計の可否が議論された20年前の欧州で、「How much Is Bill Gates's brain?」と言われた問題である。マイクロソフト社の企業価値の大きな部分を占めると考えられるビルゲイツ氏の脳の公正価値はいくらだ、という問題として話題にされたが、一瞥され忘れ去られた議論である。今日、ＩＦＲＳが「のれん」の定期償却を排し、公正価値評価を基本としても、貸借対照表に膨れ上がった「のれん」の価値をポジティブに評価する投資家はいない。ヒトの価値をこのように貸借対照表にのせても、中長期に企業の事業価値を高める規律あるアカウンティングは推進されない。

それにもかかわらず、証券市場でよく知られるアナリストは「（武田薬品工業がシャイアーを買収した際に発生した）何兆円もの『のれん（Goodwill）』さえ公正価値評価するのだから、その一部を構成するヒトを公正価値評価することは可能なはずだ」との強弁を張る。こういった主張の背景には、測定の確実性や持続的成長を棄損してでも、利益を捻出したいとの意図が見え隠れする。ヒトへの投資の促進、従業員への給料を増やすことに主眼があるのではなく、短期に配当可能利益を増やすことに目的がある。「新しい資本主義」の哲学や論理に関する無理解や不道徳性を指摘すべきであろう。

(2)「ヒトへの投資」の開示：「注記」、「記載欄」、「任意の報告書」

前項のように損益計算書や貸借対照表にオン・バランス化して、利益に直接的な影響を与える方法でなくとも、主要財務諸表に対する「注記」や、有価証券報告書上の特定の「記載欄」や「任意の報告書」を通してヒトへの投資を促進する案はいくつも存在する。例えば、2022年3月現在、金融庁が主体となって、「新しい資本主義実現会議」のワーキング・グループ内で考案されている方法は次のとおりである。

まず**図表7・4**は総理や政府によるヒトへの投資を促進する財務諸表やディスクロージャーに関する公式発表をまとめて説明している。その上で**図表7・5**に図解されるような有価証券報告書上の開示を検討している。後掲の**図表7・7**はより詳しく、金融審議会ディスクロージャーワーキング・グループでの議論を具体化したものである。ここで「有価証券報告書」を中心として議論しているのは、日本ではこれが主たる法定開示書類であり、政府の強い監督権限が及ぶからであろう。

しかし、有価証券報告書の中で「新しい資本主義」政策のための「ヒトへの投資」を推進する方法については金融庁の苦心が見てとれる。なぜなら、そもそも有価証券報告書は「投資家のため」の情報体系として成立・発展してきたからである。金融商品取引法自体、その第1条に見られるように、「投資者の保護に資することを目的とする」ものとして解釈されている。そこに、ステークホルダー主義や三方良しに

図表7・4　岸田総理施政方針演説

第二百八回国会における
内閣総理大臣施政方針演説（2022年1月17日）

三　新しい資本主義
　成長と分配の好循環による持続可能な経済を実現する要となるのが、分配戦略です。

（人への投資）
　第二に、「人への投資」の抜本強化です。
　人的投資が、企業の持続的な価値創造の基盤であるという点について、株主と共通の理解を作っていくため、今年中に非財務情報の開示ルールを策定します。
　あわせて、四半期開示の見直しを行います。

（中間層の維持）
　第三に、未来を担う次世代の「中間層の維持」です。
　世帯所得の向上を考えるとき、男女の賃金格差も大きなテーマです
　この問題の是正に向け、企業の開示ルールを見直します。

（出所）金融庁・事務局説明資料（2022年3月24日、第7回　金融審議会ディスクロージャーワーキング・グループ（令和3年度）資料1）20頁

重心を移した「新しい資本主義」政策の下の「ヒトへの投資」を推進するディスクロージャーを組み入れる作業は容易ではない。しかも政治的にスピード感をもって実行せよとの圧力も受けている。

さらに、金融庁としては、これを財務・非財務情報開示に関する国際的な潮流と一定の整合性を維持することも念頭に置かなければならない。2022年6月からは、国際サステナビリティ基準審議会（ISSB）は国際会計基準審議会（IASB）と一体となり、やはり「投資家のための」ディスクロージャーを推進していくことを明確にしている。日本だけが投資家以外のステークホルダーのための情報体系へシフトしていくことには当然、慎重性が求められる。この慎重性は、**図表7・6**「有価証券報告書の開示の考え方」に明らかに見て取れる。何をどう開示するか否かの重要性判断の基準は「投資家の投資判断

図表７・５　ディスクロージャーWG第３回会合の議論

□ディスクロージャー WG第3回会合では、有価証券報告書における「サステナビリティ情報の記載欄」の新設を議論
□将来的には、「サステナビリティ基準委員会」が検討した開示の個別項目を有価証券報告書の「サステナビリティ情報の記載欄」に取り込むことを検討

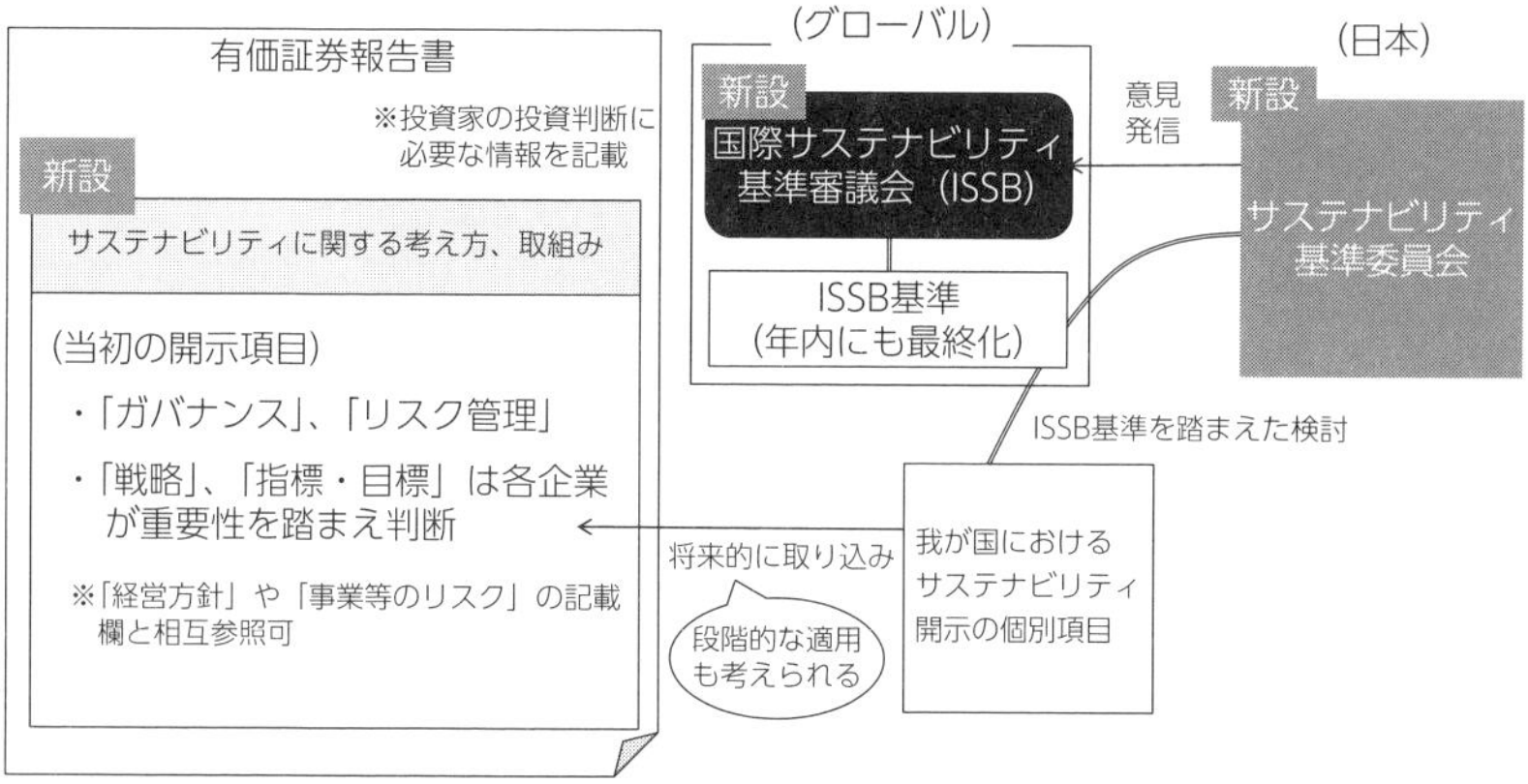

(出所) 金融庁・事務局説明資料（2022年３月24日、第７回　金融審議会ディスクロージャーワーキング・グループ（令和３年度）資料１）13頁

にとって重要か否かにより判断すべきと考えられる」という点がハイライトされ複数回述べられている。そもそも２０１９年に作成された資料であるが、今回再利用され、金融商品取引法上の開示書類は、投資家保護のために発展してきた経緯を忘れてはならないというトーンで一貫している。

確かにこうした苦心や慎重性については一定程度理解できる。グローバル化や国際標準化が進む中で、各法域や行政地区における要請や要求が国際的なそれと異なることはしばしば起こる。日本国民や政治家は、国際的な基準を「いち早く導入すること」が優れた国際対応であると誤認しがちであり、政府はそうしたメディアや国民の反応に気を配りながら政策決定していかなければならない。

しかし、「日本発の新しい資本主義を世界に発信してゆく」という総理の意思に則し、真に積極的な国際化を展開するのであれば、

図表7・6　有価証券報告書の開示の考え方①（開示における重要性）

□投資家の投資判断における重要性は、企業の業態や経営環境等によって様々であり、記述情報の開示に当たっては、各企業において、企業価値や業績等に与える重要性に応じて判断することが求められる

記述情報の開示に関する原則	Ⅰ．総論 2．記述情報の開示に共通する事項 【重要な情報の開示】 2－2．記述情報の開示については、各企業において、重要性（マテリアリティ）という評価軸を持つことが求められる。 （考え方） ●**記述情報の開示の重要性は、投資家の投資判断にとって重要か否かにより判断すべきと考えられる**。また、取締役会や経営会議における議論の適切な反映が重要である記述情報の役割を踏まえると、投資家の投資判断に重要か否かの判断に当たっては、経営者の視点による経営上の重要性も考慮した多角的な検討を行うことが重要と考えられる。 ●有価証券報告書においては、投資家の投資判断に重要な情報が過不足なく提供される必要があるが、**投資家の投資判断における重要性は、企業の業態や企業が置かれた時々の経営環境等によって様々**であると考えられる。 ●このため、**記述情報の開示に当たっては、各企業において、個々の課題、事象等が自らの企業価値や業績等に与える重要性（マテリアリティ）に応じて、各課題、事象等についての説明の順序、濃淡等を判断することが求められる**。

（出所）金融庁・事務局説明資料（2022年3月24日、第7回　金融審議会ディスクロージャーワーキング・グループ（令和3年度）資料1）17頁

国際社会、特に未だに潜在的成長率の高い英米や新興国との間に政策上の相違が起こるのは当然であり、一定の摩擦や対峙を乗り越える覚悟が必要である。国際的な調和よりも、そのような政策上の相違の必要性を説き、ローカルでの調整と最適化を求めて国際標準からの一定の乖離を許容させるための国際交渉力が必要となる。政治家や行政官の真価は、日本の「6W2H」を理解した上で、グローバルとローカルの間の

調整を図る能力に求められる。派手ではなく、名誉職のポジションも与えられないが、コンフリクト解決のために関係者を足しげくまわり、粘り強い交渉や説得を1つひとつこなしていく努力こそ、真の国際化に必要な行政の姿である。

確かに国際組織におけるポストを確保したり、日本にローカルオフィスを設置して、公式に意見を発する機会を確保することは必要であろう。しかし、それだけでは表層的である。国際組織にとっては、ポストや名誉職、日本支部というステータスと引換えに、組織の利益を日本から吸い上げるためのルートを確保するという戦略があることは周知のとおりである。その結果、日本の立場や利益が守られるのではなく、むしろ諸外国や国際組織がその利益を日本から摂取するという構造が常態化している。**図表0・1と図表0・4**を再確認されたい。会計の国際的な統一や透明性の確保、国際標準のコーポレート・ガバナンスといった名の下に、日本企業の生んだ付加価値の多くが海外に流出し、国内の好循環を阻害している。

国民、メディア、政治家には、日本代表や日本支部の役割やパフォーマンスが、日本の「6W2H」に適合しているか、そして国民の生活を豊かにするために機能しているか、注意深い政策評価を下すインテリジェンスが求められる。国際的な潮流と適切に対峙し調整を進めることのできる行政官こそ、政治家や組織に認められて登用され、上級幹部へと引き上げられる人事制度改革も必要である。

今般の金融庁の提案に関しても、国際統合報告評議会（IIRC）による国際統合報告フレームワーク（あるいは今後はISSBのIFRSサステナビリティ開示基準［IFRS Sustainability Disclosure Standards］）は国際的に最も汎用性のある基準として支配的な地位を確立しつつあるが、そこには国際政治や国際ビジネス的な意図もあり、注意深い検討が必要である。筆者は2010年にIIRCを設立したチャールズ皇太子のサステナビリティ会計財団（Accounting for Sustainability Foundation）の初代学術メンバーを務めた。当初頻繁に問題とされたのは異なる地域、発展段階、分野ごとに検討されるべきサステナビリティと、グローバルに推進されるべきサステナビリティの間の相克であった。同財団を離れた筆者の説明を鵜呑みにする必要はないが、これに解決をもたらしたのは、誠意ある熟議ではなく、国際統一を通じて得られる資金獲得機会の拡大であったり、国際的な名声を欲する組織やメンバーのエゴであったりする可能性にも留意する必要がある。

これは2000年代を通じて国際会計基準審議会（IASB）がIFRSという特定の財務報告基準で会計の国際的統一を夢見た経緯と同様である（『オックスフォード・レポート：日本の経済社会に対するIFRSの影響に関する調査研究』2012年、金融庁）。当初、日本でも、国際財務報告基準を全上場企業に強制適用するとしていたが、任意適用に落ち着いた。証券市場の有識者は、「それでもすぐにほぼすべての上場会社が国際財務報告基準を任意採用するに違いない」と主張したが、10年経った現在も、任意適用会社数は1割にも満たない。そうした歴史を誠実に学ぶべきであろう。本書の方法論として強調される「6W2H」が再確認されるべきである。四半期開示制度の導入・拡張にしても同じである。本来企業への投資増加を約束した制度が、全くの逆機能を発現していることを正面から受け止めて、責任ある政策評価と政策転換を図る必要がある。

以下では、現在「新しい資本主義実現会議」で提案されている財務諸表の改善が、日本の従業員を動機づけ、活力ある経営経済を回復するナッジとして十分機能するかを検討する。IASBやISSBの「投資家のための会計」というフレームワークの下にある財務諸表に多少の修正を加えたり、小さなセクションを加える程度で、「日本発の『新しい資本主義』を世界に発信してゆく」ことにつながるであろうか。

例えば、「サステナビリティに関する考え方・取組み」を既存あるいは新設の記載欄・セクションに書き加える案が提示されている（**図表7・7**）。従業員の数であるとか、平均勤続年数、平均給与はすでに記載があり、これに加えて、「女性管理職比率」、「男性育休取得率」、「男女賃金格差」に関するデータやナラティブを掲載することで、企業行動の変化を期待している。一定の効果はあろう。特に、「コンプライ・オア・エクスプレイン」モードを徹底し、広範な企業をアカウンティングの対象とすると同時に、過度の標準化による不利益を被るケースを最低限にとどめ、さらに事前に主要メディアと協議・協働の上、適切なランクづけなどによる競争原理を利用して、望ましい企業行動を誘発することは有効である。筆者自身、そうしたナッジを提案した経緯がある。

ただ、筆者の関心はその効果の程度である。ここで例示されているような指標やナラティブが、強力なナッジとして十分機能し、日本の経済社会の運営の在り方を大きく変えるだけの政策となりうるだろうか。効果がないと言っているのではない。政治的な時間制約の中で、当座の成果として認めるものである。しかし、このタイプ、このレベルのディスクロージャー改革を「成果」として認めてしまうことは、かえって「新しい資本主義」の可能性を矮小化し、真の「新しい資本主義」への進化の機会を失うことにつながらないかとの危惧もある。

翻って、ＤＳはこうしたコンテキストや悩みに正面から向き合った新しいアカウンティングの私案であった。未だ完成からは程遠い。いくつもの企業や、民間団体、学会、政治家・官僚との協働作業、建設的批判の中で改善されなければならない。

それでも以下だけは強調しておきたい。ＤＳは従来の「カネ」を希少な資本として捉えてきた伝統的な資本主義から、「ヒト」を希少な資本と捉える「新しい資本主義」へ進化する必要性を正面から受け止め、その実現を支援する目的で考案された新しいアカウンティングである。主たる情報利用者を「投資家・株

図表7・7　サステナビリティ情報の記載欄

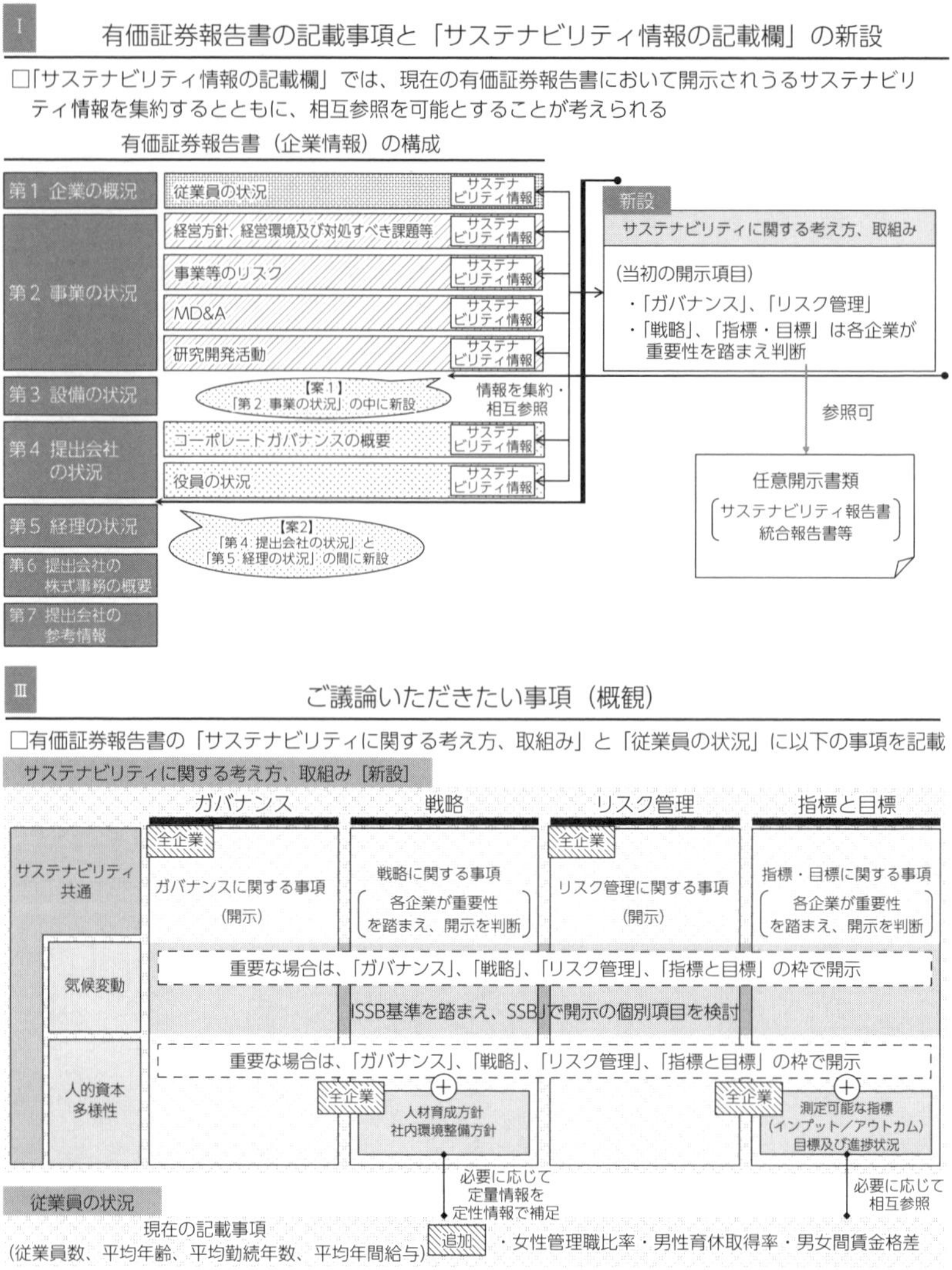

（出所）金融庁・事務局説明資料（2022年3月24日、第7回　金融審議会ディスクロージャーワーキング・グループ（令和3年度）資料1）16頁、46頁

主」から「役員・従業員」にシフトし、アカウンティングの対象も「株主のための利益の最大化」から「事業関係者のための付加価値の適正分配」へシフトすることで、経済社会の公平で中長期的な成長を支援する。DS経営により確保される潤沢な資金を、企業・経済システムの中で循環させることで、量的にも質的にも、正面から、自律的で持続可能な国民経済社会の発展を企図するものである。

その実装可能性に関しても、制度設計学や行動経済学上の原理原則を援用して、できる限り効果的・効率的な導入を心がけた。例えば、その実装には高価な外部のコンサルタントを導入する必要がなく、既存の財務諸表データを組み替えることで作成できるよう工夫した。また、「ヒトへの投資」を見える化するときに、人件費を無理にBS上の資産のように認識したり、測定したり、表示する必要もない。人件費は費用でよく、ただ、それを企業の生産活動に貢献する者に対する適正な付加価値の分配としてグッドニュース化した。それにより、実質的なモニタリングとガバナンスに対する動機づけが起こり、所得が増え、士気が上がり、次世代を築くイノベーションが生まれやすい情報体系を設計した。

仮に、政府がそうしたアカウンティングを一定の強制力をもって開示すべきと判断すれば、有価証券報告書に記載することも可能であろう。しかし、そうした強制や無理な統一性がはばかれるのであれば、例えば任意開示としての「統合報告書」の最終頁で、PL・BSに加えて従業員に対する付加価値分配のポリシーを明らかにするDSを記載してもよい。現行、必ずしも注意深く読まれることのない「統合報告書」であるが、少なくとも最終頁だけは従業員や就活生に読まれる報告書となることを期待している。DS情報によって従業員・就活生の行動が変われば、経営者の行動が変わる。今の経営に必要なのはカネではなくヒトだからである。数社、有力企業が適正分配ポリシーの公開を行い、それに起因する効果的なリクルートの実績が実証されてくれば、企業間で適正分配に関する競争が発現する。これにより、優れたヒトが企業間で移動する経済が醸成され、日本全体で活力あるイノベーションが生まれる基礎が醸成されることを期待している。「統合報告書」の最終頁にＤＳを記載し、ステークホルダー間での適正な付加価値の分配に向けての経営方針を説明するディスクロージャーについては、筆者の研究室で具体的なモデルを開発中である。詳細については別稿に譲るが、関心のある企業は問い合わせられたい。

終章

成熟経済社会のアカウンティング：次世代のウェルビーイングのために

筆者は「会計」という用語を好まない。「アカウンティング」のほうが実質を体現する。アカウンティングとはAccount + *ing*であり、積極的な「説明（account）行為（*ing*）」である。「会計」につきものの、つまらない、左右で合計値の一致する、機械計算的なイメージとは似ても似つかない、きわめて創造的な制度であり実務である。自然状態で人間に備わる能力だけでは不可能な現実の理解を「認識➡測定➡表示」という手続を通じて「経済」として再構築するのが、アカウンティングである（Suzuki, 2003a）。

そもそも哲学者を志し、「アカウンティングと経済学の哲学で学位をとった」と言うと怪訝な顔をされるが、筆者にとってアカウンティングとは、人が「経済」を把握し管理するための最も根本的な認識論的な基礎（epistemological foundation）である。ケインズ以降、政府はミクロ的にもマクロ的にもアカウンティングを通して経済を認識し、公式化し、管理の下に置くようになった（Suzuki, 2003b）。戦後の日本でもこの流れを汲んでJ・K・ガルブレイスやC・シャウプ、都留重人や上野道輔、太田哲三、黒澤清らが国民経済の管理と発展のために、財務会計や税務会計の制度改革を進めた。いわゆる「確定決算主義」を採用したのは顧客や取引先、株主、経営者、従業員、政府といった様々なステークホルダーに対して、合意された単一の財務諸表をベースとして公正な利害調整・分配を実施することで、真に「民主主義的な経済」を構築するという高邁な思想があった。当時の米国の経済学、財政学、会計学者の間では、「異なるステークホルダーの既得権がはびこる米国では到底なし遂げ得ない、世界に稀にみる偉業である」との認識であった（Suzuki, 2007a, b）。

市民はそうした制度化された特定のアカウンティングの枠組みの中で付加価値を生産し、分配を受けて生活する。アカウンティングの在り様によって、経済に関する認識や管理の方法が異なり、当然、その成否も影響を受ける。付加価値の生産や分配が適正化されることもあれば、毀損されることもある。そしてこの付加価値の在り様が、市民を幸福にすることもあれば、不幸にすることもある。だから、アカウンティングは大切なのである。

２０００年代の初め、筆者は英国の大学に籍を置きながらも政策研究の拠点は中国に置いていた。中国を選んだのは最大の人口を擁する発展途上国だったからである。共産主義的な生産様式から市場メカニズムを通しての発展が課題となっていた。その過程において、ナッジとしてのアカウンティングがどのような役割を果たしうるか。朱鎔基総理から命を受けた王軍財務部副大臣と共同してアカウンティングの制度設計に携わった。世界貿易機関（ＷＴＯ）への参加資格を強化するために国際会計基準を採用すべきか否か。採用するにしてもそのモードはアドプション（国際会計基準をそのまま中国の基準として適用すること）とするか、コンバージェンス（国際会計基準への準拠性を意識しながらも国家独自の会計基準を維持すること）とするか。当時、両者の違いさえ認識していなかった政府に対し、中国の長期持続可能な発展の観点からコンバージェンスを助言した（Suzuki, 2005）。詳細は割愛するが、日本においても同様の進言を行った（スズキ、２０１２）。

中国での国際会計基準を含む近代資本主義会計の採用は、ある意味、成功しすぎであった。共産主義の下、「利益」の理解さえおぼつかなかった市民が、いつの間にか「利益」をナッジとした経済システムの中に総動員されていた。国は急速に成長したが、利益会計の枠組みの外に取り残された非経済的な価値は蔑ろにされ、拝金主義がはびこった。短期利益最大化行動を少しでも修正するためにOne Additional Lineを提案した。一定の理解は得られたが、政治的に敗北し、実装には至らなかった。利益の成長が優先され、今日までその成功が強調されているが、人権や環境といった利益計算制度の枠組みの外にある価値が犠牲となっていることは周知のとおりである（Suzuki, Yan & Chen, 2007）。

この反省を生かして２０１０年代はインドでOne Additional Lineの実装に専心した。インドを選んだのもやはり困窮する多くの市民のウェルビーイングを改善する目的であった。当初は国際会計基準の適用方法に関するアドバイスに従事した。会計を政府の政策ツールとして堅持するためにアドプションではなくコンバージェンスを進言した（Suzuki & Jain, 2010）。これが好感され、Ｓ・クルシード企業省大臣に再召喚され、今度はＣＳＲ（企業の社会的責任）プロジェクトに参画した。One Additional Lineは、後任のＳ・パイロン大臣の下、２０１３年に法制化され２０１５年に施行の運びとなった。急成長するインド経済で、無秩序な短期利益最大化を制御し、持続的成長を図る政策に多少なりとも貢献できたことを喜んでいる（スズキ、２０１３、２０１８）。ただ、多くの経済人や官僚が収賄に手を染めるインドで、心身ともに疲弊し特殊疾病も進行していた。英・米・仏で手術不能と言われ、断捨離を済ませ諦念したが、日本で特殊技術を開発した医師が執刀し小康を得た。

復職して最初に書いた小論の１本が『企業会計』誌上に発表された「会計と幸福：準需要飽和・準完全競争下の〈経済〉社会のアカウンティング」であった。今度は、新興国とは異なり、成熟経済社会の深化する日本の若者のウェルビーイングが懸念された。タイトルに「幸福」という文字を使うか否か迷った。書き入れては消し、入れ戻しては消しを繰り返した末に、主題に「幸福」を持ってきた。学会で「スズキは終わったな」との印象を持たれて不遇に陥ってもよいとの覚悟があった。大切なのは「利益」ではなく「幸福（Subjective Well-being）」であることを素直に訴えた。成熟経済社会でやりがいを失った従業員や就活生に呼びかけた。投資家・株主のための四半期開示制度等で疲弊しているＣＦＯや会計士にも呼びかけた。そして誰よりも呼びかけ、お願いしたかったのが、上場企業の経営者や政治家、官僚であった。制度改正上の直接的な実力者だからである。

思いのほか、多くの経営者や経済団体が好意的に受け入れてくれた。幾人かの研究者や学界、有力政治家もプレゼンの機会を設けて輪を広げてくれた。経済産業省の同胞は常に知恵と勇気を与えてくれた。今回特に有益であったのが、関西経済連合会との協働の機会であった。松本正義会長は、同会の経済研究調査部門を通じて筆者を見出し、『成熟経済社会レポート』を公刊する機会を与えてくれた。同レポートは本書に示されたアイディアの源泉であり、様々な形で岸田政権の中枢を担う政治家や官僚の参考に供されている（**第2章10**「岸田政権の『新しい資本主義』再論」参照）。また、日刊工業新聞（井上渉編集局長）は一面と最終面全面を使って特別企画を掲載し、当初の「新しい資本主義」の理念や意義を広く周知するために尽力してくれた（日刊工業新聞2021年10月14日）。皆、睡眠時間を削って、将来世代のための新しい資本主義の実現を夢見る同憂の士である。

こうした機会や支援を受けているにもかかわらず、「利益最大化」から「付加価値の適正分配」へのシフトの必要性を十分周知することができていない。その現実的な制度設計が十分に提案できていないことを悔いている。本書の発行が少しでも状況を改善してくれればと祈念するが、すでに大幅に不十分であることを感じている。今回ほど時間の制約と体力・気力の限界を感じながら文書を世に送り出す経験はなく、恥ずかしさが先に立つ。それでも英国留学を決意させた尊敬する科学哲学者P・ファイヤアーベントの叱責を思い出す。「You got to publish it, anyway!（とにかく発表しなければだめなんだ）」。データや論理の正確性を気にして発表を遅らせる筆者を諭して、自分を信じるのではなく開かれた社会の批判合理性を信じて公刊を急ぎ、時代の要請に貢献せよという意味であった。

最後に、本文中に記した各ステークホルダーへのお願いを簡単にまとめる。上場企業のトップには付加価値の適正分配経営（ＤＳ経営）に向けての検討を心からお願いしたい。将来世代を担う若者とその支援者には、本書に示されたDS経営に期待するところがあれば、その支援や建設的批判をお願いしたい。SNS上のコメントだけでもよい。そうした意思の表明がなければ企業も政治も変わらない。従業員や労働組合員におかれても同じである。潤沢な付加価値はすでにそこにある。実直に働く者は適正な分配を求め、経営者との建設的な対話を進められたい。投資家・株主ほど、成熟経済社会のアポリアのあおりをまともに受けている関係者はいない。企業や国民経済の健全な発展に資する投資がしたくても、市場がそれを許さない。ここには知的で根本的なイノベーションが必要となる。次世代を築く投資ファンドや新たな市場創設のため弊研究室との協働をお願いしたい。政治や行政には、個々の企業ではDS経営に踏みきれないような「市場の失敗」がある場合に、積極的な支援をお願いしたい。グローバル化した金融経済がローカルな実体経済の持続可能性を損なう可能性が高い場合には政府によるアジャイルな介入をお願いしたい。「新しい資本主義実現会議」で検討されている政策以外にも多くの政策イノベーションは存在する。保身ではなく積極果敢に新しいアイディアを提案し奔走する官僚を登用し、停滞感漂う日本の経済社会の再生にご尽力賜りたい。同僚研究者には2周遅れのトップジャーナル・カルチャーの中で研究を進めるのではなく、ローカルにも、グローバルにも、市民生活に有効な政策研究を進めていただきたい。国民には選挙を通じて民意の実現を確実なものにしてほしい。立候補者に「新しい資本主義の本質とは何ですか?」と問うてみればよい。その政治家の経済知識や倫理観が判明する。

すべては、自らの意思とは無関係に産み落とされてしまった子供たちのために。本日、ここに一応の脱稿をする。

謝　辞

本書の出版にあたり、過去2年ほどに出会った数百人のお名前を記して御礼すべきところ、略儀・失礼をお許しいただきたい。別途個別に御礼申し上げる。ただ、学生諸君の熱意と支援が、筆者の心の支えであったことは明記しておきたい。特に安西勇貴、小井川結菜、繁田涼平、西島伊佐武に感謝する。また、今回有力政治家に私案を検討していただく機会を得たことは身に余る光栄であった。本来お名前を挙げて感謝すべきところ、余計な詮索やバイアスを生じる可能性を嫌い、割愛させていただく。事実として、315頁もある『成熟経済社会レポート』に付箋を貼り、アンダーラインを引き、勉強会を開いて討議を続けてくれた有力国会議員らは幾人も実在する。媚びへつらいではなく、こうした議員は心から成熟経済社会化を深める日本の将来を案じ解決策を見出そうとしてくれている。「新しい資本主義」政策に期待して、こうした議員の動向を注視していくことが日本の改革につながっていくものと信じている。

本書の出版にあたっては、早稲田大学『商学部徳井研究振興基金』による助成を受けている。記して感謝の意を表明する。また本研究は、日本学術振興会（18K18585・基金）挑戦的研究（萌芽）「Accountics：成長後経済のサステナビリティのための会計・統計の再構築」および（18H00914・補助金）基盤研究(B)「応用制度設計・実験経済学・社会哲学を融合した持続的発展のための新しい会計」からも助成を受けている。合わせて感謝の意を表明する。

2022年5月

スズキ　トモ

Kremer, M. (1993) Population Growth and Technological Change: One Million B.C. to 1990. *The Quarterly Journal of Economics.* 108(3): pp. 681–716.

Michaely, R. and A. Moin (2022) Disappearing and reappearing dividends. *Journal of Financial Economics* 143(1): pp. 207–226.

Scott, S. (2009) *Making Sense of Everyday Life.* Cambridge: Polity Press.

Shiller, Robert J. (2019) *Narrative Economics : How Stories Go Viral and Drive Major Economic Events.* Princeton University Press.

Suzuki, T. (2003a) The Accounting Figuration of Business Statistics as a Foundation for the Spread of Economic Ideas. *Accounting, Organizations and Society* 28(1): pp. 65–95.

Suzuki, T. (2003b) The Epistemology of Macroeconomic Reality: The Keynesian Revolution from an Accounting Point of View. *Accounting, Organizations and Society.* 28(5): pp. 471–517.

Suzuki, T. (2005) *Report to the Ministry of Finance, the Government of the People's Republic of China Unexplored Impacts of IAS / ISFR in China – Policy Implications for the Relationship between Accounting and Sustainable Growth of Chinese Socio-economy* (Confidential under the ministerial regulations of the Ministry of Finance).

Suzuki, T. (2007a) Accountics: Impacts of Internationally Standardized Accounting on the Japanese Socio-Economy. *Accounting, Organizations and Society.* 32(3): pp. 263–301.

Suzuki, T. (2007b) A History of Japanese Accounting Reforms as a Microfoundation of the Democratic Socio-Economy: Accountics Part II. *Accounting, Organizations and Society.* 32(6): pp. 543–575.

Suzuki, T. (Oxford) and G. Gaur (IICA, Gov. of India) (2015) "One Additional Line": Institutional Mechanism Design of Accounting for CSR – The basis of Companies Act 2013 Section 135 and further development. Policy Paper (Confidential) at the Indian Institute of Corporate Affairs, Ministry of Corporate Affairs, Government of India. pp. 1–58.

Suzuki, T. and J. Jain (2010) The Socio-Economic Impacts of IFRS on Wider Stakeholders in India. Policy Paper. On the request of the Minister of Corporate Affairs (MCA) in India, Hon. Mr, Salman Khurshid and the Institute of Chartered Accountants in India (ICAI), Delhi, India. 140 pages.

Suzuki, T., Y. Yan, and B. Chen (2007) Accounting for the growth and transformation of Chinese businesses and the Chinese economy: implications for transitional and development economics. *Socio-Economic Review* 5(4): pp. 665–694.

日本経済新聞（2022c）「ブリヂストン最高益、前期最終、7年ぶり、構造改革が寄与、営業利益率2ケタに。」2022年2月16日朝刊
野間幹晴（2012）「資本剰余金からの配当の決定要因」Hitotsubashi ICS-FS Discussion Paper Series　FS-2012-J-003（April 7, 2012 version）
原丈人（2009）『新しい資本主義：希望の大国・日本の可能性』PHP 新書
原丈人（2017）『「公益」資本主義：英米型資本主義の終焉』文春新書
原丈人・竹田孝洋（2021）「岸田版・新しい資本主義の元ネタ？「公益資本主義」提唱者が語る“分配の理想形”『ダイヤモンド・オンライン』2021年10月30日、https://diamond.jp/articles/-/286154（最終アクセス：2022/05/24）
原丈人・藤井聡（2022）「公益資本主義が日本を救う：株主資本主義を乗り越えて」『表現者クライテリオン』2022年1月号　pp. 26-43.
平田渉（2011）「人口成長と経済成長：経済成長理論からのレッスン」日本銀行ワーキングペーパーシリーズ（No.11-J-5、2011年8月）、https://www.boj.or.jp/research/wps_rev/wps_2011/data/wp11j05.pdf
吉川洋（2016）『人口と日本経済：長寿、イノベーション、経済成長』中公新書
ラモント・ダンカン（2018/12/06）「自社株買いを懸念すべき6つの理由」（シュローダー・インベストメント・マネジメント株式会社　ヘッド・オブ　リサーチ&アナリティクス）2018年12月6日、https://www.schroders.com/ja-jp/jp/asset-management/insights/special-reports/201812062/（最終アクセス：2022/01/31）

英文

Brawn, D. A. and A. Šević (2018) Firm size matters: Industry sector, firm age and volatility do too in determining which publicly-listed US firms pay a dividend. *International Review of Financial Analysis*, 58: pp. 132-152.
Diener, E. and R. Biswas-Diener (2002) Will Money Increase Subjective Well-Being?. *Social Indicators Research* 57(2): pp. 119-169. https://doi.org/10.1023/A:1014411319119
Ghisleni, M. (2017) The sociology of everyday life: A research program on contemporary sociality. *Social Science Information*. 56(4): pp. 526-543. https://doi.org/10.1177/0539018417734975
Fatemi, A. and R. Bildik (2012) Yes, dividends are disappearing: Worldwide evidence. *Journal of Banking & Finance*. 36(3): pp. 662-677.
Floyd, E., N. Li, and D. J. Skinner (2015) Payout policy through the financial crisis: The growth of repurchases and the resilience of dividends. *Journal of Financial Economics* 118(2): pp. 299-316.

『Wedge（ウェッジ）』2021年２月号、https://wedge.ismedia.jp/articles/-/21933 pp. 21-31.

スズキ　トモ（2020/2021）『成熟経済・社会の持続可能な発展のためのディスクロージャー・企業統治・市場に関する研究調査報告書＜四半期毎の開示制度の批判的検討を契機とする＞』関西経済連合会　委託研究（全315頁）暫定版は2020年10月19日に関西経済連合会東京シンポジウムで発表と同時に甘利明自由民主党税制調査会長（2021年の岸田文雄総裁候補選対本部顧問）および金融庁・経済産業省に上程。https://researchmap.jp/tomo.suzuki

スズキ　トモ（2022a）「新しい資本主義：アカウンティングと従業員のWell-Being」『企業会計』2022年２月号、pp. 123-127.

スズキ　トモ（2022b）「分配強化へ開示改革こそ」賃上げへの課題　日本経済新聞『経済教室』2022年２月16日

ダイヤモンド編集部［杉本りうこ副編集長］（2021）「日本企業の経営幹部の給料が『タイ・フィリピン以下』の衝撃、日本は出世するだけ損？」『ダイヤモンド・オンライン』2021年８月10日、https://diamond.jp/articles/-/278144?page=2（最終アクセス：2022/01/31）

田中弘（2015）「IFRSを巡る国内の議論：「中間的論点整理」と産業界の反応」『商経論叢（神奈川大学）』第50巻第２号 pp. 59-80.

東スポWeb（2021）「岸田首相は株オンチ？　株式相場評論家も絶句『こんなひどい首相は初めてだ…』」2021年12月15日、https://www.tokyo-sports.co.jp/entame/news/3863432/（最終アクセス：2022/05/25）

内閣府（2022）『日本経済2021-2022　―成長と分配の好循環実現に向けて―』（「ミニ白書」、政策統括官　経済財政分析担当　村山裕）令和４年２月、https://www5.cao.go.jp/keizai3/2021/0207nk/pdf/n21_6.pdf（最終アクセス：2022/02/27）

日刊工業新聞（2021）「考・新しい資本主義　株主第一主義脱却を　適正分配　カジ切る岸田政権　令和の所得倍増　実現」2021年10月14日

日刊工業新聞（2022）「見直し決定の四半期開示、影の主役は関経連　産業界が動き岩盤規制に風穴」2022年５月７日、https://www.nikkan.co.jp/articles/view/00635578

日本経済新聞（2021a）「自社株買いは悪なのか　岸田首相「規制発言」に疑心暗鬼（編集委員　川崎健）」2021年12月17日電子版

日本経済新聞（2021b）「ブリヂストン、構造改革で8000人転籍　データ事業に活路」2021年12月20日電子版

日本経済新聞（2022a）「［社説］資本主義を磨く：株式会社の機能を十分に引き出せ」2022年１月７日朝刊

日本経済新聞（2022b）「誰のための市場再編か　東証、投資家本位の改革急務（編集委員　川崎健）」2022年１月11日電子版

【参考文献】

和文

上村達男（2021）『会社法は誰のためにあるのか：人間復興の会社法理』岩波書店

岸田文雄（2021）「2021ワールド・アライアンス・フォーラム東京円卓会議『公益資本主義による日本再建戦略～国民の生活と健康を守る自由闊達な企業と社会～』におけるビデオ・スピーチ」2021年10月19日

岸田文雄（2022）「《緊急寄稿》私が目指す「新しい資本主義」のグランドデザイン」『文藝春秋』2022年2月号 pp. 94-106.

岸田文雄・藤井聡（2022）「『新しい資本主義』の原点」『表現者クライテリオン』2022年1月号 pp. 16-25.

国際協力銀行　企画部門　調査部（2021）「わが国製造業企業の海外事業展開に関する調査報告：2020年度　海外直接投資アンケート結果（第32回）」、https://www.jbic.go.jp/ja/information/press/press-2020/pdf/0115-014188_5.pdf

島永和幸（2021）『人的資本の会計：認識・測定・開示』同文舘出版

神野直彦［動画］（2022）「真っ当な『新しい資本主義』のすすめ」『ビデオニュース・ドットコム』2022年1月8日配信、https://news.yahoo.co.jp/articles/d41be949a8d7d65deda0e5da8f35e59074dcbdec（最終アクセス：2022/03/28）

スズキ　トモ（2012）「オックスフォード・レポート『日本の経済社会に対するIFRSの影響に関する調査研究（The Impact of IFRS on Wider Stakeholders of Socio-Economy in Japan）』」金融庁（https://www.fsa.go.jp/common/about/research/20120614.html、平成24年6月14日、自見庄三郎金融担当大臣の会見に際して同時に公表）

スズキ　トモ（2013）「発展途上国における持続可能な成長のための社会・環境情報開示規制のデザイン」（植田和弘・國部克彦責任編集『環境経営イノベーション／社会環境情報ディスクロージャーの展開』中央経済社、第10章）pp. 221-249.

スズキ　トモ（鈴木智英）（2018）「『一行』で短期利益最大化行動を修正する：インドの社会的責任会計『革命』」『学術と動向（日本学術会議）』第23巻第6号 pp. 52-55.

スズキ　トモ（鈴木智英）（2019）「会計と幸福：準需要飽和・準完全競争下の〈経済〉社会のアカウンティング」『企業会計』2019年1月号 pp. 97-105.

スズキ　トモ（2020a）「制度設計のナッジとしてのアカウンティング：独自のテーマ・方法・意義」『會計』第197巻第1号 pp. 53-66.

スズキ　トモ（2020b）「準需要飽和・準完全競争・人口減少下の制度設計：「付加価値分配計算書」に基づく「民主経済市場」の創成」『会計理論学会年報』第34号、pp. 40-52.

スズキ　トモ（2021）「従業員、役員、再投資を優先：新しい会計でヒトを動機付ける」

【著者紹介】

スズキ・トモ（オックスフォード大学博士・元教授）

早稲田大学教授
公認会計士第３次試験合格。大手監査法人にて監査や上場準備を経て、LSE（London School of Economics and Political Sciense）にて「社会科学哲学（修士号）」、オックスフォード大学にて「会計・経済の哲学（博士号）」を取得。そのまま同大学主任教授（サステナビリティ・マネジメントと会計学）を務めた。国連等の国際機関、チャールズ皇太子 Accounting for Sustainability Foundation、中国、インド、東南アジア、英国、日本政府等との協働により多くのポリシー・ペーパーを上梓。日本では2012年にIFRSの強制適用の可否を批判的に検討した『オックスフォード・レポート』を金融庁に上梓。在英20年後、特殊疾病手術のために渡日、早稲田大学にて復職。2021年３月『成熟経済・社会の持続可能な発展のためのディスクロージャー・企業統治・市場に関する研究調査報告書＜四半期毎の開示制度の批判的検討を契機とする＞』（全315頁）を上梓。現在、成熟経済社会における市民のウェルビーイングと持続可能な発展についての研究を進める。

「新しい資本主義」のアカウンティング
「利益」に囚われた成熟経済社会のアポリア

2022年７月15日　第１版第１刷発行
2024年５月25日　第１版第６刷発行

著　者　スズキ　トモ
発行者　山　本　　継
発行所　㈱　中　央　経　済　社
発売元　㈱中央経済グループパブリッシング

〒101-0051　東京都千代田区神田神保町1-35
電話　03（3293）3371（編集代表）
03（3293）3381（営業代表）
https://www.chuokeizai.co.jp
印刷／昭和情報プロセス㈱
製本／㈲井上製本所

ISBN978-4-502-43731-1　C3034